Betriebs- und Wirtschaftsinformatik

Herausgegeben von
H. R. Hansen H. Krallmann P. Mertens A.-W. Scheer
D. Seibt P. Stahlknecht H. Strunz R. Thome

Knut Hildebrand

Software Tools:
Automatisierung
im Software Engineering

Eine umfassende Darstellung
der Einsatzmöglichkeiten
von Software-Entwicklungswerkzeugen

Springer-Verlag
Berlin Heidelberg New York
London Paris Tokyo Hong Kong

Dr. Knut Hildebrand
Universität Würzburg
Lehrstuhl für Betriebswirtschaftslehre
und Wirtschaftsinformatik Prof. Dr. R. Thome
Sanderring 2, D-8700 Würzburg

ISBN-13:978-3-540-52628-5   e-ISBN-13:978-3-642-75735-8
DOI: 10.1007/978-3-642-75735-8

But the moment man first picked up a stone or a branch to use as a tool, he altered irrevocably the balance between him and his environment. From this point on, the way in which the world around him changed was different. It was no longer regular or predictable. New objects appeared that were not recognizable as a mutation of something that had existed before, and as each one emerged it altered the environment not for a season, but for ever. While the number of these tools remained small, their effect took a long time to spread and to cause change. But as they increased, so did their effects: the more the tools, the faster the rate of change.

James Burke

Vorwort

"Mehr Geld verzögert kritische Softwareprojekte zusätzlich!" Es ist ein ganz besonderes Aufgabenfeld, für das diese frei nach Brooks ins Deutsche übertragene Aussage gilt.

Während die Anwendung von Computern den Menschen bei geistig anspruchsvollen Aufgaben sehrwohl unterstützt, fordert die Entwicklung von derartigen Anwendungen die geistigen Fähigkeiten des Menschen über die Maßen. Während die Pflege und Weiterentwicklung von technischen Einrichtungen im Sinne einer Konstruktion gut beherrscht wird, da sie das bisher Erreichte laufend zeigt und damit überschaubar macht, ist es für die Pflege und Ausgestaltung von Programmen bis heute nicht gelungen, ein allgemein akzeptiertes und verbreitetes Verfahren zu etablieren.

Es ist absolut einleuchtend, daß die Softwareentwicklung sich am erfolgreichen Vorbild der technischen Konstruktion orientiert und die dort gepflegten, ingenieurmäßigen Verfahrensweisen auf den Softwareerstellungsprozeß überträgt. Die daraus entstandene Bezeichnung "Softwareengineering" suggeriert schon die methodische und konsequente Abwicklung von Softwareerstellungsprozessen. Hier beginnen jedoch auch bereits die Schwierigkeiten, da Konstruktion und Softwareerstellung nur ähnliche Vorgänge sind. Prinzipien, Werkzeuge, Verfahren und Methoden müssen zunächst voreinander abgegrenzt und ihre Einsatzmöglichkeiten müssen klargelegt werden. Hier setzt das vorliegende Buch an und beschreibt die hierarchischen Abhängigkeiten dieser Instrumente.

Für die weitere Betrachtung des Problemfeldes stellt Hildebrand den Softwarelebenszyklus in den Vordergrund, was konsequent die Folgen des Entwicklungsprozesses für die Zeit der Softwareanwendung in den Betrachtungskreis rückt. Dazu zählt nicht allein die ideale Vorgehensweise in den Anfangsphasen des Entwurfsprozesses und für den Programmentwicklungsablauf sondern auch die durchgängige Unterstützung über alle Teilschritte des

Erstellungsprozesses und die Zeiten der Anwendung mit Korrektur, Pflege und Weiterentwicklungsarbeiten.

Das Buch liefert nicht die Lösung für alle Probleme, die im Umfeld der Softwareerstellung und Anwendung auftreten. Es liefert aber eine neue Strukturierung und damit Übersicht der bisher erstellten Hilfsinstrumente. Dabei wird auch sehr deutlich, welche dieser Instrumente wo eingesetzt werden können und in welchen Aufgabenbereichen eine instrumentelle Unterstützung noch einfach fehlt.

Ein Softwareersteller kann durch das Studium der Lektüre seinen Werkzeugkasten aufräumen und sich ein Bewußtsein über das jeweils adäquate Vorgehen verschaffen. Der Werkzeugmacher sieht die Defizite und damit sein Aufgabenpotential bzw. die Herausforderung.

Prof. Dr. R. Thome

Inhaltsverzeichnis

1. Einleitung

Die professionelle Software-Entwicklung ist ohne Werkzeuge nicht mehr zu bewältigen.[1] Software Tools haben, insbesondere in den letzten Jahren, eine immer größere Bedeutung erlangt. Trotz dieser Hilfsmittel ist die Software-Krise noch nicht überwunden, der Anwendungsstau vergrößert sich zusehends. Zwar durchdringen wissenschaftlich fundierte Methoden die EDV-Abteilungen und dementsprechend viel wird auch darüber diskutiert; erstaunlicherweise aber ist das Wissen über die einzusetzenden *Werkzeuge* in den meisten Fällen wenig konkret und erschöpft sich in eher diffusen Vorstellungen. Diese Defizite äußern sich in Schwierigkeiten bei der *definitorischen Abgrenzung* des Begriffs Software Tool, bei der *Zuordnung* von Werkzeugen zu Aufgaben (Auswahlproblem) und bei der Erfassung der *Automatisierungsgrenzen*. Das alles sind Zeichen dafür, daß dieser Bereich des Software Engineerings offensichtlich etwas vernachlässigt ist. Eine Verbesserung der Situation ist verbunden mit der ausführlichen Beantwortung der folgenden Fragen: Für welche automatisierbaren Aktivitäten bei der Software-Entwicklung gibt es Werkzeuge, wo bestehen noch Tool-Defizite?

Da jedoch das Software Engineering noch eine relativ junge Wissenschaft ist - der Begriff entstand ca. 1968, als eine Tagung unter diesem Titel in Garmisch abgehalten wurde - gibt es erst wenige Publikationen zu den oben angeschnittenen Fragen. Bei den vorhandenen Arbeiten zeigt sich eine gewisse Spezialisierung der Autoren, abhängig von ihrer wissenschaftlichen Herkunft. So betrachten *Informatiker* tendenziell eher die (innovativen) technischen Aspekte, sei es bei einzelnen Werkzeugen, oder bei integrierten Entwicklungsumgebungen. Dagegen gehen die *Wirtschaftsinformatiker*, die meist eine betriebswirtschaftliche Ausbildung mitbringen, nicht so sehr auf theoretische Fragen ein, sondern beschäftigen sich mit dem Einsatz in konkreten Fällen. Dazu ge-

---

1) "Eine qualitäts-, termin-, und kostengerechte Erstellung von Software-Produkten ist nur möglich, wenn moderne Software-Entwicklungs-Systeme und -Werkzeuge eingesetzt werden." Balzert (1985a), Vorwort

hören z.B. Untersuchungen über die Verbreitung von Tools/Methoden oder die Diskussion von Kriterien für die Bewertung/Auswahl der Werkzeuge.

Insgesamt gesehen hat zwar die anfangs eher spärliche Zahl von Veröffentlichungen zu diesem Thema ab Ende der 70er Jahre ein stetiges Wachstum zu verzeichnen - dies betrifft zum einen die Proceedings zu entsprechenden Tagungen, zum anderen die immer zahlreicheren Fachzeitschriftenartikel. Eine aktuelle zusammenfassende Darstellung, die die Lösungsmöglichkeiten der aufgeworfenen Fragestellungen kritisch prüft, sucht man hingegen vergeblich. Dieses Defizit zu beseitigen ist das Anliegen der folgenden Arbeit.

1.1 Standort der Software Tools

Welche Wissenschaften befassen sich - direkt oder indirekt - mit Software Tools? Eine Antwort auf die Fragestellung erfolgt durch die Einordnung der Software-Werkzeuge in die betroffenen Disziplinen, nämlich die *Informatik*, die *Wirtschaftsinformatik* und die *Wirtschaftswissenschaften*, insbesondere die *Betriebswirtschaftslehre*.

---

1. Theoretische Informatik

- Automatentheorie, formale Sprachen, Komplexitätstheorie usw.

2. Technische Informatik

- Prozeßtechnik, Echtzeitsysteme, Schaltungsentwurf usw.

3. Praktische Informatik

- Betriebssysteme, Übersetzerbau, Datenbanksysteme, Rechnernetze, **Software Engineering** usw.

4. Anwendungsorientierte Informatik

- **Wirtschafts-**, Rechts-, Medizinische **Informatik** usw.

Abb. 1-1 Einordnung des Software Engineering in die Informatik (vgl. Luft 1988, S. 29ff)

Die <u>Informatik</u>, als "Wissenschaft vom Computer" und seinen Anwendungen, läßt sich weiter untergliedern in die theoretische, die technische, die praktische und die anwendungsorientierte Informatik (Abb. 1-1). Dabei handelt es sich bei den anwendungsorientierten Informatiken durchweg um übergreifende Disziplinen, wie das z.B. bei der *Wirtschaftsinformatik* der Fall ist. (Abb. 1-2).

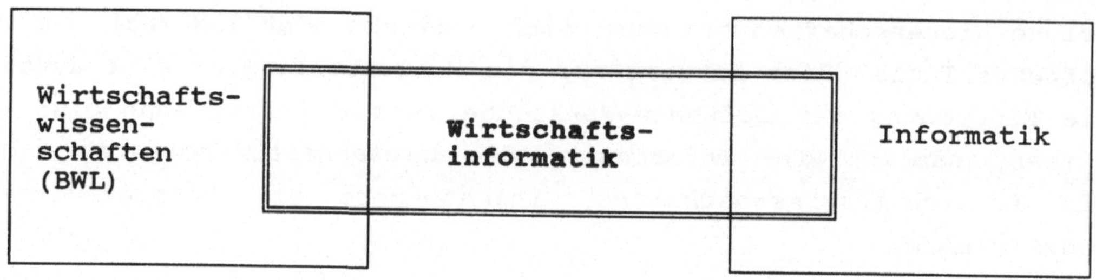

Abb. 1-2 Die Stellung der Wirtschaftsinformatik (vgl. Kurbel 1987, S. 10)

Innerhalb der Informatik beschäftigt sich die *praktische Informatik* mit Problemen, die die Software betreffen. Ein besonders wichtiges Teilgebiet ist das *Software Engineering*, die wissenschaftlich basierte, ingenieurmäßige Erstellung von Software. Neben verschiedenen Prinzipien, Methoden und Modellen gehören auch <u>Software Tools</u> zum Forschungsgebiet.

Das Erkenntnisobjekt der <u>Wirtschaftsinformatik</u> sind Informations- und Kommunikationssysteme (Mensch-Aufgabe-Technik-Systeme) einschließlich der Methoden und Werkzeuge der Systementwicklung.[2] Auch die Wirtschaftsinformatik zerfällt wieder in mehrere Teilbereiche, wobei für die weitere Untersuchung der Fokus auf die *Systementwicklung* - deren Aufgabengebiet sich teilweise mit der Systemanalyse überschneidet - gerichtet wird.[3] Eine Komponente davon ist wiederum das schon erwähnte *Software Engineering* - mit den <u>Software Tools</u> (Abb. 1-3).

Die für die <u>Betriebswirtschaftslehre</u> interessanten Fragestellungen finden sich unmittelbar an der Schnittstelle zur Informatik/ Wirtschaftsinformatik. Fortschritte in diesen Forschungsbereichen haben direkte Konsequenzen sowohl was die Kosten der Herstellung, als auch was die dabei erzeugten Produkte (Computerprogramme) angeht. Dies bedeutet beispielsweise, daß durch bes-

---

2) vgl. Heinrich/Roithmayr (1986), S. XIII
3) vgl. Kurbel (1987), S. 15

sere Software Tools eine rationellere Programmierung möglich ist, und daß somit die Produktivität erhöht werden kann; außerdem kann die Automatisierung von Routinearbeiten menschengerechtere Systeme und Arbeitsplätze schaffen.[4] Neben der Erhöhung der Produktivität ermöglichen neue Tools eine Verbesserung bestehender Systeme, z.B. bei der Wartung oder Sanierung. Entscheidend ist weiterhin, daß nur *mit* den entsprechenden Werkzeugen auch *komplexe* Anwendungen - beispielsweise unternehmensweite Informationssysteme - möglich werden, die ohne diese Hilfsmittel nicht zu realisieren sind.

<table>
<tr><td>

Informationsverarbeitung und Kommunikation im Unternehmen

- Betriebswirtschaftliche Anwendungssysteme (z.B. Warenwirtschaftssysteme, Finanzbuchhaltung)
- Bürokommunikation und individuelle Datenverarbeitung
- Integration mit technischer Datenverarbeitung (z.B. CIM)
- Wissensbasierte Systeme (Expertensysteme)

</td></tr>
<tr><td>

Systementwicklung

- Systemanalyse (Phasenmodelle, Projektmanagement)
- **Software Engineering** (Entwicklung von Software)

> **Software Tools**

- Datenorganisation (Datenbanken etc.)

</td></tr>
<tr><td>

Informationsmanagement (Aufbauorganisation etc.)

</td></tr>
<tr><td>

Informatikmarkt (Produktauswahl usw.)

</td></tr>
<tr><td>

Basistechnologie (I+K-Technik, Hardware, Netzwerke usw.)

</td></tr>
</table>

Abb. 1-3 Teilbereiche der Wirtschaftsinformatik (vgl. Kurbel 1987, S. 12ff)

---

4) vgl. Hausen u.a. (1985), S. 189, Bauermann (1988), S. 208

1.2 Problemstellung und Anspruch der Arbeit

Der Abschlußbericht der Forschungskommission Baden-Württemberg empfiehlt 1982 "einen Schwerpunkt im Bereich der *Informationstechnik* zu bilden, der einerseits grundlegende Forschungsarbeiten durchführt und andererseits dabei erzielte Ergebnisse anwendungsorientiert aufbereitet." Dieser Schwerpunkt sollte sich insbesondere auch mit Werkzeugen zur automatischen Herstellung von Software beschäftigen: "Die Einbeziehung der *automatisierten Software-Erstellung* erscheint geboten, da bei allen Anwendungen der Informationstechnik sich zunehmend die Herstellung der benötigten Software als der eigentliche Engpaß für den Einsatz der Technologie erweist."[5]

Bei den dort angesprochenen Problemen setzt diese Arbeit an. Begonnen wird mit der grundlegenden theoretischen Analyse von Automatisierungspotentialen für Software Tools. Ziel ist es, einen Lösungsansatz zu entwickeln, der den gegenwärtigen Stand der Forschung kritisch reflektiert, neue Wege aufzeigt - z.B. bei der Auswahl von Software Tools - und auf Forschungsdefizite hinweist.[6] Dadurch entsteht eine Grundlage für weitere Aktivitäten auf dem Gebiet des Software Engineering und es kann eine zur Zeit bestehende Lücke in der Literatur geschlossen werden.[7]

Der oben erwähnte Lösungsansatz soll eine umfassende, eindeutige und systematische *Zuordnung* - im weiteren kurz *Klassifikation* genannt - von Software Tools zu den aufgezeigten Automatisierungspotentialen ermöglichen. Außerdem dient er als Mittel zu

---

5) Forschungskommission Baden-Württemberg (1982), S. 17

6) Preßmar weist explizit auf die gegenwärtigen Schwachstellen hin: "Die Defizite der Softwaretechnologie haben ihre Ursachen sowohl im Bereich der Methoden als auch auf dem Gebiet der Werkzeuge." (1988, S. 17)

7) Zum wissenschaftlichen Nachholbedarf einer grundlegenden Arbeit über Software Tools schreibt Rechenberg: "Die Neuheit des Gebietes bringt es mit sich, daß es noch keine, die heutigen Kenntnisse zusammenfassende Darstellung zum Thema *Werkzeuge* gibt, meines Wissens überhaupt keine bedeutende Monographie dazu, ...". (1985b, S. 106)

dem Zweck, *Tool-Defizite* herauszuarbeiten. Die angesprochenen Punkte lassen sich in zwei Hypothesen zusammenfassen:

1. Bisherige Konzepte für die theoretische Einordnung und praktische Auswahl von Software Tools weisen bestimmte Schwächen auf. Insbesondere Fourth Generation Languages (4GLs) erscheinen nicht genügend berücksichtigt.

2. Es gibt noch automatisierbare Aktivitäten bei der Programmentwicklung, die nicht ausreichend durch Software Tools unterstützt werden.

Für die Prüfung der ersten Hypothese ist es erforderlich, bestehende Einordnungs- und Auswahlkonzepte kritisch zu analysieren, d.h. die zugrundegelegten Kriterien auf ihre Eignung zu untersuchen und die Stärken/Schwächen zu diskutieren. Darauf aufbauend wird eine *neue* Klassifikation vorgestellt, in der sowohl die beiden wichtigsten Unterscheidungsmerkmale (Funktion und Einsatzbereich) integriert als auch die Zuordnungsprobleme der 4GLs – handelt es sich dabei um *Sprachen* oder *Werkzeuge*? – detailliert berücksichtigt werden. Dazu notwendig ist die Definition und Abgrenzung der einzelnen Klassen und gegebenenfalls die Beschreibung von wesentlichen Eigenschaften.[8]

Durch die Gegenüberstellung der ermittelten Automatisierungspotentiale mit den vorhandenen Software Tools – konkretisiert im neuen Klassifikationsansatz – wird die zweite Hypothese untersucht. Falls sich als Ergebnis zeigen sollte, daß tatsächlich Tool-Defizite existieren, werden zusätzlich Lösungsansätze präsentiert, auf denen die weitere Forschung aufbauen kann.

Von Bedeutung ist diese Arbeit für die schon in Abschnitt 1.1 erwähnten Fachgebiete, insbesondere natürlich die Wirtschaftsinformatik (Software Engineering). Die aus der Prüfung der beiden Hypothesen abzuleitenden Ergebnisse (Klassifikation, offene Automatisierungspotentiale und Lösungsansätze) dürften sowohl einen Beitrag zur Lösung theoretischer (Tool-Defizite im Software Life Cycle, 4GLs usw.) als auch anwendungsbezogener (Klas-

---

8) Dagegen wird keinerlei Bewertung der Werkzeuge – im Sinne eines Marktvergleichs – vorgenommen.

sifikation für die Tool-Auswahl[9]) Probleme des Software Engineering leisten, da es bis jetzt noch keine umfassende Untersuchung gibt, die diese Aspekte thematisiert.[10] Aber auch für die Wirtschaftswissenschaften können sich Auswirkungen ergeben, wenn man die Konsequenzen der Automatisierung für die betroffenen Arbeitsplätze bedenkt. Dies kann sich beispielsweise in Rationalisierungen (bei den automatisierten Tätigkeiten) bzw. einem Ansteigen der Qualifikationsanforderungen bei den betroffenen Software-Entwicklern äußern, da komplexere Werkzeuge in der Regel eine bessere Ausbildung erfordern. Schließlich ist die Software-Erstellung ja auch eine Form der Büroarbeit, die sowohl kreative als auch routinemäßige (automatisierbare) Aktivitäten beinhaltet - wobei die kreativen Tätigkeiten (noch) nicht in Computerprogrammen abgebildet werden können.

---

9) "Jede Klassifizierung ist Vorarbeit für eine Bewertung und Auswahl von Software-Werkzeugen." Schulz (1988b), S. 531

10) Keil-Slawik beschreibt die Situation der Softwaretechnik so: "Sowohl bezüglich der empirischen Fundierung als auch bezüglich der theoretischen Orientierung hat dieses Fachgebiet erhebliche Defizite aufzuweisen." (1988, S. 39)

1.3 Vorgehensweise

Nach dieser Einleitung werden im *zweiten Kapitel* die erforderlichen Definitionen und Abgrenzungen - von Software, Werkzeug (Tool) und Software Tool - vorgenommen. Wichtig ist in diesem Kontext die Herausarbeitung des immateriellen Charakters der Software (auch als Tool!) und der damit zusammenhängenden Probleme bei ihrer Erstellung.

Kapitel drei beinhaltet eine umfassende Analyse der im Software Engineering vorhandenen Automatisierungspotentiale für Software Tools. Dazu wird zuerst der Anspruch des Software Engineering dargelegt, um dann anhand des am weitesten verbreiteten (konventionellen) Phasenmodells zur Software-Entwicklung, dem *Software Life Cycle*, die Ansatzpunkte für Software Tools zu konkretisieren. Dadurch wird die Frage beantwortet: WAS kann durch Software Tools automatisiert werden? Zusätzlich werden neuere Ansätze (Prototyping etc.) in die Analyse mit einbezogen, so daß schließlich alle für Software Tools wichtigen Aspekte - Einsatzbereiche, Funktionen, Aufgaben, die zu unterstützen sind - aufgezeigt sind.

Bisherige Klassifikationen von Software-Entwicklungswerkzeugen werden im *vierten Kapitel* untersucht. Es stehen demnach die Fragen "Welche Hilfen für die Einordnung/Auswahl von Software Tools bieten bisherige Ansätze?" bzw. "WIE kann man die im dritten Kapitel aufgezeigten Automatisierungspotentiale füllen?" - also die Zuordnung von Werkzeugen zu Aufgaben/Problemen - im Mittelpunkt. Hierbei zeigt sich, daß es sowohl theorie- als auch eher praxisorientierte Ansätze gibt. Innerhalb dieses Spektrums werden ganz unterschiedliche Kriterien - abhängig von der Intention des Autors - zur Klassenbildung herangezogen. Die Stärken und Schwächen der einzelnen Ansätze werden herausgearbeitet, wobei die Bewertung hauptsächlich an den beiden Eigenschaften *Vollständigkeit* und *Eindeutigkeit* ausgerichtet ist.

Das *fünfte Kapitel* enthält einen *neuen* Klassifizierungsansatz, der sich sowohl an den Funktionen als auch an den Einsatzbereichen der Tools orientiert. Hier wird versucht, die Schwächen der oben aufgezeigten Klassifikationen zu vermeiden und dadurch eine vollständige und eindeutige Systematisierung zu liefern. Es wird differenziert zwischen Tools im engeren und im weiteren Sinne und 4GLs, wobei deren Einordnungsproblematik - handelt es sich nun um eine Programmiersprache oder um ein Software Tool? - ausführlich diskutiert wird.

Kapitel sechs beinhaltet die Gegenüberstellung der ermittelten Automatisierungspotentiale mit den vorhandenen Software Tools. Darauf aufbauend wird auf bestehende Tool-Defizite hingewiesen, d.h. auf Bereiche, die automatisiert werden können, in denen aber noch Tools fehlen; mögliche Lösungsansätze werden skizziert.

Im abschließenden *siebten Kapitel* werden dann die erarbeiteten Ergebnisse zusammen mit einem kleinen Ausblick bezüglich der Tendenzen des Software Engineerings mit Software Tools präsentiert.

2. Was sind Software Tools?

Diese Frage läßt sich nicht in einem Satz beantworten, da bis jetzt eine einheitliche und allgemein anerkannte Definition des Begriffs "Software Tool" fehlt. Etwas salopper formuliert es eine weit verbreitete Fachzeitung in der Rubrik "Software Engineering":

> "Das Durcheinander ist perfekt: In keinem Bereich der Software gibt es eine derart unüberschaubare Produktvielfalt wie bei den Tools und Werkzeugen für die Programm-Entwicklung. Das liegt nicht zuletzt am Definitions-Wirrwarr, der in der Disziplin des Software-Engineering immer noch vorherrscht. Selbst die Hersteller sind oft nicht in der Lage, ihre eigenen Produkte dem Ablauf der ingenieursmäßigen Programmerstellung zuzuordnen."[1]

Dies ist sicherlich etwas überspitzt ausgedrückt, aber dennoch bezeichnend für die gegenwärtige Situation. Um das oben angesprochene Definitions-Wirrwarr gar nicht erst entstehen zu lassen, werden im folgenden die beiden Bestandteile des Begriffs "Software Tool", also die "Software" und das "Tool" bzw. Werkzeug analysiert. Dazu ist es erforderlich, einige Besonderheiten, die die Software charakterisieren, herauszuarbeiten (Kap. 2.1), um die Probleme bei ihrer Erstellung zu verstehen. Auch ist es sinnvoll, schon an dieser Stelle eine Differenzierung des Software-Begriffs vorzunehmen, um Verwechselungen und Unklarheiten vorzubeugen.

Vom Konkreten zum Abstrakten - so etwa läßt sich der Übergang zu Abschnitt 2.2 beschreiben - denn dort geht es zunächst einmal um Prinzipien. Allerdings wenden wir uns dann gleich anschaulicheren Dingen zu, wenn Methode, Verfahren und schließlich Werkzeug - unter Berücksichtigung des kontextuellen Zusammenhangs - definiert werden. Der letzte Abschnitt hat dann endlich die hier gültige Definition von Software Tools zum Inhalt. Dazu wird zuerst eine Einordnung der Werkzeuge in verschiedene Entwicklungskonfigurationen vorgenommen, um anschließend bestimmte Aspekte der durch sie möglichen Unterstützung zu untersuchen.

---

1) o.V. (1988), S. 30

2.1 Software ...

2.1.1 ... kein Stoff wie jeder andere

Software ermöglicht die Abbildung von Systemen/Prozessen auf einem Rechner, d.h. durch sie kann beispielsweise eine in Algorithmen formalisierbare Problemlösung hardwaregerecht konstruiert werden. Weiterhin gestatten Computerprogramme - auf der Basis der dazu nötigen technischen (Hardware-)Ausstattung - die Kommunikation zwischen Mensch und Maschine und den Informationsaustausch zwischen Menschen mittels Maschinen (Rechnernetze etc.) bzw. bei technischen Anwendungen (Prozeßrechner) zwischen Maschinen untereinander. (vgl. Hering 1984, S. 1)

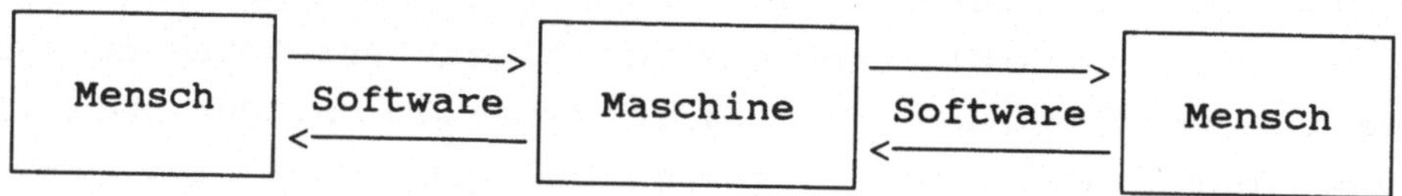

Abb. 2-1 Kommunikationsfunktion von Software

Im Prinzip ist die Erstellung von Software in den meisten Fällen nichts anderes als die Überbrückung und Gestaltung der beiden Schnittstellen zum Menschen auf der einen Seite und zur Maschine auf der anderen. Aber nur im Prinzip, denn tatsächlich soll die Software auch noch Aufgaben übernehmen, die der Benutzer/Anwender vom Computer gelöst haben will, d.h. die "Überbrückung" beinhaltet zusätzlich noch einen Algorithmus zur Problemlösung. Erschwerend kommt hinzu, daß man es bei der Software mit einem geistigen - also immateriellen - Gut zu tun hat, dessen Erstellung mit einem hohen Maß an Kreativität - in etwa vergleichbar mit der Arbeit eines Künstlers[2] - verbunden ist.

---

2) Molzberger stellt dazu die provokative Frage: "Was hat Software mit Kunst zu tun?" und beantwortet sie mit einem kleinen Seitenhieb auf die tatsächliche Situation so: "Das sollten wir aber wirklich längst hinter uns haben! ... wir wissen doch heute, daß die "Kunst des Programmierens" der Auffassung einer vergangenen Epoche der Menschheitsgeschichte entspricht. ... Ein Software-Produkt sollte ein standardisiertes Industrieprodukt sein, ähnlich vielleicht einem Automotor:

Das Wesen von Software verbirgt sich also nicht im Quell- oder Objektcode irgendeines Programms, sondern "Software ist primär die <u>Idee</u>, die Lösung, die man sich für ein Problem ausgedacht hat, das Verfahren, das helfen soll, Arbeit zu vermeiden, zu erleichtern oder zu verbessern. Dieses Ergebnis eines kreativen Prozesses ist die eigentliche Basis." (Molzberger/Schelle 1981, S. 12) Demzufolge sollte man statt von Software-Produktion lieber von Software-Entwicklung (als kreativem Prozeß) sprechen, denn Software-Produktion ist immer die *Einzel*produktion eines *immateriellen* Gutes, d.h. sie ist eher vergleichbar mit dem Prototypenbau, nur daß man nie so genau erkennen kann, zu wieviel Prozent das Erzeugnis fertig ist. Dagegen ist die Vervielfältigung der Software, die der Serienproduktion eines materiellen Produktes entspricht, durch einfaches Kopieren problemlos zu bewältigen.

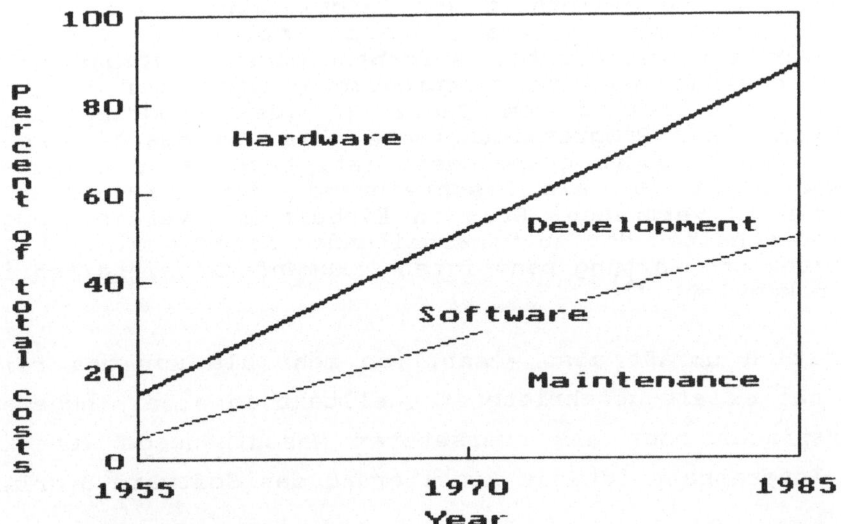

<u>Abb. 2-2</u> Entwicklung der Hardware- und Software-Kosten[3]

nicht unbedingt schön aber zweckmäßig! ... Demgegenüber hat der Künstler vor allem den Wunsch, sich selber auszudrücken, er legt das subjektive Element in sein Werk hinein." (Molzberger/Schelle 1981, S. 13)

3) vgl. Boehm (1981), S. 18

Die ökonomische Bedeutung der Software hat - durch die steigende Komplexität von computergestützten Anwendungen und die unaufhaltsame Verbreitung von immer preiswerterer und leistungsfähigerer Hardware - derart stark zugenommen, daß ihre Erstellung (und Wartung) der wesentliche Kosten- und Engpaßfaktor bei der Systementwicklung ist. Und die Tendenz bei den Software-Aufwendungen ist immer noch steigend (siehe Abb. 2-2).

Werfen wir zum Schluß dieses Abschnitts noch einen Blick auf verschiedene Definitionen, so wie sie in der Literatur anzutreffen sind. Entstanden sein dürfte der Begriff "Software" etwa in den Jahren 1959/60[4]; er wurde damals vor allem für Programme verwendet, die vom Hersteller des Computers an den Kunden gegeben wurden - Organisationsprogramme, Compiler u.a. - also Programme, die heute als Systemsoftware bezeichnet werden.[5]

Eine sehr weite Definition von Software benutzt Rothhardt:

> "Software ist die Gesamtheit von Informationen, die man der Hardware hinzufügen muß, damit das so entstandene Computersystem für ein definiertes Aufgabenspektrum nutzbar wird. Software besteht aus Computerprogrammen in jeder Erscheinungsform. Das reicht vom *Quelltext* (der Programmniederschrift in einer Programmiersprache) bis zum *Maschinenkode*, der in einem Computer gespeichert ist. Dabei sind Computerprogramme nicht nur als Beschreibungen der auszuführenden Funktionen zu verstehen. Erst in Einheit mit Vereinbarungen über Eigenschaften der zu verarbeitenden *Daten* sowie mit den zur Nutzung und Wartung benötigten *Dokumentationsinhalten* ist Software komplett."[6]

Diese Definition umfaßt also wesentlich mehr als nur das reine Programm - sei es als geschriebener Quelltext in einer (höheren) Programmiersprache oder als übersetzter Maschinencode (Objektprogramm). Interessant ist die Erweiterung des Software-Begriffs

---

4) Schulz (1982a, S. 60) ordnet den Begriff in die Mitte der 60er Jahre ein, als die dritte Rechnergeneration aufkam. Teilweise wird auch der Begriff "Software-Programm" verwendet (ähnlich einem "weißem Schimmel"), wobei nicht verschwiegen werden soll, daß auch in der Hardware (Mikro-)Programme realisiert sind. Allerdings ändert die Art der Speicherung oder des Zugriffs nichts am *Wesen* der Software/Computerprogramme.

5) vgl. Gewald u.a. (1982), S. 22

6) Rothhardt (1987), S. 12. Sehr interessant sind auch die Erklärungen des Software-Begriffs bei Freeman (1987, S. 3ff)

auch auf die zu verarbeitenden Daten und die zur *Nutzung* (d.h. für den Anwender/Benutzer) und *Wartung* (durch den Programmierer) benötigte Dokumentation[7]. Diese Betrachtungsweise ist nicht nur eine wünschenswerte Anreicherung - ein nur im Objektcode vorliegendes Computerprogramm ohne irgendwelche Dokumentation dürfte, zumindest langfristig und bei hinreichender Komplexität (und damit auch genügend Fehlerquellen), kaum dem Software-Anspruch gerecht werden - sondern hat auch Auswirkungen bis zu den Aufgaben und Funktionen von Software Tools (s. 2.3).

Heinrich/Roithmayr gehen in ihrer Definition noch mehr auf die immateriellen Eigenschaften der Software ein und betonen die Abbildung von Organisationsformen und -prozessen in ihr:

> "Die Gesamtheit der für ein Informations- und Kommunikationssystem als "immaterielle Güter" zur Verfügung gestellten Programme und Programmierhilfen ... Man unterscheidet im allgemeinen:
> • Die zum Betrieb eines Datenverarbeitungssystems erforderliche Systemsoftware und
> • die auf die Anforderungen des Anwenders oder Benutzers abgestimmte Anwendungssoftware.
> Software ist ein eigenständiges, dokumentiertes Gut, das sich sowohl von Maschinen (Hardware) als auch von Menschen interpretieren läßt. Demnach erscheint sie in zwei Formen:
> • Als vom Menschen lesbares Dokument ("Quellcode").
> • Als Anweisungen für die Maschine ("Maschinencode", "Objektcode").
> Software ist ein Spiegelbild menschlicher Organisationsformen und -prozesse."[8]

Auch diese Autoren sehen die Notwendigkeit, zur Software nicht nur die Computerprogramme zu rechnen, sondern auch die Dokumentation.[9] Ein Problem, das auch bei anderen Veröffentlichungen zu registrieren ist, scheint die Polarisierung in System- und Anwendungssoftware zu sein, die die dazwischenliegenden Schattierungen - insbesondere die systemnahe Software, die weder für den Betrieb einer Anlage noch für die eigentliche Anwendung/Pro-

---

7) Für diese Arbeit ist insbesondere die für den Programmierer/ Entwickler bestimmte (technische) Dokumentation von Bedeutung; allerdings ist der Übergang teilweise fließend.

8) Heinrich/Roithmayr (1986), S. 370

9) Auch Schulz betont, daß Software mehr als ein Programm ist. Für ihn ist die Programmdokumentation inhärenter Bestandteil jedes Software-Systems. (vgl. Schulz 1988a, S. 16)

duktion gebraucht wird (zum Beispiel die Software-Entwicklungswerkzeuge) - meist übersieht.

Diese Probleme umgeht die Definition von Edmunds:

> "Software is a comprehensive term used to identify all of the
> nonhardware components of a computer or communications
> system. Software includes computer programs, data that is
> used by these programs, and any paper or computer-based
> documentation that describes computer systems and how to use
> them. Software determines what a computer does and how it
> does it."[10]

Diese Definition, die auch explizit die computergestützte Dokumentation erwähnt, ist Ausgangspunkt für die weitere Erörterung.
Einschränkend ist aber anzumerken, daß die Formulierung "data
that is used by these programs" nicht in jedem Fall den Begriff
Software zutreffend charakterisiert; es muß, abhängig von der
Verwendung der Daten, nochmals differenziert werden, ob es sich
um Daten für die Software an sich (z.B. in einem data dictionary) oder für die Anwendungsprogramme - im Sinne von *Datenverarbeitung* - handelt.[11] Heinrich/Roithmayr unterscheiden
Daten von nach ihrer *Funktion* in Daten, die etwas veranlassen
(Steuerungsdaten) und Daten, mit denen etwas geschieht, die
bearbeitet werden (Passiv-Daten).[12]

2.1.2 Softwarearten

Hansen unterteilt die Software in zwei Arten, nämlich die
Systemprogramme und die Anwendungsprogramme.[13] Etwas differenzierter sieht es Edmunds in seiner Software-Klassifikation:[14]

---

10) Edmunds (1987), S. 486

11) So kann man Datenbeschreibungen in einem data dictionary
guten Gewissens zur Software rechnen, wenn diese Daten beispielsweise für Auswertungen (Reports) gebraucht werden.
Anders sieht es aber mit Daten aus, die nur von einem Anwen-
dungsprogramm benutzt werden (Artikel-, Kundendateien usw.);
diese als Software zu bezeichnen ist jedenfalls etwas über-
trieben - auch wenn hier gleichfalls der immaterielle Charakter der Information vorliegt (... im weitesten Sinne sind
Computerprogramme natürlich auch nur Daten).

12) vgl. Heinrich/Roithmayr (1986), S. 116

13) vgl. Hansen (1986), S. 323

14) vgl. Edmunds (1987), S. 486ff

1. System Software
2. Communications Software
3. Development Software
4. Support Software
5. Application Software.

Diese Einteilung beginnt bei den Systemprogrammen und wird dann immer anwendungsbezogener. Die ersten beiden Kategorien sind noch zum Betriebssystem zu rechnen, insbesondere bei verteilten Systemen (z.B. LANs[15] im PC-Bereich). Die an dritter Stelle genannte Development Software nimmt einen Mittelplatz ein, sie ist zwar keine Systemsoftware mehr, da sie zum Betrieb des Computers nicht notwendigerweise erforderlich ist, aber die Charakteristika der Anwendungsprogramme liegen auch noch nicht vor; in diesem Bereich sind vor allem die Software Tools anzusiedeln. Zur Support Software rechnet Edmunds beispielsweise file managers, data base managers oder query programs. Application Software oder Anwendungsprogramme beschreibt er lapidar so: "Application programs are those that perform useful work."[16] Diese Programme werden - im Gegensatz zu den allgemeinen Funktionen eines Betriebssystems - für die Lösung spezifischer Aufgaben der Anwender entwickelt.

Betrachten wir zuerst die <u>Anwendungsprogramme</u>, um anschließend einen Blick auf die <u>Systemsoftware</u> bzw. <u>systemnahe Software</u> zu werfen. *Anwendungssoftware* ist für den Endanwender entwickelt; produktive Programme für Nicht-Endanwender (Programmierer etc.) fallen nicht unter diesem Begriff, obwohl eine klare Abgrenzung - wie überhaupt eine allgemein gültige Klassifikation der Software - fehlt. Anwendungsprogramme bieten Lösungen für fachliche Probleme sowohl im technisch-wissenschaftlichen und kommerziellen Bereich (betriebswirtschaftliche Anwendungen), als auch für juristische, medizinische und andere Aufgaben. Eine weitere Unterteilung ist beispielsweise in die Anwendungssoftware für Funktionalbereiche (Personal, Marketing usw.) oder Branchen (Schuhhandel, Lebensversicherung etc.) möglich (s. Abb. 2-3).[17]

---

15) LAN steht für **Local Area Network**.
16) Edmunds (1987), S. 489
17) vgl. Hansen (1986), S. 323, Ruf (1988), S. 5f

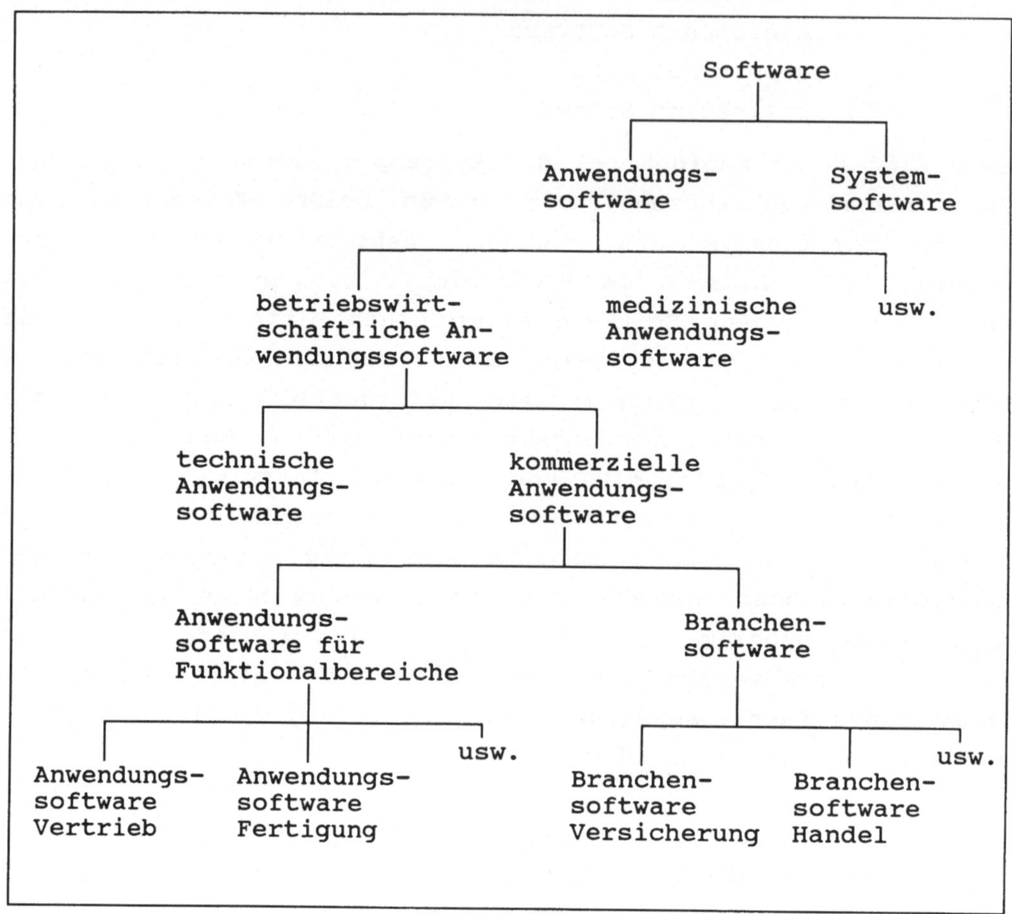

<u>**Abb. 2-3**</u> Unterteilung der Software[18]

Die (anwendungsneutrale) *Systemsoftware* bzw. das *Betriebssystem*[19] wird üblicherweise vom Computerhersteller mitgeliefert

---

18) vgl. Ruf (1988), S. 5

19) Die Begriffe *Betriebssystem* und *Systemsoftware* werden oft synonym, teilweise aber auch sehr differenziert verwandt. Jamin (1988, S. 49f) rechnet Organisationsprogramme, Übersetzungsprogramme (und sogar Programmiersprachen!), Dienstprogramme, Sicherungs- und Testhilfen zum Betriebssystem und bezeichnet sie gleichzeitig als Systemprogramme. Stahlknecht (1987 S. 98ff) dagegen rechnet von der Systemsoftware nur die Steuerprogramme und die Kommunikationssoftware zum Betriebssystem (operating system).

und ermöglicht erst die Nutzung der Hardware. Die Systemprogramme bilden das Bindeglied zwischen den Anwendungsprogrammen und der Hardware; immer wieder benötigte Funktionen (Kopieren von Dateien, Verwaltung der Betriebsmittel und Prozesse, Ein/Ausgabe-Steuerung usw.) werden standardisiert für bestimmte Hardwareklassen implementiert[20].

Die Systemsoftware läßt sich grob in die drei Bereiche

- Steuerprogramme (job control)
- Übersetzungsprogramme
- Dienstprogramme

unterteilen.[21]

Steuer- oder *Organisationsprogramme* steuern den gesamten Ablauf sowohl in der Zentraleinheit als auch in den peripheren Geräten (Speicher, Ein/Ausgabe etc.). *Übersetzungsprogramme* (Compiler, Assembler, Interpreter) wandeln den in einer Programmiersprache geschriebenen (problemorientierten) Sourcecode bzw. Quellcode in die interne (hardwareorientierte) Maschinensprache um. *Dienstprogramme* lösen häufig vorkommende Probleme und werden teilweise zum Betriebssystem gerechnet. Sowohl die Hardware-Hersteller als auch eine Vielzahl von darauf spezialisierten Softwarehäusern zählen zu ihren Anbietern. Zu den Dienstprogrammen gehören:

- Hilfsprogramme (utilities), beispielsweise zum Sortieren, Konvertieren usw.
- Verwaltungsprogramme (z.B. Bibliotheksverwaltung)
- Editoren.

---

20) z.B. MS-DOS für Mikrocomputer im Einprogrammbetrieb, OS/2 für den Mehrprogrammbetrieb von PCs, UNIX für multi-user/multi-tasking im Workstation-Bereich, BS2000 (auch Teilhaber- und Teilnehmerbetrieb) auf Großrechnern von SIEMENS oder MVS (auch Multiprocessing) auf IBM-Mainframes.

21) diese Einteilung (vgl. Stahlknecht 1987, S. 98ff) kann natürlich noch wesentlich verfeinert werden. Für die Untersuchung von Software Tools ist dies aber nur von untergeordneter Bedeutung.

Die *systemnahe Software* umfaßt:

- Datenbankverwaltungssysteme (z.B. ORACLE, DB/2, IMS)
- Abrechnungshilfen für die EDV-Kostenerfassung
- Testhilfen
- Wartungshilfen
- Software-Entwicklungswerkzeuge.[22]

Im Bereich der Systemprogramme und der systemnahen Software sind, wie aus der obigen Aufzählung hervorgeht, die *Software Tools* angesiedelt (die genaue Abgrenzung erfolgt im Abschnitt 2.3). Edmunds bezeichnet diese Programme, die einen fließenden Übergang vom System zur Anwendung bilden, als Development Software:

> "Development Software includes a great variety of programs intended to support the creation of other software. Again, as with communications software, a computer's operating system contains a certain number of programs designed specifically to support the creation of other programs. One familiar example includes what is called a text editor or dialogue manager. This is software that facilitates the entry of computer programs into a system. Text editors also provide a programmer or other system user with access to the resources of the system."[23]

Aber damit greifen wir fast schon der Definition von Software Tool im Kapitel 2.3 vor, weshalb wir es hier bei der frei übersetzten Definition von Software (nach Edmunds) belassen wollen:

Software = Computerprogramme und ihre Dokumentation

---

22) vgl. Stahlknecht 1987, S. 100
23) Edmunds (1987), S. 488

2.2 Tools: Vom Abstrakten zum Konkreten

Ähnlich wie die Einteilung der Software ist auch die Abgrenzung des Begriffs "Werkzeug" und der dazugehörigen Begriffe (Definitionsumfeld) alles andere als einheitlich. Eine kleine Kostprobe, was alles zu den Hilfsmitteln des Softwareentwicklers zu zählen ist, liefert Rothhardt:

> "... gehören also auch die Methoden zu den Hilfsmitteln des Softwareentwicklers. Weiterhin zählen dazu:
> - theoretische Grundlagen (Begriffsbildungen, Konzepte ...)
> - Darstellungsmittel (... Ablaufdiagramme, Tabellen u.ä.)
> - organisatorische Hilfsmittel (z.B. Standards ...)
> - Hardwarewerkzeuge (... Computer ...)
> - Softwarewerkzeuge ..."[24]

Dies ist natürlich wenig hilfreich, um konkrete Werkzeuge und die dahinter stehenden abstrakteren Konstrukte zu definieren und zu differenzieren; eine genaue Analyse der Begriffe ist unerläßlich. Deshalb wird in den folgenden Abschnitten die erforderliche Einordnung auf der Grundlage der bei den meisten Autoren anzutreffenden Terminologie – beginnend bei <u>Prinzipien</u>, über <u>Methoden</u> und <u>Verfahren</u> hin zum <u>Werkzeug</u> – vorgenommen. Dennoch ist anzumerken, daß manche Begriffe synonym verwandt werden (z.B. Technik und Verfahren) oder sich überschneiden (z.B. Methode und Konzept), was aber in dem hier angeschnittenen Zusammenhang nicht weiter von Bedeutung ist.

2.2.1 Prinzip

In der hier aufgebauten Hierarchie besitzen Prinzipien den höchsten Abstraktionsgrad. "Prinzipien sind Grundsätze, die man seinem Handeln zugrundelegt. Solche Grundsätze sind i.a. nicht nur für ein bestimmtes Teilgebiet, sondern für das gesamte Fachgebiet oder zumindest wesentliche Teile davon, womöglich über das Fachgebiet hinaus im gesamten wissenschaftlich-technischen Bereich, gültig." (Hesse u.a. 1984, S. 204).

---

24) Rothhardt (1987), S. 17

Das Software Engineering, das noch keine einheitliche Theorie für die Vorgehensweise bei der Programmerstellung entwickelt hat, nutzt um so mehr eine reichhaltige Auswahl von Prinzipien, Techniken und Methoden, kombiniert mit unterschiedlichen Werkzeugkonfigurationen. Beispiele für weitverbreitete Prinzipien, die sich nicht ausschließen müssen, sondern auch ergänzen können, sind:

- top down-Entwicklung
- bottom up-Entwicklung
- Modularisierung
- Information Hiding.[25]

Festhalten läßt sich:

Prinzip: Grundsatz, der dem Handeln zugrunde liegt

2.2.2 Methode

Die Enzyklopädie Philosophie und Wissenschaft definiert Methode als "ein nach Mittel und Zweck planmäßiges (= methodisches) Verfahren, das zu technischer Fertigkeit bei der Lösung theoretischer und praktischer Aufgaben führt ... Die M. gilt als Charakteristikum für die wissenschaftlichen Verfahren, und damit pars pro toto als Kennzeichen der Wissenschaften selbst."[26] Dies ist eine für das Software Engineering zu abstrakte Definition, die aber sehr anschaulich das Dilemma bei der Differenzierung der verschiedenen Begriffe veranschaulicht, da auf den (noch) nicht definierten Ausdruck "Verfahren" zurückgegriffen wird. Um nun einen unendlichen Rekurs abzuschneiden, hier die sehr pragmatische Definition eines Software-Entwicklers: "In simple terms; *methodologies* attempt to define to the developer where to begin, where to end, and how to go from start to finish."[27]

---

25) vgl. Gewald u.a. (1982), S. 26, Ruf (1988), S. 8, Stahlknecht (1987), S. 222

26) Mittelstraß (1984), S. 876

27) Hoffnagle/Beregi (1985), S. 103

Methoden bauen auf Prinzipien auf und bieten eine systematische Vorgehensweise (Vorschriften zur Aufgabenabwicklung und Zielerreichung) an. Methoden gelten für einen bestimmten Anwendungsbereich und können Verfahren - mit Werkzeugen und Organisationsformen - anbieten.[28] Im Bereich der Informationssysteme gibt es beispielsweise Gestaltungs- und Lösungsmethoden[29] oder konstruktive und analytische Methoden[30].

Beim Einsatz software-technologischer Methoden[31] - die im betriebswirtschaftlichen Sinne eine Investition sind - stellt sich zudem das Problem einer objektiven Bewertung ein. Die Ermittlung des Erfolgs in Form von Kennzahlen ist - mangels entsprechender monetärer oder quantitativer Größen - ausgeschlossen. Allein qualitative Betrachtungen und allgemeinere Wirtschaftlichkeitsbegriffe (Stichwort: maximaler Nutzen) können hier weiterhelfen.[32]

Im Bereich der Methoden sind noch zwei weitere Begriffe anzusiedeln, nämlich Konzept und Technik. Gewald nennt das Konzept eine schwach ausgeprägte Methode, im Gegensatz zur Technik als besonders detailliert entwickelter Methode.[33] Hesse verwendet

---

28) vgl. Floyd (1984b), S. 248ff, Schmitz (1982), S. 73

29) vgl. Platz (1985), S. 25

30) vgl. Hausen u.a. (1985), S. 14

31) "Eine software-technologische Methode ist das durch Sache, Ziel und Einsatz von Mitteln bestimmte planmäßige Vorgehen bei der Erstellung, beim Einsatz und bei der Wartung von Software." Diebold (1976), S. 25

32) vgl. Österle (1983), Dworatschek (1985), S. 184. Dworatschek geht in diesem Artikel insbesondere auf die Operationalisierung von Zielkriterien und die Problematik der kardinalen Nutzenskalierung ein. Entsprechende Bewertungsprobleme findet man natürlich auch beim Einsatz von Software Tools. Die Diebold-Studie (1976, S. 23) betont, daß voneinander abweichende oder sogar konträre Bewertungen derselben Methode noch keinen Widerspruch bedeuten müssen: "Der Wert einer konkreten software-technologischen Methode kann nur im individuellen Umfeld des Methodenbenutzers beurteilt werden.".

33) vgl. Gewald u.a. (1982), S. 27. Auch Platz (1985, S. 26) benutzt diese Begriffe genauso wie Gewald, erweitert ihn aber um die mit mathematischen Formeln definierte Methode, den Algorithmus.

den Technikbegriff in einem anderen Sinn, er unterscheidet "...
nichtautomatisierte Techniken (Methoden, Verfahren, Lehr- und
Lernmaterial ...) und (teil-)automatisierte Techniken (Werkzeuge, Geräte, Dienstprogramme)."[34]

Auch die Abgrenzung des Methodenbegriffs zum Verfahren ist nicht
eindeutig zu vollziehen. Sowohl Heilmann als auch Stahlknecht
betonen, daß eine konsequente Unterscheidung nicht möglich, sondern daß der Übergang eher als fließend anzusehen ist.[35] Deshalb tauchen manche der im folgenden genannten *Methoden* des
Software Engineering bei anderen Verfassern als *Verfahren* auf:

Dworatschek: HIPO, Normierte Programmierung, Michael-Jackson-
    Methode, SADT, LITOS[36]

Gewald: Strukturierte Programmierung, Netzplantechnik[37]

Hering: HIPO, Entscheidungstabellentechnik, Programmablaufplan,
    Struktogramme (Nassi/Shneiderman) und Pseudocode, Petri-Netz,
    Datenflußplan, Michael-Jackson-Methode[38]

Stahlknecht: HIPO, Strukturierte Programmierung, Prototyping[39].

Interessant ist dabei, daß viele dieser Methoden gar nicht als
Methode daherkommen, sondern schon im Namen das Wort *Technik*
benutzen, wie SADT (**S**tructured **A**nalysis and **D**esign **T**echnique),
Netzplan*technik* oder Entscheidungstabellen*technik*.[40] Die durch
die Namensgebung geschaffenen Tatsachen können auch bei Definitionen nicht mehr ignoriert werden. Oder anders ausgedrückt:
"Will man Methoden greifen, so zerrinnen sie einem offenbar

---

34) Hesse u.a. (1984), S. 204

35) vgl. Heilmann (1984), S. 5, Stahlknecht (1987), S. 222

36) vgl. Dworatschek (1985), S. 185

37) vgl. Gewald u.a. (1982), S. 26

38) vgl. Hering (1984)

39) vgl. Stahlknecht (1987), S. 222

40) Eine interessante Namensgebung verwendet Sneed (1986, S.
    38f): "Eine Software-Methodik ist wiederum eine Kombination
    integrierter Software-Methoden samt deren Hilfsmittel. Man
    kann von einem Verfahren sprechen, wenn die Methodik von
    einem Teilergebnis zum anderen führt ...". Er unterscheidet
    fünf verschiedene technische Verfahren, nämlich Spezifika-
    tions-, Entwurfs-, Programmier-, Test- und Optimierungsver-
    fahren.

zwischen den Fingern." (Floyd 1984b, S. 272) Die Definition für die weitere Arbeit ist:

> Methode: auf Prinzipien aufbauende
> systematische Vorgehensweise

2.2.3 Verfahren

Die meisten Autoren sind sich einig in der Definition von Verfahren; sie verstehen darunter Anweisungen (ausführbare Vorschriften) zum gezielten Einsatz von Methoden, im Regelfall also vollständig determinierte Methoden.[41] Konkreter im bezug auf die Software-Erstellung im Rahmen des Software Engineering (SE) äußert sich Schulz: "SE-Verfahren sind die Gesamtheit aller im Software-Entwicklungsprozeß eingesetzten SE-Prinzipien, -Methoden und -Werkzeuge."[42] (siehe auch Abb. 2-4). Einige Verfahren bzw. Techniken, teilweise schon von den Methoden bekannt, sind bei:

Schmitz: Jackson-Programmierung[43]

Stahlknecht: Jackson-Programmierung, SADT, Entscheidungstabellentechnik, Struktogrammtechnik[44].

Es soll im folgenden gelten:

> Verfahren: determinierte Methode

Den Zusammenhang zwischen Prinzip, Methode, Verfahren und Werkzeug erläutert mit Beispielen die folgende Tabelle (Abb. 2-4):

---

41) vgl. Hesse u.a. (1984), S. 204, Heilmann (1984), S. 5, Schmitz (1982), S. 73, Stahlknecht (1987), S. 222. Gewald (1982, S. 27) sagt dazu: "Ein Verfahren schließlich ist als eine vollständige Sammlung aller bei der Lösung einer speziellen Aufgabe einzusetzenden Methoden und Werkzeuge sowie der dazugehörigen Anwendungsregeln anzusehen."

42) Schulz (1988a), S. 16

43) vgl. Schmitz (1982), S. 73

44) vgl. Stahlknecht (1987), S. 222

Prinzipien	Strukturierung (top down und bottom up), Modularisierung
Methoden	Strukturierte Programmierung, Prototyping, HIPO Entscheidungstabellen
Verfahren	Jackson-Programmierung, Struktogrammtechnik, Entscheidungstabellentechnik
Werkzeuge (Tools)	Editoren, Debugger, Sprachen der 4. Generation, Data Dictionaries, Projekthilfen

Abb. 2-4 Begrifflicher Zusammenhang in der Softwareerstellung (vgl. Zilahi-Szabó 1988, S. 297)

2.2.4 Werkzeug

Überraschend ist die Einigkeit, die die meisten Autoren beim *allgemeinen* Werkzeugbegriff[45] zeigen. Ein Werkzeug ist ein (teil-)automatisiertes Verfahren bzw. eine ganz oder teilweise (mit Hilfe des Rechners) automatisierte Methode.[46] Werkzeuge im klassischen Sinn (Hammer, Bohrer usw.) sind technische Mittel zum Bearbeiten von Arbeitsgegenständen, d.h. es geht um den Fertigungsprozeß materieller Güter. (vgl. Schumann/Gerisch 1986, S. 167) Überträgt man dies auf die Softwareentwicklung, so handelt es sich sowohl beim Werkzeug als auch bei dem zu bearbeitenden

---

45) Der an dieser Stelle angesprochene Werkzeugbegriff ist nicht zu verwechseln mit den *Programmierwerkzeugen* bzw. Software Tools (vgl. 2.3)

46) vgl. Gewald u.a. (1982), S. 26, Platz (1985), S. 26, Schmitz (1982), S.73. Hesse u.a. (1984, S. 204) bringt eine Definition, die noch etwas subtiler klingt: *"Werkzeuge* dienen der automatisierten Unterstützung von Methoden und Verfahren."

Objekt um immaterielle Güter (z.B. Editor, Compiler)[47]. Dies ist, wenigstens vom Prinzip her, der einzige, wenn auch genügend große, Unterschied zu herkömmlichen Werkzeugen. Im Detail wird der Begriff des Software-Werkzeugs (Software Tools) im nächsten Abschnitt behandelt. Die Einordnung des Werkzeugs in die aufgebaute Hierarchie zeigt Abbildung 2-5.

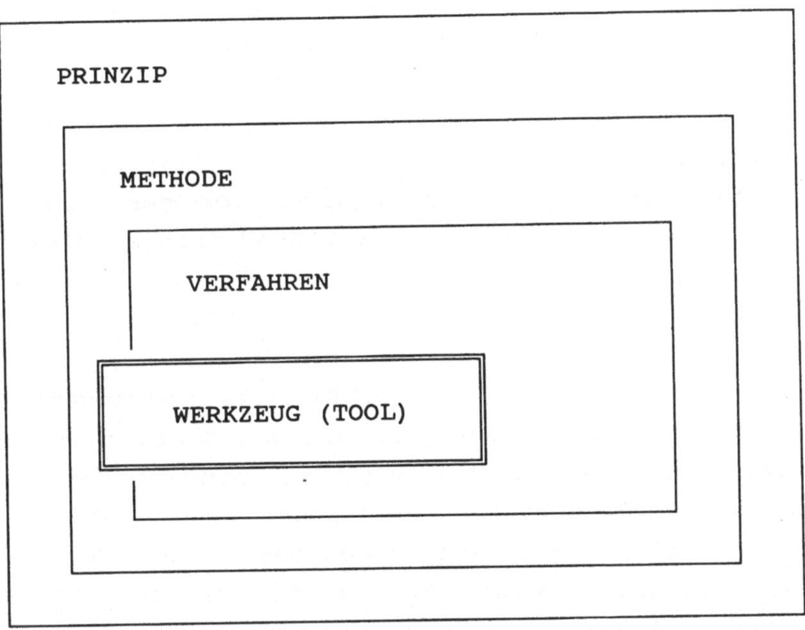

Abb. 2-5 Die Hierarchie Prinzip-Methode-Verfahren-Werkzeug

Es wird deutlich, daß sowohl Methoden als auch Verfahren auf Werkzeugunterstützung zurückgreifen können. Als Ergebnis kann festgehalten werden:

> Ein Werkzeug ist ein ganz oder teilweise automatisiertes Verfahren (bzw. Methode)

---

47) Shore (1987, S. 168) sagt dazu: "... brauchen wir angemessenes Werkzeug - etwas, das den Materialbearbeitungstechniken analog ist, die beim Bau physikalischer Objekte verwendet werden. Solche Werkzeuge sind selbst aus Software gemacht. Beispiele sind Compiler für Programmiersprachen, und verschiedene andere Programme, die uns helfen, Software zu schreiben, zu analysieren und zu testen."

2.3 Software Tools

Software Tools werden eingesetzt, um Methoden und Verfahren des Software Engineering zu unterstützen. Tools sollen automatisierbare Aufgaben übernehmen, um den Entwickler von Routinearbeiten zu befreien. Dabei ist der Grad der Unterstützung, je nach Aufgabenstellung, unterschiedlich. So gibt es Aufgaben, die automatisiert werden können (z.B. Übersetzen und Binden von Programmen), anderen kann man nur teilweise maschinelle Hilfestellung geben, und wieder andere - nämlich vorwiegend kreative und kognitive Tätigkeiten - sperren sich gegen Formalisierungen. "The creative and cognitive skills required for designing a sound software structure are not easily packaged into a software tool. However, the automation of routine tasks is a very widely addressed tool objective."[48]

In einer ersten vorläufigen Definition kann man sagen: Software Tools sind Computerprogramme, die die Entwicklung von Software unterstützen. Synonyme für *Software Tool* sind in der Literatur: Programmierwerkzeug, Software Development Tool, Software Productivity Tool. Rechenberg erläutert den Begriff so: *"Werkzeuge der Softwaretechnik* sind Programme, die die Herstellung, Prüfung, Wartung und Dokumentation von Programmen vereinfachen, beschleunigen oder in ihrer Qualität verbessern. Wesentlich daran ist, daß Softwarewerkzeuge selbst *Programme* sind. Mit der Hand hergestellte Hilfsmittel, wie Balkendiagramme, Netzpläne usw., fallen hiernach nicht unter die Werkzeuge."[49] Dem ist noch hinzuzufügen, daß auch Software, die nicht der Programmentwicklung dient, zwar gern als Tool bezeichnet wird, hier aber nicht zur Diskussion steht.[50] Des weiteren soll auch keinerlei Hardware -

---

48) Hecht (1982), S. 13. Hausen u.a. (1985, S. 55) beantwortet die Frage, welche Aufgaben für Tools geeignet sind, so: "Wenn eine Aktivität nach einem algorithmischen Schema abläuft, ist sie für eine Automatisierung geeignet. Andere Aktivitäten können lediglich durch mehr oder weniger komplexe Instrumente unterstützt werden."

49) Rechenberg (1985a), S. 59

50) Beispielsweise zählt Avison (1988) eine ganze Reihe von "Tools" für Information Systems Development auf: Database

zum Beispiel dedizierte Entwicklungsrechner - , die zur Software-Entwicklung benutzt wird, und damit ja auch ein (materielles) Werkzeug ist, unter den Begriff Software Tool subsumiert werden.

Einheitlich ist das Definitionsangebot in der Literatur keineswegs. Nassi definiert: "A software development *tool* is any software application program that a user invokes to perform a task associated with a software development project. This includes compilers, editors, table generators, debuggers, document preparation aids, etc."[51] Levy benutzt eine sehr ähnliche Beschreibung: "A significant part of the effort in software development is the construction of the so-called *software tools* which are needed to support the programming effort. Software tools are programs which, like the scaffolding of a construction or a factory production line, are used to produce the deliverable end products but not *per se* products, although they may be sold to other software developers. Some of the more familiar software tools are text editors, compilers, operating systems, and spreadsheets. Other perhaps less well known tools are project management software and program test drivers."[52] Beide Autoren haben eine sehr extensive Vorstellung von Software Tools, da sowohl das Betriebssystem, als auch Projekt-Management-Programme dazugezählt werden, was im Endeffekt eher etwas verwirrend ist - und damit wenig zur Klarheit beiträgt.

Diese Vielfalt an Erklärungen des Begriffs Software Tool ist wenig hilfreich für die weitere Erörterung. Um zu einer für diese Arbeit sinnvollen Abgrenzung zu kommen, wird im folgenden zuerst ein Blick auf die verschiedenen *Ausprägungen der Software-Entwicklung* mit Toolunterstützung geworfen, um anschließend

---

management systems, Query languages, Data dictionaries, Fourth generation systems, Methodology workbenches, Project management tools, Expert systems.

51) Nassi (1980), S. 41

52) Levy (1987), S. 200. Auch Edmunds (1987, S. 497) hat eine sehr umfangreiche Definition parat: "Software productivity tools are computer programs that provide a method of improving some aspects of computer programming or system development. These tools vary widely in scope, purpose, and price.".

zu differenzieren welche Perspektiven der *zu entwickelnden Software* hier betrachtet werden.

2.3.1 Konfigurationsaspekte von Software Tools

In diesem Abschnitt wird mit der Darstellung der modernsten Ansätze der Toolintegration begonnen, um dann nach und nach zu den einzelnen Tools zu gelangen.

Die umfangreichsten Möglichkeiten für die Software-Entwicklung bieten die sogenannten Software-Produktions-Umgebungen (SPU) (bzw. Software Engineering Environments oder Software-Entwicklungs-Systeme).[53] Wasserman liefert diese Definition:

> "A software development environment consists of a set of techniques to assist the developer(s) of software system, supported by some (possibly automated) tools, along with an organizational structure to manage the process of software production. Historically, these facilities have been poorly integrated."[54]

und veranschaulicht dies anhand der folgenden Grafik (Abb. 2-6).

---

53) Einen Überblick über die Begriffsvielfalt zu diesem Thema liefert Ruf (1988, S. 243ff).

54) Wasserman (1981b), S. 15

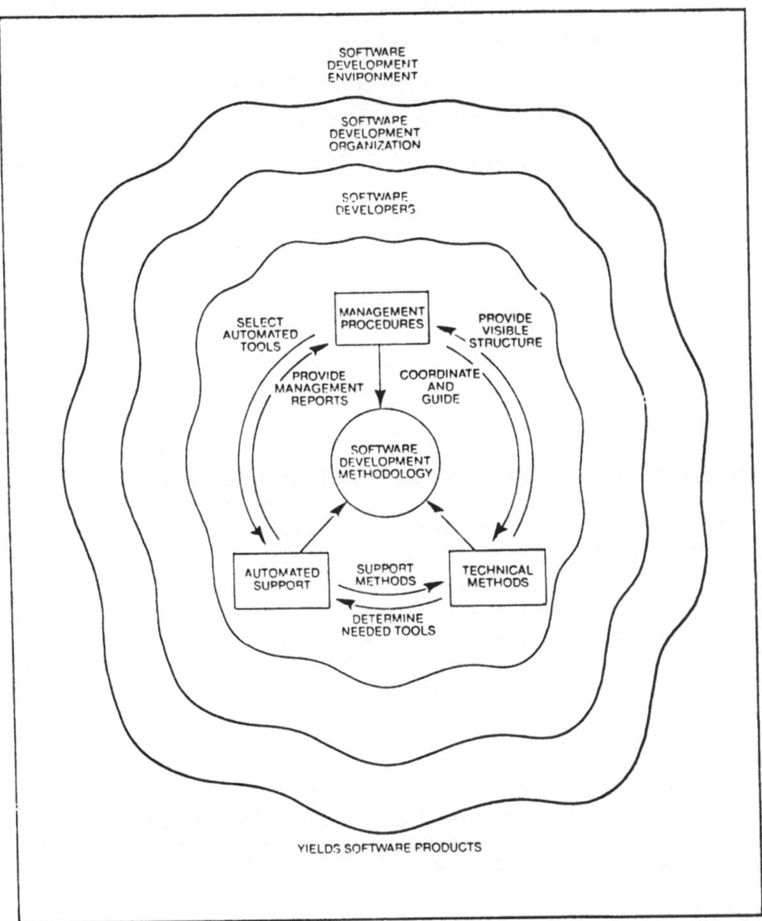

Abb. 2-6 Software Development Environment (Wasserman 1981c, S. 49)

Eine fast idealtypische Beschreibung von Programmierumgebungen stammt von Rechenberg:

> *"Programmierumgebungen* sind Sammlungen von aufeinander abgestimmten Werkzeugen, die mehrere oder alle Phasen der Software-Entwicklung und -Wartung unterstützen. Dazu gehören meist eine gemeinsame Datenbasis und einheitliche Benutzerschnittstellen. Im Idealfall verschmelzen die einzelnen Werkzeuge für den Benutzer zu einem einzigen Gesamtwerkzeug."[55]

---

55) Rechenberg (1985a), S. 59

Diese idealistische Sicht erfordert aber auch Zugeständnisse: Als Preis dafür muß der Software-Ingenieur das software-technologische Glaubensbekenntnis der Ersteller dieser Software-Engineering-Environments gleich mit übernehmen, da selbstverständlich die zugrundeliegenden Methoden und Modelle nicht beliebig frei wählbar sind.[56]

Programmierumgebungen unterstützen alle Tätigkeiten des Programmieren-im-Kleinen (Modulerstellung und -test) und auch des Programmieren-im-Großen. Dazu wird auch die Erstellung des Entwurfs (Software-Architektur), die Integration usw. gerechnet.[57] Eine sehr gute Abgrenzung und Erläuterung dieser Begriffe und der darin enthaltenen Problematik liefert Belzer:

> "... that in the early days of computing, programming was concerned with coding of small algorithms and was primarily an individual thing. However, in later stages, programming practices have changed drastically due to the development of large software systems. We shall describe these two kinds of activities as programming-in-the-small and programming-in-the-large. .. It was also pointed out that there is an order of magnitude of difference in productivity between programming-in-the-small and programming-in-the-large. The main difference between these two kinds of activities lies in the fact that programming-in-the-large is concerned with the multiperson construction of multiversion (programming) systems ... there are several problems which are not significant for programming-in-the-small:
>
> 1. Division of labor among programmers
> 2. Communication among members of a programming team"[58]

Auf eine weitere Diskussion der Software-Produktions-Umgebungen, insbesondere die verschiedenen Klassifizierungsansätze, wird hier - da eher am Rande zum Thema gehörend - verzichtet und auf die entsprechende Literatur verwiesen.[59] Statt dessen soll der Fokus auf spezielle Programmpakete, die einen nicht so hohen Funktionsumfang wie die eben angeschnittenen Konzepte haben,

---

56) Hildebrand (1988a), S. 258

57) vgl. Engels (1986), S. 2, siehe auch DeRemer (1976).

58) Belzer (1979), S. 217. Siehe auch Ghezzi/Jazayeri (1989), S. 325ff.

59) Umfangreiche Beschreibungen und auch Klassifizierungsansätze enthalten: Balzert (1985a, 1985b, 1987), Ghezzi/Jazayeri (1989), Hausen (1981, 1983, 1985), Ruf (1988).

gerichtet werden. Gemeint sind damit Programmpakete, die unter den Etiketten Tool Box, Werkzeugkasten u.a. zu finden sind.

Diese Konzepte der Toolintegration[60] beinhalten zum Beispiel die Programmers Workbench[61], eine Toolkombination auf der Basis eines UNIX-Entwicklungsrechners, oder Tools auf einem dedizierten Entwicklungsrechner. Eine exakte Abgrenzung sowohl zu den Software-Produktions-Umgebungen als auch zu den Tool Boxes ist schwierig, da die Übergänge - wie bei fast allem was mit Software zu tun hat - fließend sind.[62]

Sogenannte Werkzeugkästen (Tool Box) "... bestehen aus einer Anzahl von Werkzeugen, die jedoch aufeinander abgestimmt sind. D.h. die Ergebnisse der Werkzeuge können von anderen Werkzeugen weiterverarbeitet werden."[63] Ein Werkzeugkasten (teilweise auch als Programmierumgebung bezeichnet) muß nicht dem Anspruch des programming-in-the-large gerecht werden; die darin enthaltenen Software Tools können beispielsweise vom Hersteller der Hardware oder des Betriebssystems geliefert werden. Im Werkzeugkasten selbst befinden sich dann die einzelnen Werkzeuge (Editor, Compiler, Debugger usw.), die eine oder mehrere Funktionen abdecken können. Abbildung 2-7 faßt alle Aspekte nochmals zusammen.

---

60) Leppert (1984) erläutert in seinem Artikel u.a. Konzepte für die Toolintegration.

61) vgl. Ivie (1977)

62) Einen sehr guten Überblick über den historischen Werdegang bei der Toolintegration (gemeinsame Schnittstellen, Datenbasis usw.) liefert Hruschka (1985).

63) Scheibl (1985b), S. 1.1-1

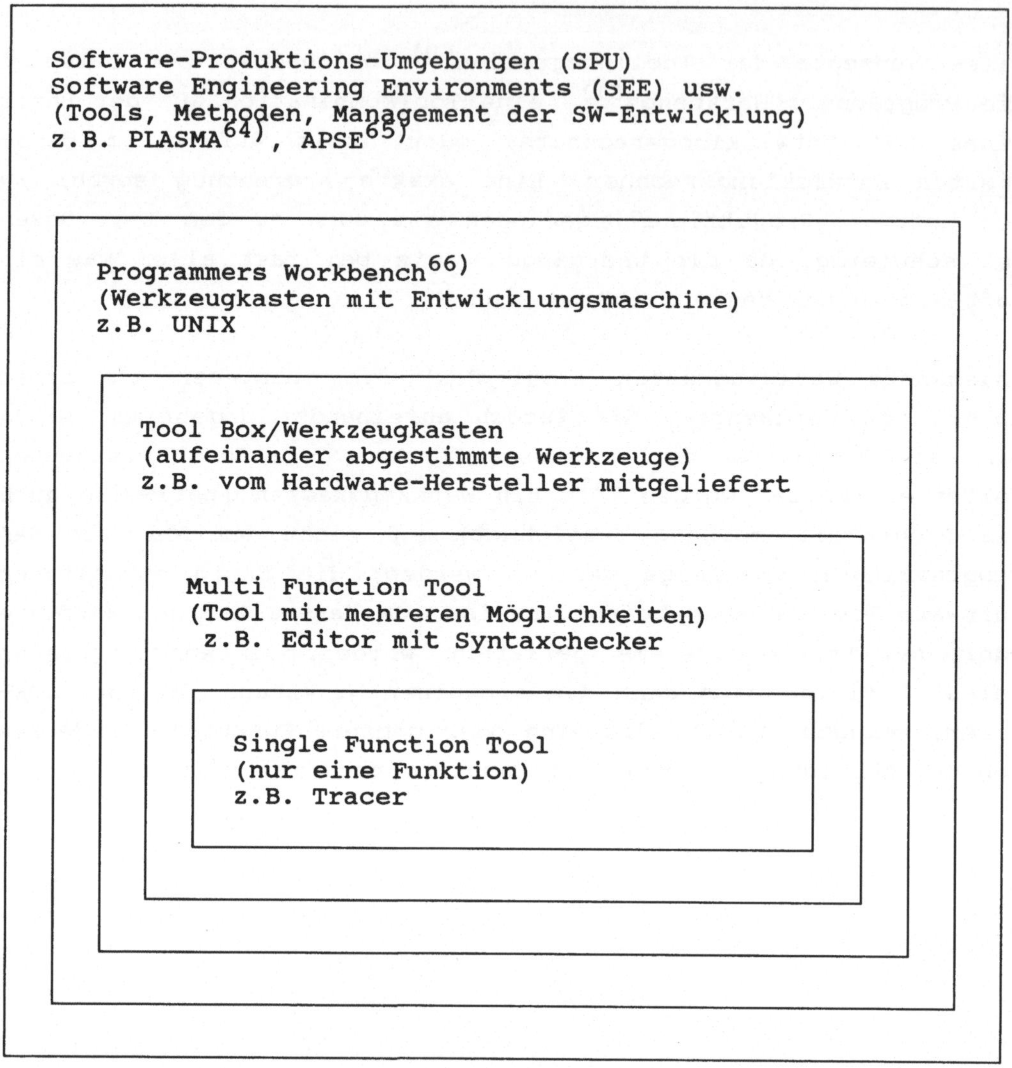

Software-Produktions-Umgebungen (SPU)
Software Engineering Environments (SEE) usw.
(Tools, Methoden, Management der SW-Entwicklung)
z.B. PLASMA[64], APSE[65]

Programmers Workbench[66]
(Werkzeugkasten mit Entwicklungsmaschine)
z.B. UNIX

Tool Box/Werkzeugkasten
(aufeinander abgestimmte Werkzeuge)
z.B. vom Hardware-Hersteller mitgeliefert

Multi Function Tool
(Tool mit mehreren Möglichkeiten)
 z.B. Editor mit Syntaxchecker

Single Function Tool
(nur eine Funktion)
z.B. Tracer

<u>Abb. 2-7</u> Einbettung der Software Tools

---

64) vgl. Balzert (1981b)

65) APSE steht für Ada Programming Support Environment

66) vgl. Ivie (1977)

2.3.2 Für welche Software?

Nachdem untersucht wurde, wie Software Tools in verschiedenen Entwicklungsumgebungs-Ansätzen konfiguriert werden können, wenden wir uns jetzt der Frage zu, für welchen Teil der Software-Entwicklung die hier zur Diskussion stehenden Software Tools von Bedeutung sind. Drei Fragestellungen sind dafür relevant:

1. Für die Erstellung welcher Art von Software sollen die Tools verwandt werden?
2. Welche Arten von Programmiersprachen kommen in Frage?
3. Welche Aktivitäten des Software-Entwicklungs-Prozesses werden unterstützt?

Bei der zu erstellenden Software sollen in erster Linie Anwendungsprogramme (vgl. 2.1.2) in Betracht kommen. Allerdings ist dies kein ausschließlicher Anspruch, da sich mit den entsprechenden Werkzeugen grundsätzlich auch systemnahe Software und Systemprogramme entwickeln lassen, ja daß Software Tools gerade in diesem Bereich sehr stark gebraucht und eingesetzt werden. Dagegen werden keine Werkzeuge für die Erstellung von Expertensystemen, sogenannte Tools des Knowledge Engineering (expert system shells u.a.), berücksichtigt.[67]

Da es hauptsächlich um die Erstellung von Anwendungs-Software geht, folgt daraus, daß vor allem Programmiersprachen der sogenannten dritten Generation in Frage kommen. Dies sind die am meisten verbreiteten höheren (problemorientierten) Sprachen wie zum Beispiel COBOL, FORTRAN, Pascal, PL/1 usw.[68]. Neben diesen prozeduralen Hochsprachen werden aber, wenn auch eher am Rande, Tools für die zweite Generation (maschinenorientierte Sprachen oder Assembler) und für Anwendungsentwicklungen mit (nichtprozeduralen) Sprachen der vierten Generation (4th Generation Languages - 4GLs) betrachtet. Auf die Probleme mit den 4GLs - Definition und Abgrenzung, Entwicklersprache oder Anwenderwerkzeug

---

67) Einen guten Überblick über Werkzeuge für Expertensysteme liefern z.B. Harmon/King (1989).
68) siehe auch Kurbel (1985), Kurbel/Eicker (1987).

für die individuelle Datenverarbeitung usw. - wird im fünften Kapitel noch gesondert eingegangen. Einige Tools (z.B. Editoren) eignen sich auch für die fünfte Generation der Programmiersprachen - Sprachen für die Wissensverarbeitung im Bereich der künstlichen Intelligenz, z.B. PROLOG, SMALLTALK, LISP.[69]

Welche Aktivitäten des Software-Entwicklungs-Prozesses unterstützen die betrachteten Software Tools? Um diese Frage zu beantworten, orientiert man sich am besten am üblichen Phasenkonzept zur Software-Entwicklung, dem Software Life Cycle (siehe Kap. 3.2). Ohne jetzt näher auf die Tätigkeiten in den einzelnen Phasen einzugehen, läßt sich ganz allgemein feststellen, daß zu Beginn jeder Systementwicklung die mehr kreativen und kognitiven Aufgaben stehen (Analyse, Fachkonzept usw.), während mit fortschreitender Zeit die Automatisierungspotentiale ansteigen, da man von einem eher abstrakten und informalen Niveau (z.B. Ideen, umgangssprachliche Aufgabenspezifikation) zu mehr formalen und konkreten Beschreibungen (Entscheidungstabellen, Quellcode) gelangt.[70] Das bedeutet, daß die Aktivitäten der ersten Phasen (Ist-Analyse, Spezifikation) kaum durch Werkzeuge unterstützt werden können. Dies unterstreicht auch Balzert, der in einer Auflistung von Werkzeugen der Software-Erstellung sagt: "Definitionsphase: Kein Werkzeug, da der Wissensstand noch nicht stabil genug für eine Standardisierung ist."[71] Das bedeutet, daß erst ab der folgenden *Entwurfsphase* mit dem Einsatz von Software Tools begonnen werden kann. Dies überrascht auch deshalb nicht, da ja von unserer Definition her Software Tools die Entwicklung von *Software* unterstützen, und die eigentliche Software-Entwicklung erst mit dem Entwurf der Software beginnt, und nicht

---

69) Einen sehr guten Überblick über die Generationen der Programmiersprachen bieten beispielsweise Bolkart (1987) und Barth (1987).

70) siehe auch Hesse (1981b), der in seinem Beitrag die Kriterien sprachliche Freiheit, Abstraktion und Automatisierung gegenüberstellt. Schulz (1982b, S. 608) sieht dies ähnlich: "Je mehr ein Konstruktionsprozeß fortschreitet, desto weniger enthält die Konstruktionsaufgabe schöpferische Tätigkeit, so daß die Automationsfähigkeit zunimmt. Deshalb wird es schwerer sein, die ersten Phasen eines Software-Projektes rechnergestützt abzuwickeln als die letzten."

71) Balzert (1987), S. 180

mit dem Fach-Konzept eines Systems; unbestritten bleibt, daß die fachlichen Vorgaben für den Software-Entwurf nötig sind - aber es wird dort eben noch keine Software erstellt. Auch Boehm sieht den Beginn der Software-Erstellung nach der Spezifikationsphase: "... "software production" here includes all the effort involved in production and maintaining the necessary executive, support, and application programs and their documentation, starting from a reasonably well-defined functional specification."[72]

Software Tools unterstützen also die Phasen Entwurf bis Wartung und Weiterentwicklung (siehe auch Kap. 3.2, Abb. 3-7). Dabei lassen sich diese systemnahen Computerprogramme nochmals unterteilen in Software Tools im engeren und im weiteren Sinne. Tools im engeren Sinne haben einen unmittelbaren Einfluß auf Entstehung, Untersuchung, Manipulation und Ausführung von Code (beim Programmieren, Maskenentwurf, Testen usw.), wo hingegen die zweite Kategorie nur mittelbare Rückwirkungen auf das Programm (bei Installation, Tuning, Code-Management usw.) hat (siehe Abb. 2-8). Tools im weitesten Sinne, zum Beispiel für das Projektmanagement (Terminüberwachung, Fortschrittskontrolle) unterstützen zwar auch in gewisser Weise die Software-Entwicklung, haben aber keinen direkten Einfluß auf den Programmcode, so daß sie im weiteren vernachlässigt werden können. Ebenso gehören einfache Betriebssystemfunktionen (z.B. Copy- oder Sort-Programme, die ja auch benötigt werden) nicht zu den hier betrachteten Software Tools.

---

72) Boehm (1975), S. 3

<u>Software Tools im engeren Sinne</u>

haben direkten Einfluß auf den
Code (z.B. für Programmerstellung, Test, Maskenentwurf)

<u>Software Tools im weiteren Sinne</u>

haben nur mittelbar mit Code zu tun
(z.B. beim Betrieb, Installation,
Modulmanagement)

<u>Abb. 2-8</u> Unterteilung der Software Tools

Nachdem jetzt die Abgrenzungen erfolgt sind, ergibt sich daraus die hier gültigen Definition von Software Tools:

> *Software Tools* sind Computerprogramme für die Unterstützung der Entwicklung (Phasen Entwurf bis Wartung und Weiterentwicklung) von Software, insbesondere Anwendungsprogrammen in einer prozeduralen Sprache der dritten Generation.

Und etwas kürzer ausgedrückt:

> *Software Tools* sind Werkzeuge aus Software
> für die Entwicklung von Software

3. Automatisierungspotentiale im Software Engineering

> *To most people, including a surprising number who program computers, software engineering is a mystery.*
>
> Macro und Buxton[1]

Software Tools sind nicht parallel mit den dazugehörenden Rechnern erschienen, sondern wurden erst nach und nach entwickelt. Der Übergang von der Software-"Manufaktur" hin zur Software-"Fabrik" - und damit von der sogenannten Bit-Fummelei[2] hin zur organisierten und (teil)automatisierten, werkzeuggestützten Produktion - wurde durch mehrere Faktoren ausgelöst. Dazu gehören in allererster Linie die Probleme der Software-Qualität, deren Ursachen in einer überholten Produktionsweise zu finden sind. Außer dieser wohlbekannten Software-Krise gibt es noch zwei wesentliche Aspekte. Zum einen den Hardware-Preisverfall, der immer mehr Anwendern die Möglichkeiten zur Computernutzung eröffnete, zum anderen die daraus resultierende Nachfrage nach der entsprechenden Software, die mangels ausgebildeter Fachkräfte im Programmierbereich nicht befriedigt werden konnte.[3] "Deshalb ist man auf die Idee gekommen, den Rechner nicht nur anderen zur Nutzung zu empfehlen, sondern auch selbst bei der Software-Entwicklung einzusetzen."[4] Tools sind demnach kein Selbstzweck, sondern ".. a tool is typically developed in res-

---

1) Macro/Buxton (1987, S. vii) vermerken: "Software engineering has become, in fact, well known as a most difficult, costy and hazardous part of information technology.".

2) Corell/Debest (1980, S. 56) sagen dazu: "Betrachtet man die Software-Produktion im Vergleich zu anderen Produktionsbereichen, so muß man feststellen, daß sie paradoxerweise bezüglich der Automatisierung selbst noch sehr unterentwickelt ist. Bleistift und Papier sind noch die verbreitesten Werkzeuge des Programmierers".

3) "In the past, computer were more expensive than people; now, people are more expensive. The gap will continue to widen as hardware costs plummet. Not only are people the expensive commodity, there is a shortage of those who are adequately trained." Balzer u.a. (1983), S. 39

4) Hausen u.a. (1985), S. 55

ponse to a perceived problem. Sextants, for example, were developed and improved because navigators and their ships were getting lost, with the attendant loss of people and goods. High-level programming languages were developed because the process of programming in assembler languages is tedious and error-prone. It is rarely the case that one invents a tool and then searches for a practical application of the tool."[5]

Den unterschiedlichen Facetten des Tool-Einsatzes im Rahmen des Software Engineering ist dieses Kapitel gewidmet. Im ersten Abschnitt wird ein kurzer Überblick über die Entstehung des Software Engineering (Motivation, wissenschaftlicher Anspruch usw.) gegeben. Dies ist erforderlich, um die Hintergründe der aktuellen Situation zu verstehen, da die gegenwärtigen Probleme der Software-Entwicklung - und damit auch die Lösungsansätze, z.B. Software Tools - ihre Wurzeln in der rasanten Leistungssteigerung der Hardware und der wenig rasanten Qualitätssteigerung der Software haben.

Nachdem diese Ursachen aufgezeigt wurden, wird im zweiten Abschnitt das hier zugrunde gelegte Vorgehensmodell zur Software-Entwicklung - auf der Basis des allgemein anerkannten Phasenkonzepts - erläutert. Neben der Beschreibung der Aktivitäten der einzelnen Phasen werden zusätzlich die potentiellen und realisierten Automatisierungspotentiale untersucht. Im dritten Teil wird auf alternative Ansätze zur Software-Produktion (Prototyping u.a.) eingegangen.

---

5) Wasserman (1980), S. 94

3.1 Anspruch des Software-Engineering

Zuerst wird, um die Problematik des Software Engineering zu erläutern, in einem kurzen historischen Abriß die technische Entwicklung der Hardware und Software skizziert. Anschließend erfolgt die Darstellung der Entstehung und Einordnung sowie der Ziele und Aufgaben des Software Engineering. Im Abschnitt 3.1.2 wird auf die Rolle der Software Tools innerhalb des Software Engineering eingegangen, die Ansätze zur automatisierten Software-Produktion - bekannt unter dem Schlagwort CASE (Computer Aided Software Engineering) - werden kritisch untersucht.

3.1.1 Entwicklung des Software Engineering

Beginnen wir mit einem Blick auf die rasante Entwicklung im Hardware-Bereich, um am Beispiel der Speichertechnologie[6] die verschiedenen Computergenerationen zu identifizieren. Das Zeitalter der *elektronischen* Datenverarbeitung beginnt Mitte der 40er Jahre mit den ersten Elektronenröhren-Rechnern (1946 ENIAC in den USA). Der Übergang zur zweiten Generation wurde durch die Erfindung des Transistors (1948) und dessen serienmäßiger Produktion (1955) ermöglicht (z.B. 1957 Siemens 2002). Ab ca. 1965 leiteten integrierte Schaltkreise (IC) die dritte Computergeneration (z.B. IBM /360, Siemens 4004) ein.[7]

Die folgenden Generationen lassen sich nicht mehr so exakt abgrenzen, zu vielfältig ist die Entwicklung. Die vierte Generation (ab ca. 1975, z.B. IBM 43xx, Siemens 75xx) geht einher mit

---

6) Diese Kriterium ist aber nicht losgelöst vom Prozessor und anderen Elementen zu sehen, die erst im Zusammenspiel die Leistungsfähigkeit einer Anlage bestimmen.

7) Vorläufer der Elektronenrechner waren mechanische Rechenmaschinen unter anderem von Schickard (1623), Pascal (1642) und Leibniz (1673); ihm ist auch die Schöpfung des dualen Zahlensystems - und damit der theoretischen Grundlage für die modernen Rechenanlagen - zu verdanken. Der erste funktionsfähige, programmgesteuerte elektromechanische Rechenautomat (Rechenwerk und Speicherwerk mit Relais) war 1941 die ZUSE Z3. vgl. Vorndran (1982)

hochintegrierten Schaltkreisen (VLSI-Technik[8], Mikro-Chips) und der Erfindung des Mikroprozessors (Intel 8008 in 1972). Die sogenannte fünfte Generation befindet sich noch im Forschungsstadium. Darunter fallen solch ehrgeizige Projekte wie Parallel-Architektur (Beseitigung des "von-Neumann-Flaschenhalses") oder Inferenzmaschinen (für die Wissensverarbeitung durch logische Schlußfolgerungen).[9] Mit jeder neuen Generation ist ein Ansteigen der Leistungsfähigkeit (teilweise Faktor 10 und mehr, bezogen auf Arbeitsspeichergröße - in Byte - und Verarbeitungsgeschwindigkeit - in Instruktionen pro Sekunde) bei gleichzeitiger Preissenkung zu registrieren, also eine permanente Verbesserung des Preis/Leistungs-Verhältnisses. Einen Überblick über die Generationen verschafft die folgende Tabelle (Abb. 3-1).

---

8) VLSI steht für **Very Large Scale Integration**

9) Einen sehr guten Überblick über die Aktivitäten zu Rechnern der fünften Generation liefert Giloi (1984). Er greift dabei die Kritik von *Backus* an der seit Jahrzehnten installierten von-Neumann-Rechnerarchitektur auf (S. 65): "Bevor die zentrale Recheneinheit (CPU) ein atomisches Datenelement verarbeiten kann, muß dieses Element erst durch Ausführung einer MOVE-Instruktion aus dem Speicher geholt werden, wobei zunächst die Move-Instruktion selbst aus dem Speicher geholt werden muß, wozu zunächst *deren* Adresse ermittelt worden sein muß. Das Ergebnis ist, daß die CPU für jede zustandstransformierende Operation mehrere Instruktionen aus dem Speicher holen, interpretieren und ausführen muß (etwa das dreifache), um die Hardware explizit zu instruieren, welche elementaren Speicherinhalte nacheinander hin und zurück zu transportieren sind. Da andererseits die Wirkung einer Berechnung darin besteht, "den Speicherzustand wesentlich zu verändern" (*Backus*), sind nur die datentransformierenden Operationen letzlich wirksam, während die organisatorischen Operationen als zusätzlicher Verwaltungsaufwand (overhead) zu buchen sind." s. auch Backus (1978)

1. Generation	ca. 1946	Elektronenröhren
2. Generation	ca. 1955	Transistoren
3. Generation	ca. 1965	ICs (Integrated circuits)
4. Generation	ca. 1975	VLSI, Mikroprozessoren
5. Generation	ca. 199?	Parallel-Architektur, ?

<u>Abb. 3-1</u> Hardware-Generationen

Leider ist dieses exponentielle Wachstum bei der Hardware-Tech-
nologie nicht auf die Software übertragbar, hier findet man eher
eine langsame, evolutionäre Zunahme. Sehen wir uns einmal die
Entwicklung am Beispiel der Programmiersprachen, die zum Formulieren von Computerprogrammen kreiert wurden, an.[10] Allerdings
ist nicht in jedem Fall, insbesondere bei den letzten Generationen, eine eindeutige Zuordnung möglich; auch ist der Ausdruck
"Generation" nicht so zutreffend wie bei der Hardware, da neue
Sprachen die alten nicht ablösen, sondern mehrere Generationen
nebeneinander anzutreffen sind.[11] Als Kriterium zur Unterscheidung dient die Nähe zur Hardware (bzw. die Orientierung am Benutzer).

Die Maschinensprache (1. Generation) ist die interne Sprache (in
binärer Form, also nur die Zeichen 0 und 1) einer Rechenanlage.
Für Anwendungsprogramme ist sie ungeeignet, da zu unübersicht-
lich, fehleranfällig und dementsprechend schwer zu handhaben.

---

10) Eine eher anwendungsbezogene Entwicklungszeittafel findet
    sich bei Zilahi-Szabó (1988), S. 18.
11) vgl. Stahlknecht (1987), S. 108

Die nächste Generation, die *maschinenorientierten* Sprachen (oder auch Assembler) gelten auch nur für einen bestimmten Rechnertyp. Sie erfordern - gegenüber höheren Programmiersprachen - einen großen Programmieraufwand und unterstützen nicht moderne Methoden des Software-Engineering, wie zum Beispiel die Strukturierte Programmierung mit den entsprechenden höheren Kontrollstrukturen.[12)]

Die dritte Generation umfaßt die (weitgehend) *maschinenunabhängigen* und *problemorientierten* (höheren) Programmiersprachen, wie sie heute am weitesten verbreitet sind. Sie ermöglichen eine wesentlich leichtere Formulierung von Algorithmen als die maschinenorientierten Sprachen und gestatten die einfache Übernahme der Programme auf andere Hardware (Portabilität). Ihre Konstruktion orientiert sich mehr am spezifischen Problem des Benutzers; so gibt es beispielsweise COBOL für eher kaufmännische Anwendungen (Verarbeitung großer Datenmengen) oder FORTRAN für technisch-wissenschaftliche Aufgaben. Andere Vertreter der dritten Generation sind: Pascal, PL/1, Modula-2, Ada. Gemeinsam haben die ersten drei Generationen, daß der Programmierer exakt in einem Algorithmus angeben muß, *wie* die Aufgabe zu lösen ist - infolge dessen spricht man auch von *prozeduralen* Sprachen; ihre Anwendung wird mit Abstand am umfangreichsten durch Software Tools unterstützt.

Für Sprachen der 4. Generation (4GL = fourth generation language) gibt es keine eindeutigen Klassifizierungsmerkmale mehr. Es kann sich sowohl um Werkzeuge (diese Definitions- und Abgrenzungsproblematik zu den Software Tools wird ausführlich im Kapitel 5.3 behandelt) für die Anwendungsentwicklung - insbesondere Prototyping - handeln, als auch um Programmsysteme der "individuellen Datenverarbeitung" (IDV), die es dem Endbenutzer in der Fachabteilung ermöglichen, selbständig eine Problemlösung zu definieren.[13)] In diesem Zusammenhang spricht man auch von datenorientierten Sprachen oder Abfragesprachen (bzw. Datenmani-

---

12) vgl. Stahlknecht (1987), S. 109f, Hansen (1986), S. 325ff, Kurbel/Eicker (1987)

13) vgl. Hansen (1986), S. 331

pulationssprachen, z.B. SQL = structured query language). Sie erlauben häufig eine *nicht-prozedurale* Formulierung der Aufgabenstellung, d.h. man sagt *Was* zu tun ist.

Sprachen der 5. Generation haben ihr spezielles Einsatzgebiet im Bereich der Künstlichen Intelligenz/Expertensysteme (Wissensverarbeitung). Es sind im wesentlichen drei nicht-prozedurale Ansätze, die am weitesten fortgeschritten sind:[14]

   1. Funktionale Programmiersprachen (z.B. LISP)
   2. Logische Programmiersprachen (z.B. PROLOG)
   3. Objektorientierte Programmiersprachen (z.B. SMALLTALK).

Abbildung 3-2 faßt die Entwicklung im Bereich der Programmiersprachen zusammen:

1. Generation	Maschinensprache
2. Generation	maschinenorientierte Sprachen (Assembler)
3. Generation	problemorientierte Sprachen (z.B. Pascal)
4. Generation	datenorientierte Sprachen (z.B. SQL)
5. Generation	wissensorientierte Sprachen (z.B. PROLOG)

<u>Abb. 3-2</u> Software-Generationen[15]

Allerdings sollte man sich von der Sprachen-Evolution nicht täuschen lassen, denn zum einen sind neue Ansätze noch kein

---

14) vgl. Hansen (1986), S. 334f. Eine sehr verständliche Einführung in die Ideen der 5. Hardware- und Software-Generation bietet Schnupp (1986) Kap. 10.

15) vgl. Stahlknecht (1987), S. 108ff

Garant für Software-Qualität, zum anderen bedeutet eine neue Programmiersprache <u>nicht</u> denselben Fortschritt (in Form einer Produktivitätssteigerung) wie beispielsweise ein neuer Speicherbaustein bei der Hardware. Das jedoch war kein Hinderungsgrund, um immer ambitioniertere Software-Projekte in Angriff zu nehmen. Daß dies sehr oft mit unzureichenden Mitteln geschah, hat die Vergangenheit gezeigt - und gilt leider bei manchen Entwicklungen nach wie vor. Das Ergebnis ist allen Personen, die mit Computern zu tun haben, bekannt: die Software-Krise.

Die Ursachen der Software-Krise lagen vor allem in einer Überschätzung der vorhandenen Möglichkeiten im Bereich der Software-Technologie bzw. in einer Unterschätzung der Probleme bei der Systementwicklung. Die Auswirkungen sind bekannt: Software ist von schlechter Qualität, ihre Produktion ist zu teuer und sie wird zu spät fertig. Ist sie dann fertig, verschlingt die Wartung einen Großteil der Programmierkapazität. Die Folge: immer weniger Personal steht für die Neuentwicklung zur Verfügung, der "Anwendungsstau" vergrößert sich. Das Hauptproblem ist ganz eindeutig die Software-Qualität. So einleuchtend diese Erkenntnis im ersten Augenblick auch sein mag, so gering ist ihr Nutzen. Die Schwierigkeiten sind mehrschichtig: Was ist Software-Qualität? Wie mißt man Software-Qualität? Wie erreicht man sie? Während die erste Frage noch relativ leicht zu beantworten ist (Zuverlässigkeit, Benutzerfreundlichkeit, Änderbarkeit usw.), fallen Auskünfte zu den anderen eher diffus aus. Eine Ursache dafür ist sicherlich der immaterielle Charakter der Software, wie man an einem Vergleich qualitätsdefinierender Eigenschaften zwischen Hard- und Software erkennen kann (Abb. 3-3).

Attribut	Hardware	Software
1 Das Produkt ist leicht identifizier-bar.	ja	nein
2 Die Produktdokumentation wird vom Management wenigstens in den Grund-zügen verstanden.	ja	nein
3 Ein "Abnahmetest" liefert ein sehr gutes Maß für die Gesamtqualität.	ja	selten
4 Der industrieweite Qualitätsstandard ist gut.	ja	nein
5 Wenn das Produkt schlecht entworfen oder hergestellt ist, erfährt dies jeder.	ja	nicht immer
6 Eine Fehlervorhersage ist möglich.	ja	noch nicht
7 Das Produkt ist sehr einfach zu ändern.	nein	ja
8 Ein Ersatzteilvorrat ist Teil des Produkts.	ja	nein
9 Das Produkt kann modularisiert ent-worfen werden.	ja	ja

Abb. 3-3 Vergleich qualitätsorientierter Attribute von Hard-ware- und Software-Industrieerzeugnissen[16)]

Und warum ist es so schwierig, Software von hoher Qualität zu erzeugen? "Im allgemeinen wissen wir mehr darüber, wie ein gutes Auto zu konstruieren ist, als darüber, wie gute Software zu konstruieren ist. Was macht Software so schwierig? Die kurze Antwort lautet "Komplexität", aber die Frage verdient eine etwas längere Antwort."[17)]

---

16) vgl. Budde u.a. (1980), S.33

17) Shore (1987), S. 155. Auf Seite 169 gibt er diese kurze Ant-wort: "Die Komplexität der Programme, die wir schreiben, hat schneller zugenommen als unsere Fähigkeit, sie fehlerfrei zu schreiben."

Die längere Antwort läßt sich in etwa so wiedergeben: Die Erfahrungen, die man aus dem Schreiben eines kleinen Programms gewonnen hat, lassen sich nicht auf große Projekte übertragen, genauso wenig, wie man Kenntnisse im Backen eines Apfelkuchens für die Gestaltung einer Backwarenfabrik nutzen kann - die Dimensionen (insbesondere die Organisation des Prozesses) sind einfach zu verschieden. Das größte Problem bei Projekten mit mehreren Beteiligten ist die Kommunikation. "Wenn komplexe Interaktionen bei der Arbeit verschiedener Programmierer auftreten, wird der Fortschritt gebremst. Einem komplexen Programmierprojekt, das der Terminplanung gewöhnlich hinterherläuft, kann nicht durch Zugabe weiterer Arbeitskräfte geholfen werden."[18] Daß heißt, mehr Arbeitskräfte verzögern - im Gegensatz zu vollkommen aufteilbaren Tätigkeiten (z.B. Erdbeeren pflücken) - das Projekt.[19]

Die Probleme haben wir jetzt analysiert, wo aber liegt die Lösung? Shore schreibt dazu: "Tatsächlich hat die zunehmend deutlicher werdende Schwierigkeit, große zuverlässige Computerprogramme zu schreiben, nicht nur zu dem Begriff "Softwarekrise" geführt, sondern zu einem ganzen Forschungszweig, dem **Software**

---

18) Martin (1985a), S. 244

19) vgl. Brooks (1982), der darin die schon legendären Probleme mit dem IBM System/360 beschreibt und analysiert. Martin (1985a, S. 244f) erläutert dies sehr anschaulich: "Bei einem Programmierprojekt entspricht die Ausbildungszeit der Schwangerschaftszeit; man kann sie nicht beschleunigen. Je mehr Leute dem Projekt zugeteilt werden, desto mehr müssen hinsichtlich der Zielsetzungen und Einzelheiten des Projekts unterrichtet werden. Die Kommunikationsschwierigkeiten nehmen zu. Wenn drei Leute beim Essen miteinander anstoßen, bedeutet das dreimal anstoßen; bei vier Leuten muß sechsmal angestoßen werden ... Bei 46 Personen klingen die Gläser mehr als tausendmal; die Beteiligten verbringen ihre ganze Zeit mit Anstoßen anstatt mit Trinken." Macro/Buxton (1987, S. viii) beschreiben die Auswirkungen der Kommunikationsschwierigkeiten durch folgenden Sketch: "Two deaf men are on a train as it approaches a London suburb:
'Is this Wembley?'
'I thought it was Thursday.'
'So am I!'"

Engineering ("Entwicklung von Softwaretechnologien").[20] Der Anspruch, der dahinter steht, ist folgender: weg von der unstrukturierten Software-Bastelei, hin zu einer wissenschaftlich fundierten, ingenieurmäßigen Software-Produktion. "The faculties of colleges and universities that had computer science departments were asked to provide the new approaches, tools, or techniques to solve the problem of improving software development."[21] Und damit sind wir wieder bei den Tools. Bevor wir aber auf die Rolle der Werkzeuge eingehen, zuerst noch ein weiterer Blick auf die Aufgaben und Ziele des Software Engineering.

Die Entstehung dieser Disziplin wird zwar allgemein auf das Jahr 1968 datiert, als in Garmisch die erste NATO-Konferenz unter dem Titel Software Engineering abgehalten wurde.[22] Tatsächlich findet man die ersten Lebenszeichen des neuen Fachgebiets schon im Jahre 1967, wie Wasserman (1980, S. 95) beschreibt:

> "One of the most important considerations in developing high quality software systems is to follow a systematic approach to software development. The potential benefits of such an approach include:
>
> - improved reliability,
> - verifiability, at least in an informal sense,
> - improved maintainability, including portability and adaptability,
> - system comprehensibility, as a result of improved structure,
> - more effective management control of the development process, and
> - higher user satisfaction.
>
> The unifying notion in this regard is that of *software engineering*. The term "software engineering" was invented in 1967

---

20) Shore (1987), S. 149. Eine sehr pointierte Übersicht über die Praxis der Software-Entwicklung gestern und heute liefert Baber (1986) im 2. Kapitel.

21) Goldberg (1986), S. 334

22) Herausgegeben wurde der Tagungsband unter dem Titel *Software Engineering* von Naur (1969). Darin ist auch ein Hinweis auf die Entstehung des Begriffs in 1967 (S. 13): "In late 1967 the Study Group recommended the holding of a working conference on Software Engineering. The phrase 'software engineering' was deliberately chosen as being provocative, in implying the need for software manufacture to be based on the types of theoretical foundations and practical disciplines, that are traditional in the established branches of engineering."

to suggest the need to follow an engineering type of discipline in the creation of computer software. Among the impor-
tant engineering concepts are those of a "life cycle" and a
"methodology" for production, as well as cost and performance
prediction."

Das oberste Ziel des Software Engineering ist demnach die wirtschaftliche, wissenschaftlich gestützte Produktion von Software
hoher Qualität (Benutzerakzeptanz, Wartbarkeit, Zuverlässigkeit
etc.).[23] Zu den Aufgaben zählt die Bereitstellung und Weiterentwicklung der dazu nötigen Prinzipien, Methoden, Werkzeuge
usw., oder wie Gewald es formuliert: "... wird im folgenden
unter Software Engineering die genaue Kenntnis und gezielte
Anwendung von Prinzipien, Methoden und Werkzeugen für die Technik und das Management der Software-Entwicklung und -Wartung auf
der Basis wissenschaftlicher Erkenntnisse und praktischer Erfahrungen sowie unter Berücksichtigung des jeweiligen ökonomisch-
technischen Zielsystems verstanden."[24] Auf den Punkt bringt es
Hoffnagle:

"This new emphasis is known as software engineering, which
can be described as the systematic production and maintenance
of high-quality software systems, delivered on time and
within budget. It is a creative process supported by professional practices based on the best-known industrial

---

23) Hering (1984, S. 7) definiert es folgendermaßen: "Software
    Engineering ist die schöpferische Anwendung von wissen-
    schaftlichen, im wesentlichen analytisch-logischen Prinzipien
    auf die Struktur, den Entwurf und die Erstellung von Program-
    men und Programmsystemen mit dem Ziel einer spürbaren
    Rationalisierung bei gleichzeitiger Qualtätssteigerung."

24) Gewald u.a. (1982), S. 26, im Original gesperrt gedruckt.
    Schnupp (1983, S. 156f) spricht zusätzlich von Paradigmen der
    Softwaretechnologie, und erwartet in nächster Zeit einen
    Paradigmenwechsel, da seiner Meinung nach das aus den 70er
    Jahren stammende Paradigma der 'Strukturierten Programmie-
    rung' den neuen Ansprüchen nicht mehr genügt. Ein mögliches
    neues Paradigma für die 90er Jahre bietet Balzer (1983, S.
    41) an, der die End-User in die Systementwicklung via Spezi-
    fikation einbinden will: "This would fundamentally improve
    the software paradigm by employing a user-created and user-
    maintained specification as the interface between users and
    implementers." Allerdings schränkt er die Realisierungsmög-
    lichkeiten vernünftigerweise ein: "Fully automatic implemen-
    tation via a compiler clearly fulfills these objectives.
    Unfortunately, such a solution is not feasible because of the
    wide gap between high-level specification languages and
    implementations." Vgl. auch Molzberger (1981, S. 66), der in
    diesem Zusammenhang von einer "Semantischen Lücke" spricht.

experiences and computing theories. In support of software engineering, a software engineering support facility provides an environment in which software developers can manage the complexities of software development, and an integrated package of views, tools, functions, and controls that support the productive development of reliable software."[25]

Die in fast jeder der aufgeführten Definitionen erwähnten Tools (s. auch Kap. 2.3), die die Software-Entwicklung unterstützen, sind wiederum ein Teilbereich des Software Engineering (Abb. 3-4).

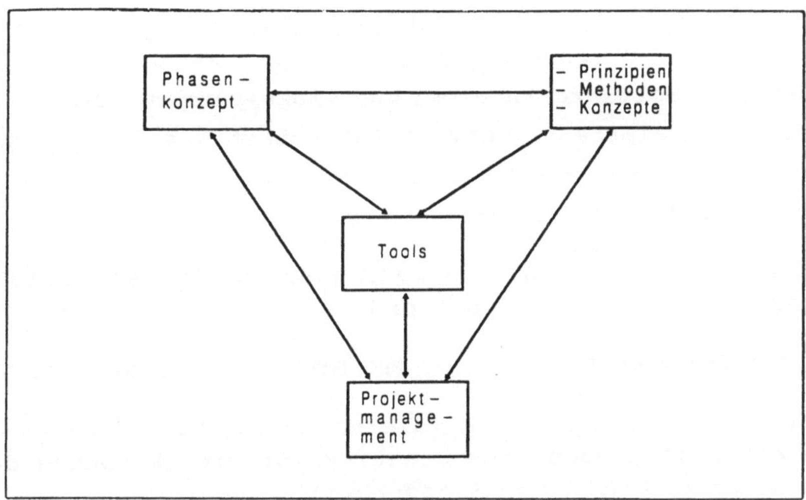

<u>Abb. 3-4</u> Tool-Unterstützung bei der Software-Entwicklung[26]

Im nächsten Schritt wenden wir uns jetzt Aspekten des Tool-Einsatzes zu, d.h. wir befassen uns mit Automatisierungsmöglichkeiten durch die Nutzung des Computers bei der Software-Produktion, bekannt geworden durch Formulierungen wie *Computer Aided Software Engineering*, kurz CASE.

---

25) Hoffnagle/Beregi (1985), S. 109

26) Ruf (1988), S. 13

3.1.2 Der Mythos vom CASE

> *The software community has done an*
> *excellent job of attempting to automate*
> *everyone's job except their own!*
>
> Leon G. Stucki[27]

Das obige Zitat überzeichnet die Situation ganz bewußt, andererseits kann man den "Softwerkern" nicht den Vorwurf machen, daß sie ihren eigenen Tätigkeitsbereich bei der Automatisierung in egoistischer Weise bevorzugten. Dennoch versucht man - wie schon früher erwähnt - durch den Einsatz von Software Tools den Rechner bei der Software-Entwicklung einzuspannen (CASE), indem man ihm automatisierbare Tätigkeiten überträgt (... und als Wunschvorstellung die automatische Programmproduktion vor Augen hat). Mehrere Ziele werden damit verfolgt:

* technische Ziele, z.B. die Verringerung der Fehlermöglichkeiten von seiten des Benutzers,

* wirtschaftliche Ziele, z.B. die Erhöhung der Produktivität,

* psychologische Ziele, z.B. die Befreiung von monotonen Routinetätigkeiten zugunsten kreativer Arbeit (Erhöhung der Motivation und Arbeitszufriedenheit),

* sozial-organisatorische Ziele, z.B. die Verbesserung der Koordination und Erhöhung der Flexibilität des Personaleinsatzes.

Die Rolle der Software Tools beschränkt sich also nicht allein auf eine effiziente und ökonomische Programmerstellung - allerdings ist dies die Hauptmotivation für den Tool-Einsatz. Ein Problem, das schon weiter oben angesprochen wurde, ist die Bewertung des Nutzens von Software Tools. Es wird zwar gerne (besonders in der Herstellerwerbung) von teilweise unglaublichen Produktivitätsfortschritten - meist ausgedrückt in einer Erhöhung der lines-of-code um soundsoviel Prozent - berichtet; dies ist aber nur die halbe Wahrheit. In einem ganz anderen Licht präsentieren sich diese Werte, wenn man berücksichtigt,

---

27) Stucki (1984), S. 311

daß es zum einen an wirklich geeigneten und vergleichbaren Maß-
stäben mangelt (ein Problem der Software-Metrik[28]), zum anderen
die Zahl der Anweisungszeilen für die gleiche Logik von Fall zu
Fall (bzw. von Programmierer zu Programmierer) beträchtlich
schwanken kann, wie Weinberg[29] in einem Experiment nachgewiesen
hat. Das bedeutet, daß es sich beim Nutzen von Software Tools
eher um eine diffuse als um eine quantifizierbare Größe handelt;
die Vorteile des Tool-Einsatzes sind denn auch eher qualitativer
bzw. subjektiver Natur und entziehen sich der Messung.

Die aktuelle Situation bei der Automatisierung der Software-Entwicklung ist durch integrierte, methodengestützte Software-Produktions-Umgebungen gekennzeichnet (s. Kap. 2.3.1). Die Entwicklung ist aber alles andere als abgeschlossen, viele Projekte
befinden sich mehr im Forschungslabor als bei kommerziellen
Anwendern - wobei insbesondere fehlende Standards (Schnittstellen usw.) den Durchbruch behindern. Dies ist der Ansatzpunkt für
das ESPRIT-Programm[30] der Europäischen Gemeinschaft: *"The
Software Technology programme has been designed to ensure that
the European software industry will be equipped with the most
methods and tools for the effective and efficient development of
software systems."* (ESPRIT 1988, S. 25) Dazu werden vor allem
zwei Ansätze verfolgt:

> "- The requirement for a "standard" <u>software development
> support environment</u> which will provide a common basis for a
> family of integrated tool sets for software product
> development which is method, language and host machine
> independent. The standard development support environment
> will provide the basic utilities for object management,
> tools and user interfaces. This will enable full integra-

---

28) Eine gründliche Diskussion der Probleme und Paradoxien bei
der Bewertung der Produktivität führt Jones (1987).

29) Eine kurze Beschreibung des Experiments findet sich bei
Boehm (1981, S. 20f). Pomberger zitiert eine Studie von Sack-
mann, die folgende Verhältnisse zwischen jeweils bester und
schlechtester Programmierleistung aufzeigt (1984, S. 173):
    Programmumfang   5 : 1
    Codierzeit   25 : 1
    benötigte Testzeit   26 : 1
    benötigte Rechenzeit   11 : 1
    Laufzeit des fertigen Programms   13 : 1

30) ESPRIT ist das Akronym von: European Strategic Programme for
Research and Development in Information Technology.

> tion of the tools to ensure complete coverage of the
> software development process.
>
> - A more rigorous approach to software system development.
> This will require a definition of <u>design methods and the
> development of the tools</u> to support these methods. Under-
> lying this requirement is the need to provide a scientific
> basis for the future development of software engineering in
> Europe, and also the capability to move towards the goal of
> automatic transformations from specification to code."[31]

Dieses Zitat zeigt, daß man sich bei der relativ unbefangenen
Formulierung der Ansprüche keine übertriebene Bescheidenheit
auferlegt hat. Insbesondere der letzte Satz, der das Ziel der
automatischen Transformation der Spezifikation in den Code beinhaltet, erscheint im Lichte der in dieser Arbeit diskutierten
Möglichkeiten und Grenzen der Automatisierung etwas verwegen -
oder wie sollen die Mehrdeutigkeiten, die in einer eher abstrakten Spezifikation stecken, auf dem Weg zum konkreten Programmcode *automatisch* beseitigt werden?[32]

Wie man sieht, sind diese Bestrebungen, die man auch unter dem
Schlagwort CASE subsumieren kann, zur Zeit ein aktuelles Thema
im Software Engineering. Die Wurzeln diese Begriffes finden sich
bei Schulz, der 1982 auf die fehlende integrierte Sicht hinweist: "Ganz anders ist die Situation im Software Engineering.
Obwohl schon der Name auffordert, aus den Erfahrungen älterer
konstruktiv arbeitende Disziplinen zu lernen, steht die analoge
Entwicklung auf dem Gebiet der Informatik (CAS: <u>C</u>omputer <u>a</u>ided
<u>S</u>oftwaredesign) noch aus."[33] Er definiert CAS so:

---

31) ESPRIT (1988), S. 25. Damit zusammenhängende Projekte sind
    beispielsweise: Portable Common Tool Environment (PCTE) und
    PROSPECTRA, REQUEST, GRASPIN oder ASPIS. Vgl. ESPRIT (1987,
    1988, S. 76ff)

32) Molzberger (1981, S. 66f) spricht von einem utopischen Auf-
    wand, wenn man den Übergang von der Fachsprache zur Programm-
    miersprache, der durch den Programmierer geleistet wird (er
    überbrückt die "Semantische Lücke"), automatisieren wollte,
    und meint, "... daß es aussichtslos erscheint, Probleme auf
    einer breiten Einsatzbasis direkt auf der Ebene der Fach-
    sprache maschinenverständlich zu formulieren.".

33) Schulz (1982b), S. 607

"CAS unterstützt sämtliche Phasen eines Software-Projektes (Auftragsphase, Definitionsphase, Programmentwurf, Codierung, Test, Wartung) hinsichtlich:

- phasenspezifischen Tätigkeiten
- phasenspezifischer Dokumentation
- dem Projektmanagement

und verbindet interaktiv Mensch und Computer zu einem Gesamtsystem, in dem der Mensch durch Versuch und Irrtum ein Software-System systematisch konstruiert, iterativ verbessert und wartet."[34]

Der Anspruch von CASE ist ein ganzheitlicher, d.h. der gesamte Prozeß der Software-Entwicklung soll mit Rechnerunterstützung abgewickelt und automatisiert werden. Nolle beantwortet die Frage, ob denn CASE unter die rechnerunterstützten Ingenieurdisziplinen (CAE - Computer Aided Engineering) einzuordnen sei, so: "Sicherlich ja, denn CASE ist das rechnergestützte Planen, Konstruieren und Fertigen von Software nach abgesicherten Methoden. Diese Methoden werden durch entsprechende Werkzeuge (Tools) auf einem Software-Entwicklungssystem verfügbar gemacht. Wichtig hierbei ist, daß das Vorhandensein von Möglichkeiten Software maschinengestützt zu entwickeln, nicht schon ingenieurmäßiges Vorgehen gewährleistet. Dieses kann erst garantiert werden, wenn die Entwicklung einer Software eingebettet ist in eine methodische Abwicklung entsprechend CAM. Diese Abwicklung muß Software-Management, Projektmanagement, Arbeitsmittel, Mitarbeiter, Methoden und Werkzeuge integrieren, damit es zu einem quasiindustriellen Fertigungsprozeß kommen kann. Hierbei darf man nicht dem Irrtum erliegen, Software sei ebenso maschinell produzierbar wie z.B. Hardware."[35] Der letzte Satz ist besonders wichtig, denn eine Art von CIM[36] wie beispielsweise im Maschinenbau, erscheint zum jetzigen Zeitpunkt für die Software-Produktion noch nicht realisierbar. Zusätzlich kommt hinzu, wie Nolle kritisch bemerkt, daß eine weitverbreitete Entscheidungsschwäche des Software-Managements existiert, aus der Vielzahl von Methoden und Werkzeugen auszuwählen, und daß ebenso eine große Anzahl von

---

34) Schulz (1984), S. 151. Etwas irritierend erscheint die Formulierung "durch Versuch und Irrtum" - man hätte eher etwas in Richtung *Analyse/Kreativität* erwartet.

35) Nolle (1985), S. 10.2-1

36) CIM steht für Computer Integrated Manufacturing

Software-Entwicklern nicht bereit ist, vorhandene Werkzeuge einzusetzen.[37]

Auch in 1988 hat sich die Situation kaum verbessert, d.h. CASE ist zwar die große Hoffnung, aber keiner glaubt so recht daran. Simonsmeier charakterisiert dies so: "Jeder spricht über CASE-Tools, keiner wendet sie an. Auf diesen vereinfachten Nenner ist die heutige Situation beim industriellen Einsatz von Werkzeugen zur Unterstützung der Software-Produktion zu bringen."[38] Damit ist der Mythos der automatisierten Software-Produktion entlarvt, CASE ist nicht mehr als ein Modewort für schon länger bekannte Entwicklungsansätze, "... der in den USA geprägte Begriff "CASE" - computer-aided software engineering - drückt im Verhältnis zu den in Europa verwendeten Begriffen wie "programming support environments", "software engineering environments", "integrated project support environments" ein höheres Maß an Unverbindlichkeit gegenüber dem Integrationsanspruch aus."[39]

Eine endgültige Absage erteilt Riemann: "Die alte Wunschvorstellung der Datenverarbeiter ist die, daß der Computer selbst aus fachlichen Anforderungen automatisch gut dokumentierte Programme erstellt - oder besser noch: nicht aus formulierten Anforderungen, sondern für das, was der Benutzer meint! Dies ist natürlich nicht realistisch, ..."[40]. Dem ist nichts hinzuzufügen.

---

37) vgl. Nolle (1985), S. 10.2-2. Nolle nennt dies das Phänomen der "Schrank"-Ware.

38) Simonsmeier (1988), S. 41

39) Simonsmeier (1988), S. 42

40) Riemann (1988), S. 249. Freeman erteilt auch der Artificial Intelligence (AI) eine Abfuhr bezüglich der Software-Erstellung durch automatische *Software Development Systems* (SDS): "In terms of my geopolitical analogy, some view AI as the promised land in which we will just speak our needs into a microphone and the intelligent, automated SDS will produce the needed programs in real time. That nirvana is about as close as most promised lands - and about as realistic." (1987, S. 240)

3.2 Software Life Cycle

Software-Entwicklung ist nicht nur ein technisches Problem, sondern auch ein organisatorisches.[41] "In der Literatur wird heute überwiegend der Standpunkt vertreten, daß in großen Entwicklungsprojekten, an denen mehrere bis viele Entwickler arbeiten, die Anwendung eines für alle verbindlichen Phasenkonzepts und Organisationsmodells durchgesetzt werden muß. Die Benutzung von Methoden und Werkzeugen ... (*Softwaretools*...) setzt den konsequenten Einsatz eines Phasenkonzepts ebenfalls voraus."[42] Die Auffassung des Entwicklungsvorgangs als organisatorischen Prozeß und die entsprechende Gestaltung hat zur weiten Verbreitung von Phasenkonzepten ("Software Life Cycle", "Projektmodell" u.a.) beigetragen. Nach Möller ist dieser Ansatz gerade deshalb so erfolgreich, da er das durch fehlende Konstruktionsverfahren des Software Engineering besonders hohe Kommunikationsbedürfnis des Softwareteams regelt, denn vorgegebene Schrittfolgen ersparen unnötige Kommunikationsvorgänge (und schränken andererseits die Gestaltungsmöglichkeiten der Entwickler ein).[43]

Wie schon in anderen Bereichen des Software Engineering beobachtet, so hat auch hier noch keine einheitliche Begriffsbildung stattgefunden. Es gibt weder in der deutschen noch in der angelsächsischen Literatur eine einheitliche Bezeichnung der Phasen (ein Beispiel für eine konkrete Ausprägung liefert Abb. 3-5). Ihre Unterteilung und Anzahl schwankt von Autor zu Autor (und bei manchem Verfasser im Laufe der Zeit); zusätzlich werden oft in den EDV-Abteilungen der Unternehmen auch eigene Vorgehensmodelle gepflegt. Einige vorgefundene Ausprägungen zeigt Abb. 3-6.

---

41) vgl. Kieser/Hildebrand (1990)

42) Seibt (1987), S. 254

43) Möller (1983), S. 285

Haupt-phase	Phase	Aktivität	Ergebnis
	0. Initialisierung	— Auftrag erteilen	
Problem-definition	**1. Studie** Voruntersuchung	— Bedarfsanalyse — Rückwirkungsanalyse — Ziele festlegen	— Beschreibung des Informationsverarbeitungssystems — Beschreibung des vorgesehenen Anwendungsbereiches — Kriterien für Bewertungen — Bewertung von Alternativen (human factors, cost benefit)
	2. Definition (Grobkonzept)	— Systemanalyse — DV-orientierte Überarbeitung der Studie — Analyse der Machbarkeit — Soll-Konzeption — Resourceplanung	— Anforderungskatalog (Pflichtenheft) — Lösungshypothesen — Machbarkeitsaussage — Schätzdaten (Hardware, Software) — Projektrichtlinien — Ausschreibung — Durchführungsplan
Problem-lösung	**3. Systementwurf** (Sachlogisches Teilkonzept)	— Systementwurf — Hard-, Softwareanalyse Festlegung auf Grund von Performance und Anforderungen — Spezifikation des Abnahmetests	— Konfigurationsbeschreibung — Benutzerschnittstellen — Basissystemschnittstellen — Systemzerlegung in Komponenten — Projekt- und Terminplan — Abnahmetest
	4. Komponentenentwurf (Technisches Detailkonzept)	— Komponentenentwurf — Sachmittel anfordern — Hilfsmittel und Konventionen festlegen — Spezifikation des Komponententests	— Komponentenbeschreibung — Komponentenbeziehungen — Datenstrukturen — Programmierkonventionen — Komponententestpläne
	5. Programmierung	— Codierung — Test — Teilintegration — Editierarbeit	— ausgetesteter Code — Dokumentation — Testsätze — lauffähiges System
	6. Validation	— Systemtest — Vorbereitung der Nutzung — Vervollständigung der Dokumentation — Benutzerschulung	— ausgetestetes System — Benutzerhandbuch — System- und Wartungsdokumentation — Benutzungshilfsmittel
Lösungsintegration und Nutzung	**7. Übergabe**	— Datenkonversion — Abnahme — Inbetriebnahme — Probebetrieb	— Installation des Systems — Abnahmeprotokoll — Erfahrungsbericht
	8. Nutzung	— Tuning — Messungen — Überwachung — Benutzung — Sammlung von Benutzerwünschen — Fehlernotversorgung	— Reports (Meßergebnisse, Fehlerprotokolle) — Benutzungsfrequenz und -art — Änderungswunschlisten — Reports für die evtl. Auftragserteilung einer neuen Version

<u>**Abb. 3-5**</u>   Beispiel eines Phasenmodells[44]

---

44) Abel u.a. (1980), S. 69

Endres	Denert/Hesse	Boehm	Balzert	End, Gotthardt Winkelmann
Definition	Analyse	–	Planung	Projekt-vorschlag
			Definition	Planung I
	Definition	System-Requirements		
		Software-Requirements		Planung II
Entwurf	System-Entwurf	Product Design	Entwurf	
	Komponenten-Entwurf	Detailed Design		
Implementierung	Modul-Implementierung	Code & Unit test	Implementierung	Realisierung I
Testen	Subsystem-Integration	Integration & Test		
	System-Integration			
Installation	Installation		Abnahme & Einführung	Realisierung II
Betrieb & Wartung	Betrieb & Wartung	Operations & Maintenance	Pflege & Wartung	Einsatz

Abb. 3-6 Typische Phasenmodelle[45]

In dieser Arbeit wird ein eigenes Phasenkonzept - ähnlich dem in
Abb. 3-5 - verwandt. Es umfaßt, beginnend mit dem Projektanstoß,
die Fachkonzeption (auch requirements engineering[46] oder Ist-
Analyse und Spezifikation genannt), die DV-Konzeption, die DV-
Realisierung und den Systemeinsatz. Das Ergebnis der Fachkonzep-
tion ist die fachliche Präsentation des Problems bzw. der Pro-
blemlösung (Anforderungsdefinition/Soll-Konzept/Pflichtenheft).
In der DV-Konzeption erfolgt der Übergang von der fachlichen zur

---

45) Seibt (1987), S. 253. Ähnliche Vergleiche verschiedener
Phasenmodelle findet man bei Balzert (1982, S. 469), Möller
(1983, S. 286), Abel (1980, S. 70) und Peschke (1986, S. 17).

46) In der angelsächsischen Literatur ist *requirements engineering* der Oberbegriff für *requirements analysis* und *requirements definition*.

DV-technischen Sichtweise; als Resultat erhält man die DV-technische Darstellung der Problemlösung in implementierungsfähiger
Struktur (Entwurfsspezifikation). In der folgenden DV-Realisierung wird implementiert (Programmierung) und getestet (Validie-
rung, Qualitätskontrolle); es entsteht ein lauffähiges Programm-
system. DV-Konzeption und DV-Realisierung dienen der eigentlichen Programmentwicklung und werden unter dem Begriff *Software-Entwicklung im engeren Sinne* zusammengefaßt. Zur *Software-
Entwicklung im weiteren Sinne* gehört noch der sich anschließende
Systemeinsatz (Einführung, Betrieb, Wartung und Weiterentwicklung). Abbildung 3-7 zeigt die zeitliche Abfolge und den kontextuellen Zusammenhang der verschiedenen Phasen.

In den kommenden Abschnitten werden die für die Software-
Entwicklung wesentlichen Aktivitäten der einzelnen Phasen kurz
beschrieben, ihre Automatisierungspotentiale werden untersucht.
Besondere Aufmerksamkeit verdient dabei die DV-Realisierung, da
in diesem Bereich die größten Fortschritte (Methoden, Werkzeuge)
zu verzeichnen sind; aber auch die anschließenden Phasen verfügen über - teilweise ungenutzte - Möglichkeiten der software-
technischen Formalisierung. Die hier abgeleiteten Ergebnisse
dienen als Grundlage für Kapitel 5, in dem Funktionen und Einsatzbereiche (im Software Life Cycle) der Software Tools ausführlich dargestellt werden.

Initialisierung

Ist-Analyse   }
                   }   (Fachkonzeption)
Anforderungs-   }
definition

Software-Entwicklung im weiteren Sinne

Software-Entwicklung im engeren Sinne

Entwurf   (DV-Konzeption)

Implementierung }
                } (DV-Realisierung)
Test   }

Einführung   }
                                    }
Betrieb   } (Systemeinsatz)
                                    }
Wartung und Weiterentwicklung   }

Abb. 3-7 Software-Entwicklung im Rahmen des Phasenkonzepts

3.2.1 Initialisierung

EDV-Projekte fallen nicht vom Himmel. Das bedeutet, daß zuerst einmal die Idee geboren werden muß, bevor mit einer Systementwicklung offiziell begonnen werden kann. "Der Anstoß zur Entwicklung und Einführung eines EDV-Anwendungssystems kann von verschiedenen Seiten kommen, nämlich

- intern von der Unternehmensleitung, von Fachabteilungen oder von der EDV-Abteilung,

- extern von Hardware-Herstellern, Software-Firmen oder Unternehmensberatern, aber auch von Industrie- und Handelskammern, Wirtschaftsverbänden, Handwerkskammern usw."[47]

In dieser Phase ist zu klären, ob der Einsatz eines EDV-Systems überhaupt sinnvoll ist, um vorhandene betriebliche Probleme zu lösen. Die - nicht nur mit EDV - zu erreichenden Ziele sind beispielsweise die Verbesserung von Arbeitsabläufen, Personal- und Kosteneinsparungen oder die Schaffung von Informationsvorsprüngen vor der Konkurrenz.

Falls es sich zeigt, daß im Einzelfall diese Ziele durch die Anwendung der Informationstechnologie realisiert werden können, so daß sich die Position eines Unternehmens verbessert, steht als Abschluß einem zu erteilenden Projektauftrag nichts mehr im Wege. Es ist evident, daß in dieser Phase noch keine Software Tools eingesetzt werden.

3.2.2 Ist-Analyse

Das Ziel der Ist-Analyse oder Problemanalyse ist es, eine Bestandsaufnahme des gegenwärtigen Zustands zu liefern, die auch eine Problemdefinition und -bewertung enthält. Es gilt, die aktuellen Verfahren und Verhaltensweisen zu analysieren und zu dokumentieren, wobei es keine Rolle spielt, ob gegenwärtig schon mit EDV oder noch ohne diese Unterstützung gearbeitet wird. Allerdings gilt: "Die Problemanalyse in einem nicht automatisierten Bereich ist insofern allgemeiner und schwieriger als bei

---

47) Stahlknecht (1987), S. 227

einer beabsichtigten Erweiterung bestehenden EDV-Einsatzes, als noch keine EDV-gerechte Systemstruktur vorhanden ist. Hier besteht die besondere Schwierigkeit, daß EDV-Anwender und Softwarehersteller nur über geringe Kenntnis des jeweils anderen Fachgebietes verfügen und deshalb zusammenarbeiten müssen, um zu einer beiderseits akzeptierbaren und verwendbaren Festlegung der Anforderungen an das Softwareprodukt zu kommen."[48] Wie man hier schon erkennt, läßt sich die Ist-Analyse von der folgenden Phase (Anforderungsdefinition) nicht ganz klar trennen, schon bei der Aufnahme der Probleme wird man natürlich auch mit Lösungsvorschlägen und Anwenderwünschen konfrontiert. Dies ist durchaus sinnvoll und gewollt und widerspricht nicht dem Gedanken des Phasenkonzepts; eine vollständige Trennung der Phasenaktivitäten – das zeigt zumindest die Praxis – ist nicht möglich.

Im ersten Schritt ist der Ist-Zustand zu erfassen und zu beschreiben. Es ist festzulegen, *welche* Angaben *wie* erfaßt werden sollen (Erhebungstechniken: Fragebogen, Interview usw.) und wie die Ergebnisse zu präsentieren sind. Typische Fragestellungen sind: Wer sind die beteiligten Personen? Welche Objekte werden bearbeitet? Wann und wo werden Informationen benötigt? Darauf die richtigen Antworten zu bekommen, ist in der Realität allerdings nicht einfach. Die zwei am häufigsten auftretenden Fehlerquellen, die das ganze Projekt gefährden können, sind das *Übersehen* und die *Verfälschung* von Informationen. Der erste Fall kann leicht eintreten, wenn man beispielsweise informelle Kommunikationswege (z.B. persönliche Kontakte) nicht ermitteln kann oder einfach unterschätzt. Zweitens können Schwierigkeiten bei der Zusammenarbeit mit den Befragten auftreten, sei es, daß der Fragende falsch vorgeht oder nicht genügend Fachwissen mitbringt, oder daß der Befragte aus Mißtrauen die Mitarbeit verweigert oder sabotiert.[49]

Nach der Erfassung erfolgt die Analyse der Arbeitsabläufe und Informationsflüsse. Es werden die Schwachstellen in der gegen-

---

48) Kimm u.a. (1979), S.48

49) vgl. Stahlknecht (1987), S.231ff, Kimm u.a. (1979), S. 50ff, Kieser/Hildebrand (1990)

wärtigen Abwicklung aufgedeckt und die Ursachen erforscht. Eine Bewertung und Klassifizierung der Mängel wird vorgenommen. Alle Ergebnisse werden in einem Abschlußbericht festgehalten; dadurch wird ein Teil der Dokumentation geschaffen, die für die weitere Systementwicklung erforderlich ist.

Da in dieser Phase noch keine Software erstellt wird, erübrigt sich auch eine Analyse der Automatisierungspotentiale durch Software Tools. Der fachliche Teil der Systementwicklung ist zwar teilweise automatisierbar, dies betrifft aber eher die Erzeugung von widerspruchsfreien Spezifikationen als die Erstellung von Computerprogrammen - unbenommen der Tatsache, daß beides zusammen gehört und ein Programm ja eine sehr formale Art von Spezifikation ist. Aber das ist schon eine Aufgabe des nächsten Abschnitts.

3.2.3 Anforderungsdefinition

In dieser Phase - andere Label dafür sind *Definitionsphase*, *Spezifikation*, *Soll-Konzeption* oder *requirements definition* - werden die Anforderungen an das zu erstellende Produkt definiert. Das beinhaltet die Erstellung einer Soll-Konzeption (bzw. eines Pflichtenheftes), die die Beschreibung der Anforderungen an das zu entwickelnde System und die Software- und Hardware-Konfigurationen enthält. Des weiteren gehören dazu Durchführbarkeitsstudien und Wirtschaftlichkeitsermittlungen (Nutzen/Kostenanalyse) im Rahmen eines organisatorischen Gesamtkonzepts.

Die Hauptaufgabe dieser Phase ist es, die Benutzeranforderungen an das neue EDV-Anwendungssystem zu erfassen und zu beschreiben. Dabei ist festzulegen, welche Leistungen das Anwendungssystem erbringen soll und wie die Arbeitsabläufe zukünftig zu gestalten sind. Die Techniken zur Formulierung der Benutzeranforderungen fallen unter das Thema *Requirements Engineering*. Im einzelnen gehören dazu

- Methoden zur Erhebung der Benutzerwünsche,

- Hilfsmittel zur Beschreibung und Formulierung der Anforderungen und

• Verfahren zur manuellen und Entwicklungswerkzeuge zur computergestützten Überprüfung von Soll-Konzepten, z.B. hinsichtlich Widerspruchsfreiheit und Vollständigkeit.

Leider wird oft übersehen (bzw. zu spät eingesehen, deshalb auch
die hohen Wartungskosten), daß alle Bemühungen in der Programmierung vergeblich sind, wenn man die Anforderungen nicht richtig erfaßt oder verstanden hat, ja es besteht sogar die Gefahr,
daß eine völlig falsche Lösung optimal implementiert wird.[50]

Wie schwierig die Systemanalyse ist, wird deutlich, wenn man das
folgende Zitat kritisch reflektiert.

> "Anforderungen an ein neues Produkt sind ihrer Natur nach
> vage, verschwommen, unzusammenhängend, unvollständig und
> widersprüchlich. Aufgabe des Definitionsprozesses ist es, aus
> diesen Anforderungen ein konsistentes, vollständiges Anforde-
> rungsdokument (Pflichtenheft, Produkt-Definition) zu erstel-
> len."[51]

Um dieses Ziel zu erreichen, insbesondere um die Anforderungen
an die Software zu beschreiben, wurden verschiedene Darstel-
lungstechniken entwickelt, die teilweise auch eine computerunterstützte Automatisierung (Speicherung, Pflege, Konsistenz-
prüfung usw.) erfahren haben. Sneed (1989, S. 14) gibt dazu
einen guten Überblick:

> "Danach unterscheiden sich die Spezifikationsansätze in gra-
> phische, tabulare und notationelle Beschreibungen. Zu den
> *graphischen Darstellungstechniken* gehören Petrinetze, Daten-
> flußdiagramme, Datenbäume, Funktionsbäume und Entity/Rela-
> tionship-Diagramme. Zu den *tabularen Darstellungstechniken*
> gehören EVA-Diagramme, Entscheidungstabellen, Präzedenztabel-
> len, Relationentabellen und Zuordnungstabellen. Zu den *nota-*
> *tionellen Darstellungsformen* gehören strukturierte Prosa,
> Pseudo Code, Datenbeschreibungssprachen, algebraische Formeln
> und sonstige formale Beschreibungssprachen wie z.B. die
> Vienna Definition Language."

---

50) vgl. Stahlknecht (1987), S. 242, Sneed (1989), S. 14

51) Balzert (1982), S. 95. Kimm u.a. (1979, S. 20) formuliert es
so: "Den Kern der Problemanalyse bildet die Erstellung der
Systembeschreibung, bei des es darum geht, die mehr oder
minder verschwommenen Wünsche des Auftraggebers als System-
funktionen und als Leistungsparameter verständlich aber möglichst exakt zu formulieren.". Auch wenn es nicht so scheint,
stellen *verständlich* und *exakt* hier einen Antagonismus dar.
Bei End (1986, S. 327ff) werden die angeschnittenen Probleme
unter dem Begriff *Fachliches Entwerfen* subsumiert.

So reichhaltig wie dieses Angebot auf den ersten Blick erscheint, es hat einen entscheidenden Nachteil: Eine für alle - oder auch nur einige - Fälle passende Optimallösung, die exakte und fehlerfreie Anforderungsdefinitionen generiert, ist nicht vorhanden. Budde u.a. (1980, S. 166) beschreiben treffend die Situation: "Fehler und Ungenauigkeiten schleichen sich besonders leicht in Spezifikationsdokumente ein". Und die Möglichkeit, einfach zu einer formalen Spezifikation überzugehen, wie es bei technischen Systemen gegeben ist, scheidet aus, denn "bei der Entwicklung betrieblicher Informationsysteme ist die Situation aber eine grundlegend andere. Eine formale Spezifikation eines DV-Systems ist nicht Ausgangspunkt der Arbeiten, sie kann erst im Verlauf der Systemanalyse entstehen. Die Problematik des Arbeitsablaufs Spezifikation und Anforderungsanalyse liegt gerade darin, daß ein Teil der Personen, die an der Spezifikation teilnehmen, sich nur informeller Ausdruckmittel bedienen kann, während auf der anderen Seite an das Sollkonzept die Anforderung gestellt werden muß, formal überprüfbar zu sein, d.h. mit Hilfe formaler Ausdrucksmittel abgefaßt worden zu sein."

Man befindet sich in einem Teufelskreis, der nur langsam durch einen iterativen Prozeß auf ein sich dabei entwickelndes Ziel konvergieren kann. "Der immer wiederkehrende Prozeß, informelle Ausdrucksmittel in formale Ausdrucksmittel und umgekehrt zu übersetzen, ist das eigentliche Problem dieser Arbeitsabläufe."[52] Das gilt nicht nur für diese Phase, sondern für alle Aktivitäten der Software-Entwicklung, bei denen Mehrdeutigkeiten auf dem Weg von einer eher abstraktem Anforderung hin zu einem konkreten und eindeutigen Programmcode beseitigt werden müssen. Oder anders ausgedrückt: *Kreativität und Entscheidungskompetenz sperren sich gegen Formalisierungen - und damit letztendlich gegen die Automatisierung.*

Balzert (1982, S. 97) faßt die gegenwärtigen Schwierigkeiten des Requirements Engineering so zusammen:

"- Es fehlen Methoden zur Definition von Produktanforderungen:

---

52) Budde u.a. (1980), S. 176

- Definierte Anforderungen entstehen oft erst während des Softwareentwurfs als Ergebnis von informellen Gesprächen zwischen Benutzern, Systemanalytikern und Systementwerfern.
- Es werden ad hoc-Techniken zur Anforderungsdefinition eingesetzt, die aus einer Mischung von manuellen Prinzipien der Systemanalyse und gesundem Menschenverstand bestehen. Die Vorgehensweise ist oft inkonsistent und schlecht definiert.
- Die Kommunikation zwischen Auftraggeber, Benutzern, Systemanalytikern und Systementwerfern ist unzureichend.

- Es fehlen Beschreibungsmittel zur Definition von Produktanforderungen:
  - Es liegen umfangreiche Berichte vor, die die definierten Anforderungen in natürlicher Sprache beschreiben.
  - Es wird eine Mixtur von Ebenen, Gesichtspunkten und Darstellungsmethoden dargeboten.

- Es fehlen automatische Werkzeuge zur Analyse von definierten Anforderungen auf Widerspruchsfreiheit und Vollständigkeit."

3.2.4 Entwurf

"In der Problemanalysephase wurden Anforderungen an ein Softwaresystem losgelöst von ihrer Realisierung gestellt und in einer Form beschrieben, in der sie keine Implementierungsanleitung geben. Aufgabe der Programmierer ist es in der Entwurfsphase, ein Modell des Gesamtsystems zu entwickeln, das, zum codierten Programm konkretisiert, die Anforderungen erfüllt. Solch ein Modell zu bilden bedeutet, das komplexe Gesamtsysteme in überschaubare Einzelteile - <u>Moduln</u> - zu zerlegen, die Funktionen dieser Einzelteile und ihre Beziehungen - <u>Schnittstellen</u> - zu beschreiben."[53] Diese Charakterisierung von Kimm verdient noch eine wesentliche Ergänzung durch Sommerville (1988, S. 75): "Der Software-Entwurf ist ein kreativer Prozeß. Er erfordert vom Designer einen gewissen Instinkt und läßt sich meist nur iterativ über eine Anzahl vorläufiger Entwürfe erreichen."

---

53) Kimm u.a. (1979), S. 21f. Sneed (1989, S. 14) sieht es zehn Jahre später etwas professioneller, wenn er nicht mehr vom *Programmierer*, sondern vom *Software Engineer* spricht: "Ein Kernthema des Software Engineering, das von vielen irrtümlicherweise mit Software Engineering schlechthin verwechselt wird, ist der Entwurf von Software-Systemen. Die Tätigkeit des Entwerfens ist zwar von großer Bedeutung, nicht nur für die Programmierung, sondern auch für das Testen und die Wartung, aber sie bleibt schließlich nur eine von vielen Tätigkeiten, die ein Software Engineer ausübt."

Der dv-technische Entwurf verläuft in zwei Schritten. Zuerst wird der Grobentwurf vorgenommen, der die *Architektur des Gesamtsystems* (Teilfunktionen, Betriebsart, Aufteilung in Moduln, Datenstrukturen usw.) umfaßt. Im zweiten Schritt (Feinentwurf) wird die *innere Struktur der Komponenten* (Algorithmen, Eingabeformate, Bildschirm-Masken usw.) bestimmt.[54]

Mittlerweile existiert eine Vielzahl von Entwurfsansätzen. Die meisten stammen aus den 70er Jahren und lassen sich in drei Kategorien unterteilen:

- funktionsorientierte Ansätze,
- datenflußorientierte Ansätze und
- datenstrukturorientierte Ansätze.

Die *funktionsorientierten Ansätze* gliedern die Anwendung funktional; die Hauptfunktionen werden sukzessive zu einem detaillierten Entwurf verfeinert bis man auf die Grundfunktionen trifft (z.B. HIPO-Methode von IBM, Stepwise Refinement von Wirth). Vom Datenfluß und seinen Transformationen gehen die *datenflußorientierten Absätze* aus (z.B. Structured Design von Constantine u.a.). Dagegen werden in *datenstrukturorientierten Ansätzen* die Datenstrukturen als Basis für die Software-Struktur gesehen. Der Software-Entwurf ergibt sich demnach aus einer Analyse der Ein- und Ausgabe-Daten des Systems (z.B. Jackson, Warnier und Orr). In den 80er Jahren ist ein neuer Entwurfsansatz unter dem Begriff *objektorientierter Entwurf* entstanden. Dabei wird das System als eine Anzahl von Objekten (Masken, Listen, Tabellen, Dateien usw.) betrachtet, wobei jedes Objekt mit allen anderen kommunizieren kann. Weiterhin gibt es zu jedem Objekt einen Satz von darauf anwendbaren Operationen. Das Objekt und die darauf definierten Operationen bilden zusammen eine Datenkapsel bzw. einen abstrakten Datentyp. Das System entsteht dann bottom-up durch die Integration seiner Datentypen.[55]

---

54) vgl. End (1986), S. 356ff, Stahlknecht (1987), S. 243ff

55) vgl. Sneed (1989), S. 15, Sommerville (1988), S. 77. Stahlknecht nennt zwei Prinzipien der *Modularisierung*, die *top down-Entwicklung* (zerlegen in Teilsysteme) und die *bottom up-Entwicklung* (zusammensetzen aus Teilsystemen), wobei in der Praxis häufig eine Kombination – zunächst top down ein grober Systementwurf, dann bottom up die schrittweise Detailentwicklung – eingesetzt wird. (1987, S. 250ff)

Welche Entwurfsmethode soll man nun wählen? Wo gibt es die beste Werkzeugunterstützung? Welche Tätigkeiten können automatisiert werden? Eine Antwort auf diese Fragen versucht Sneed (1989, S. 15) zu geben: "Der datenstrukturbezogene Ansatz mit seiner exakten Vorgehensweise bietet die beste Basis für die automatische Generierung der Software. Er ist jedoch der anspruchvollste und damit auch am schwierigsten zu lernen." Die Einschränkungen tauchen dann einen Absatz später auf: "Die Wahl des geeigneten Entwurfsansatzes ist heute immer noch eine Glaubenssache. Wegen der Vielfalt der Ziele ist es nicht möglich nachzuweisen, daß ein Ansatz eindeutig besser ist als die anderen. Wichtig ist, daß nach einer Methode entworfen wird, die mit den Zielen der Anwendung übereinstimmt. Die Entscheidung für eine Entwurfsmethode hängt aber nicht nur von der Anwendung, sondern auch von dem Erfahrungsprofil der Entwickler und der Verfügbarkeit von Werkzeugen ab." Diese Werkzeuge gibt es mittlerweile für viele beim Entwurf immer wiederkehrende Standardprobleme. Dazu zählen beispielsweise die Erstellung und Prüfung von Entscheidungstabellen, die Generierung von Masken und Struktogrammen, um nur einige Aktivitäten aufzuzählen, die automatisiert werden können. Die Grenzen der Automatisierung beginnen da, wo der Software-Entwickler kreative Tätigkeiten auf einem höheren Abstraktionsniveau - also eher beim Grob- als beim Feinentwurf - durchzuführen hat. Die - teilweise automatische - Transformation des Entwurfs in den Code einer Programmiersprache ist dann die Aufgabe der nächsten Phase.

3.2.5 Implementierung

Die Tätigkeit des Implementierens beinhaltet die Überführung des Feinentwurfs (aus vorgegebenen Schnittstellenspezifikationen u.a.) in ein ablauffähiges Programm. Hier werden also die Tätigkeiten des Programmieren-im-Kleinen angesprochen (vgl. 2.3.1), wir befinden uns auf der Ebene des einzelnen Moduls. Dazu gehören:

- Konzeption von Datenstrukturen und Algorithmen (Modulentwurf),
- Strukturierung des Programms,

- Dokumentation der Problemlösung und Kommentierung,
- Umsetzung in die verwendete Programmiersprache (Codierung),
- Angaben zur Zeit- und Speicherkomplexität des Programmes in Abhängigkeit von den Eingabegrößen.

Als Ergebnis dieser Tätigkeiten entstehen das Quellprogramm in der gewählten (höheren) Programmiersprache einschließlich integrierter Dokumentation und das Objektprogramm.[56]

Wichtig sind in dieser Phase vor allem die Auswahl einer geeigneten Programmiersprache - Ausbildung des Personals, Unterstützung durch Hilfsmittel (*Software Tools*), Portabilität und Wartbarkeit sind nur einige von vielen zu beachtenden Parametern - als auch die Vorgabe von Richtlinien für die Programmierung (Strukturierung, Namenskonventionen usw.).

Die Vorgehensweise läßt sich wie folgt schematisieren:

- Der vorgegebene Programmablauf (Struktogramme u.a.) wird in die Programmiersprache übertragen und im EDV-System erfaßt.
- Dieses Quellprogramm wird vom Übersetzungsprogramm (meist ein Compiler) auf formale (syntaktische) Fehler geprüft, die Fehler werden beseitigt.
- Das fehlerfreie Programm wird in die Maschinensprache (Objektprogramm) umgewandelt.[57]

In dieser Phase des Software Life Cycle sind sehr viele Tätigkeiten automatisierbar. Das beginnt beim (syntaxorientierten) Editieren, geht über einfache semantische Programmprüfungen, Übersetzen und Binden bis hin zum Generieren von Code. Auch die Dokumentation der Programme aus den im Quellcode vorhandenen Variablen und Statements (Cross Reference Listen usw.) ist nicht mehr ausschließlich Handarbeit. Grenzen der Automatisierbarkeit treten dann auf, wenn Aufgaben nicht genügend formalisiert/ strukturiert werden können bzw. es sich wegen der Einmaligkeit der Aufgabe nicht lohnt. So gibt es beispielsweise für die - im kommerziellen EDV-Bereich - Standardaufgabe Satzgruppenverarbei-

---

56) vgl. Balzert (1982), S. 369
57) vgl. Stahlknecht (1987), S. 257

tung (Gruppenwechsel) normierte Vorgehensweisen und Generatoren, dagegen ist die Lösung spezieller Probleme (wie etwa ein Verteilervorschlag in einem Warenwirtschaftssystem, komplexe Zugriffssteuerungen bei der Dateiverarbeitung etc.) weitgehend von der Kreativität des Entwicklers/Programmierers abhängig. Allerdings sind bei der Automatisierung der Implementierung noch nicht alle Möglichkeiten ausgeschöpft, neue Sprachen (Stichwort 4GL) oder die Wieder- bzw. Mehrfach-Verwendung von Code zählen zu den Ansätzen, die eine weitere Erhöhung der Produktivität versprechen.

3.2.6 Test

Software ist ein von Menschen erzeugtes Produkt - und Irren ist menschlich. Um zuverlässige Computerprogramme zu erhalten, muß eine die ganze Software-Entwicklung begleitende *Qualitätssicherung* installiert werden. Ein ganz wesentlicher Teil dieser Qualitätssicherung ist der *Test*. Ziel des Testens ist es, den - nicht immer möglichen - Nachweis der Korrektheit eines Programms bzw. eines Software-Systems zu führen, d.h. die darin eventuell enthaltenen Fehler zu finden. Im nächsten Schritt sind dann diese Fehler zu beheben (*Debugging*). Die Aktivitäten der Fehlerbehebung setzen bei der Lokalisierung des Fehlers ein und enden mit dessen Korrektur; insofern ist Debugging also nicht gleichbedeutend mit Testen, sondern nur ein *Teil* des Test.

Zwei weitere Begriffe aus dem Bereich des Testens müssen noch geklärt werden: *Validation* und *Verifikation*. Diese Ausdrücke werden gerne synonym bzw. im falschen Zusammenhang verwandt, mitunter auch deshalb, weil ihre Bedeutung mehrfach belegt ist. Wenden wir uns zunächst der Validation zu. Eine gute Definition findet sich bei Spitta (1989, S. 21):

> **"Validation** ist der Nachweis, daß eine Abbildung der Realität korrekt ist oder daß der Übergang zwischen zwei verschiedenen Abbildungsformen desselben Sachverhalts korrekt ist. Sie erfolgt durch eine Kombination aus informalen, formalen und enumerativen Verfahren (= Tests). Eine Validation läßt sich im günstigsten Fall empirisch belegen.
>
> **Verifikation** ist ein Korrektheitsbeweis einer formalen Spezifikation. Ein Formalismus in einer Spezifikation trägt für sich noch nichts zur Korrektheit bei, er erleichtert lediglich Übersicht und Handhabbarkeit. Hinter den Formalismen

> stehen immer intuitive Grundannahmen, die nicht beweisbar
> sind ...   Bei Verifikationsverfahren spielen Konsistenz-
> prüfungen eine wichtige Rolle. Formale Spezifikationsver-
> fahren können die *Konsistenz* einer Spezifikation sicher
> beweisen. Die *Vollständigkeit* einer Abbildung gegenüber der
> Realität ist nicht beweisbar. Wenn man jedoch unterstellt,
> daß die Realität eine faktische Konsistenz aufweist (sie
> funktioniert real), lassen Konsistenzfehler in der Spezifi-
> kation in gewissem Umfang auch auf Abbildungsfehler ...
> schließen."

Übertragen auf die Software heißt das: "Verifikation ist der
Beweis, daß ein Programm im Sinne seiner Spezifikation korrekt
ist, d.h. Programm = Spezifikation. Validation dagegen ist der
Beweis, daß ein Programm in einer bestimmten Zielumgebung lauf-
fähig ist. Ein verifiziertes Programm muß danach nicht unbedingt
lauffähig sein, und umgekehrt muß ein validiertes Programm nicht
unbedingt korrekt sein."[58] Vereinfacht läßt sich das in zwei
Fragen darstellen: "Haben wir das Produkt richtig gebaut?"
(Verifikation) und "Haben wir das richtige Produkt gebaut?"
(Validation).[59]

Nach dieser Begriffsklärung wollen wir uns nun den bekanntesten
Testansätzen zuwenden; als Vorlage dient die gut strukturierte
Übersicht bei Balzert (1982, S. 412ff), der für die Überprüfung
der Funktionsfähigkeit von Programmen drei Methoden unterscheidet: Konventionelles Testen, Programm-Verifikation und Symbolisches Testen.

Beginnen wir mit dem konventionellen Testen. "<u>Testen</u> ist ein
experimentelles Verfahren, das mit einer beschränkten Zahl von
Eingabekombinationen den empirischen Nachweis zu erbringen
sucht, daß die Abweichungen eines Programms von seiner Spezifikation unterhalb einer vorgegebenen Toleranzschwelle liegen."[60]
Dazu werden zwei unterschiedliche, sich ergänzende Strategien
angewandt:

> "Beim "<u>Black Box Test</u>" bzw. <u>Funktionstest</u> wird das Testobjekt
> Modul als "schwarzer Kasten" angesehen. Die innere Struktur

---

58) Sneed (1988b), S. 308
59) Schink (1985), S. 6.1-4, vgl. auch Schulz (1989), S. 137f
60) Balzert (1982), S. 413

ist für den Tester unbekannt. Mit dem Modul kann nur über seine spezifizierte Schnittstelle kommuniziert werden.

Beim "White Box Test" bzw. Strukturtest wird die innere Struktur des Programms zur Überprüfung herangezogen. Obwohl der Black Box Test zur Überprüfung eigentlich ausreicht, wird der White Box Test mit herangezogen, um die Programmstruktur dazu zu benutzen, eine Minimalmenge von Eingabekombinationen zu ermitteln. Der White Box Test kann gleichzeitig dazu verwendet werden, Aussagen über die Leistungsfähigkeit (z.B. tote Zweige, nicht verwendete Variable) und andere Qualitätsmerkmale (z.B. Lesbarkeit) zu erhalten."[61]

Für die Testfallbestimmung beim Black Box Test gibt es drei Methoden. Als erstes kann die Bildung von *Äquivalenzklassen* für die Ein- und Ausgabedaten herangezogen werden, die einer Zufallsauswahl von Testfällen überlegen ist (Beispiel: Klasse der gültigen Monate {1..12} vs. Klasse der ungültigen {0,13,...}). Die *Grenzwertanalyse* zieht insbesondere Daten heran, die am Rand bestimmter Äquivalenzklassen liegen (Bsp.: Tages-Datumseingabe mit den Werten 28,29,30,31,32), da hier sehr häufig Fehler aufgedeckt werden. Die *intuitive Testfallermittlung* stellt aus Erfahrung und Intuition der Tester mögliche Fehlersituationen auf (Beispiel: Wird eine nicht bezahlte Rechnung über DM 0,00 gemahnt?). Sneed subsumiert diese Verfahren unter dem Begriff *datenbezogenes Testen*, da hier die Datenbeschreibungen die Basis des Tests bilden (1988b, S. 307).

Für unsere Erörterung ergibt sich aus dem Tätigkeitsspektrum beim Black Box Test folgendes: die Erzeugung und der Vergleich (bzw. Wiederholung) von Testfällen ist – in Grenzen – automatisierbar. Dagegen sperren sich (bei komplexeren Sachverhalten) die Auswertung und noch mehr natürlich die intuitive Testfallermittlung – der Name macht es deutlich – gegen die Verwendung von Werkzeugen.

Die Analyse der internen Struktur (White Box Test) des Programms kann statisch und dynamisch erfolgen. Die *statische Programmanalyse* untersucht und interpretiert den Programmtext (Quellcode). Dazu gehören die Erstellung von Cross Reference Listen, die Überprüfung der Datentypen (Schnittstellen!) oder die Einhaltung

---

61) Balzert (1982), S. 413

von Sprachkonventionen. Viele dieser Tätigkeiten sind reine Fleißarbeit und wenig kreativ. Es handelt sich oft nur um die Wiederholung einfacher, leicht formalisierbarer Aufgaben; sie können automatisiert werden, nur teilweise ist auch ein sogenannter (manueller) Schreibtischtest nötig.

Während die statische Programmanalyse den Code *vor* der Ausführung auf einem Computer untersucht, wird bei der dynamischen Programmanalyse die Software im betriebsfähigen Modus, d.h. beim Ablauf, getestet. "Um eine <u>dynamische Analyse</u> zu ermöglichen, wird das zu testende Programm vorher instrumentiert, d.h. an strategisch wichtigen Stellen des Programms werden Zähler eingebaut. Beim Ausführen eines Testfalls werden alle durchlaufenen Zähler gesetzt oder erhöht."[62] "Das Objekt des Tests ist der Ablaufgraph des jeweiligen Programms oder Moduls. Das Ziel ist es, die Überdeckung der möglichen bzw. relevanten Pfade eines Programms (z.B. durch einen gerichteten Graphen) in einem Test oder einer Testserie festzustellen."[63] Dafür wurden sieben Überdeckungsmaßstäbe vorgeschlagen:

$$C0 = \text{Ausführung aller Anweisungen}$$
$$C1 = \text{Ausführung aller Ablaufzweige}$$
$$C2 = \text{Erfüllung aller Bedingungen}$$
$$C3 = \text{Wiederholung aller Schleifen}$$
$$C4 = \text{Wiederholung aller unabhängigen Pfade}$$
$$C5 = \text{Ausführung aller unabhängigen Pfade}$$
$$C6 = \text{Ausführung aller Vorwärtspfade}$$
$$C7 = \text{Ausführung sämtlicher Pfade.}[64]$$

Jedoch hat die Praxis gezeigt, daß die Anweisungsüberdeckung, die Zweigüberdeckung, die Bedingungsüberdeckung und eventuell noch die Vorwärtspfadüberdeckung sinnvolle Ziele im Rahmen des ablaufbezogenen Testens sind; eine Ausführung sämtlicher Pfade etc. ist unrealistisch.

---

62) Balzert (1982), S. 419

63) Sneed (1988b), S. 306

64) vgl. Sneed (1988b), S. 306, vgl. Stetter (1988)

Als Vorteile der White Box Test-Methoden können im wesentlichen genannt werden, daß keine Modulspezifikation erforderlich ist und daß man viele Überprüfungen - z.B. die Verwaltung der Zähler bei der dynamischen Analyse - durch Software Tools automatisieren kann. Sinnvoll und empfehlenswert ist die Kombination von Black Box Test und White Box Test, da sich beide Methoden ergänzen. Allerdings läßt sich durch Tests immer nur das *Vorhandensein* von Fehlern, nicht aber die *Fehlerfreiheit* der Software beweisen.[65]

Eine Methode, die die Nachteile des Testens vermeidet, ist die theoretische Analyse der Korrektheit eines Programms, die *Programm-Verifikation*. Der Korrektheitsbeweis eines Programms besteht aus zwei Teilen, nämlich dem Beweis der Termination und dem Beweis, daß das korrekte Ergebnis bei Termination geliefert wird. So faszinierend sich diese Lösung aller Qualitätsprobleme auch anhört, sprechen momentan mindestens zwei gravierende Schwächen dagegen: Für umfangreiche Programme - und das sind ja die Sorgenkinder der Qualitätssicherung - ist kein Beweisverfahren (sondern nur ein Forschungsgebiet) vorhanden und die Aufbereitung der Programme für den Beweis erfordert eine hohe Qualifikation des Prüfers. Unterstützung gibt es aber durch Theorem-Beweiser, die meist interaktiv ablaufen und die Mitwirkung des Anwenders erfordern.[66] Dies gilt leider auch wieder nur mit Einschränkungen, denn "die nachträgliche Verifizierung bereits entworfener Software bedeutet - auch wenn sie nur partiell hinsichtlich einiger ausgewählter Korrektheitskriterien erfolgt - ... einen beträchtlichen Ressourcenverzehr, der für

---

65) vgl. Balzert (1982), S. 422. Ursprünglich stammt die Aussage von Dijkstra: "Testing shows the presence, not the absence of bugs." (vgl. Buxton 1969, S. 21)

66) vgl. Balzert (1982), S. 426, 436. Sneed (1988b, S. 308) spricht in diesem Zusammenhang vom *funktionsbezogenen Testen*: "Allein der funktionale Ansatz erfüllt die Anforderungen der Programmverifikation, wonach das Verhalten des Programms in einer separaten deskriptiven Sprache exakt spezifiziert und das Programm gegen die Spezifikation statisch und dynamisch geprüft wird."

praktisch relevante Softwaredimensionen oftmals wirtschaftlich nicht mehr vertreten werden kann."[67]

Das *symbolische Testen* stellt eine Art Kompromiß zwischen konventionellem Testen und Verifikation dar. "Beim symbolischen Testen werden nicht spezielle Testwerte ausgewählt, sondern allen geforderten Eingaben werden symbolische Werte zugewiesen, analog der Programm-Verifikation. Eine symbolische Ausführung, d.h. eine Programmausführung mit symbolischen Werten, läuft ab wie eine Programmausführung beim konventionellen Testen. Werte werden jedoch symbolisch berechnet. Dazu wird das Quellprogramm interpretiert. Daher kann man symbolisches Testen auch dem White Box Test zuordnen."[68] Zur automatischen Unterstützung wurden interaktive Systeme entwickelt, bei denen der Benutzer den Pfad, den er verfolgen will, wählen kann.[69]

Einen neueren, sehr vielversprechenden Testansatz - den Back-to-Back-Test - beschreibt Sneed:

> "Ein Testansatz für Software mit hohem Zuverlässigkeitsgrad ist das Testen "Back-to-Back". Statt das Programm gegen eine Spezifikation auf einer höheren Ebene, d.h. eine semantische Ebene gegen eine andere zu testen, werden zwei Versionen des gleichen Programms auf der gleichen semantischen Ebene gegeneinander getestet. Beide Versionen werden von der gleichen Spezifikation abgeleitet und nebeneinander ausgeführt. Während der Ausführung werden die Ergebnisse in regelmäßigen Abständen miteinander verglichen und ungleiche Ergebnisse protokolliert.
>
> Auf diese Weise lassen sich alle Fehler entdecken, die nur in einer Programmversion auftreten. Es bleiben nur jene Fehler, die sich in beiden Versionen in derselben Art und Weise manifestieren. Durch den Test gegen eine dritte oder sogar vierte Version des Programms wird diese Fehlermenge weiter reduziert."[70]

---

67) Zelewski (1986), S. 582. Zelewski führt auch noch weitere Schwierigkeiten (Unendscheidbarkeit des Kalküls der Prädikatenlogik erster Ordnung) bei der Anwendung von Expertensystemen zum Zweck der Qualitätssicherung an. S. 858ff

68) Balzert (1982), S. 427, vgl. Kimm u.a. (1979), S. 265ff

69) Balzert (1982), S. 430

70) Sneed (1988b), S. 308f. Aspekte des Entwurfs diversitärer Software behandelt die Arbeit von Krebs (1988).

Es werden also zwei oder mehrere Programme, die alle dieselbe
Aufgabe erfüllen sollen, unabhängig voneinander entwickelt und
implementiert. Beim Test zeigen sich dann anhand der produzier-
ten Ergebnisse mögliche Fehler in Form von Abweichungen - wobei
identische Fehler natürlich nicht entdeckt werden können. Der
wesentliche Nachteil besteht aber in den hohen Kosten, die nur
bei sehr kritischen Applikationen (z.B. Atomkraftwerkssteuerun-
gen) zu rechtfertigen sind.

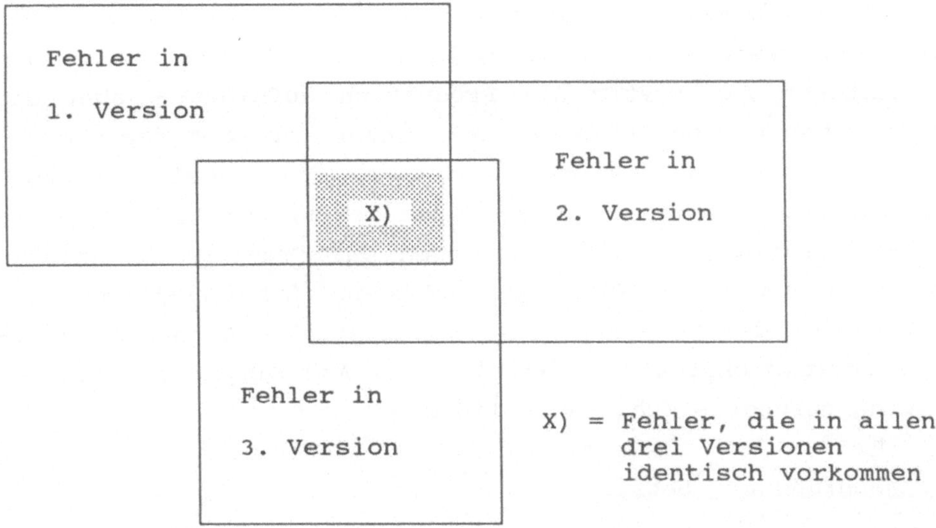

__Abb. 3-8__ Back-to-Back-Testen mit verschiedenen Versionen[71]

Leider ist den neueren und noch nicht so verbreiteten Verfahren
gemein, daß sie sich meist noch im Forschungsstadium befinden,
so daß ihre Automatisierungspotentiale noch nicht hinreichend
genau abzusehen sind. Dennoch kann man schon jetzt den Schluß
ziehen, daß in der Test-Phase der DV-Realisierung weite Teile
durch automatisierte Verfahren abgedeckt werden können; auch in
Zukunft sind noch vielversprechende Fortschritte sowohl beim

---

71) vgl. Sneed (1988b), S. 309

konventionellen Testen als auch bei den anderen Methoden zu erwarten.[72]

Betrachten wir nun noch einen möglichen Testablauf (bottom up). Es wird auf der untersten Ebene mit dem *Einzel-* bzw. *Modultest* begonnen. Anschließend werden im *Integrationstest* die einzelnen Module schrittweise integriert, ihr Zusammenwirken wird getestet. Der *Systemtest* - auch *Probebetrieb* genannt - vollzieht sich unter Produktionsbedingungen beim Anwender. Fach- und DV-Abteilung nehmen daran teil, das ganze System wird ausgiebig geprüft (auch Notfälle, Wiederanlauf, Datensicherheit etc.). Den Abschluß der Test-Aktivitäten bildet der *Abnahmetest*, nach dessen Bestehen das System die Produktion aufnimmt - aber das gehört ja schon zum nächsten Kapitel. Zuvor ist noch der *Regressionstest* zu erwähnen, den "man nach einer funktionellen Verbesserung oder einer Reparatur eines Programms durchführt. Man versucht festzustellen, ob die Änderungen das Programm in anderen Teilen in irgend einer Weise beeinflussen. Dabei läßt man gewöhnlich einige der vorher definierten Testfälle nochmals ablaufen. Der Regressionstest ist wichtig, da Änderungen und Fehlerkorrekturen besonders fehleranfällig sind ...".[73]

3.2.7 Einführung und Betrieb

Nach der Abnahme der Software erfolgt die Einführung, bestehend aus Installation und Inbetriebnahme. Unter Installation versteht man die Einrichtung eines Systems in dessen Zielumgebung (Anpassung auf Produktionsrechner usw.) zum Zwecke des Betriebs. Die anschließende Inbetriebnahme bildet den Übergang zur Nutzungsphase. Neben der Einführung und Schulung der Nutzer und Bediener

---

72) Weitere, hier nicht näher erläuterte Methoden sind beispielsweise: Code-Inspektion und program walk through; vgl. End (1986).

73) Myers (1982), S. 120. Gewald betont: "Um solche Regressionstests durchführen zu können, kann es auch bereits für den Modultest günstig sein, Testfälle, Testdaten, Testprogramme und Testergebnisse lückenlos zu dokumentieren und zu verwalten, um während der Einsatzphase, schnell und mit wenig Aufwand verbunden, die entsprechenden Tests durchführen zu können." (1982, S. 167)

des neuen Systems ist eine sehr wichtige Aufgabe die Umstellung der Datenbestände.

Für die Gestaltung der Inbetriebnahme gibt es verschiedene Ansätze. Bei der sehr risikoreichen *direkten Umstellung* wird unmittelbar vom alten auf das neue System übergegangen. Der *Parallellauf* hat den Vorteil, daß er eine hohe Sicherheit bietet, wenn das neue System nicht ordnungsgemäß funktioniert; sein Nachteil sind die hohen Kosten und zusätzlichen Belastungen. *Versuchsläufe* können dazu dienen, das neue System mit bekannten Daten aus früheren Perioden zu testen. Ein anderer Weg ist die Einführung in mehreren Stufen, indem die Funktionsbereiche sukzessive übernommen werden. Bei (Standard-)Anwendungen für einen größeren Markt arbeitet man in der Regel mit *Pilotinstallationen* bei ausgewählten Kunden.[74]

Mit der Aufnahme des Betriebs der Software ist der Entwicklungszyklus vorläufig abgeschlossen - sofern alle Ziele erreicht wurden, was ja im Abnahmetest normalerweise testiert wird. Typischerweise zeigen sich aber oft erst bei der Nutzung eines Systems Performance-Schwierigkeiten (Antwortzeitverhalten etc.), die auch ein ausgedehnter, möglichst realitätsnaher Test nicht immer offenbaren kann. Zu den wichtigsten Aktivitäten zählen daher Tuningmaßnahmen. Voraussetzung dafür ist die Leistungsmessung am laufenden System, um die Schwachstellen zu identifizieren. Typische Ansatzpunkte für Optimierungen sind zeitkritische Programmteile (z.B. innerste Schleifen, Dateizugriffe mit einer ungeschickt gewählten Datenorganisation usw.).[75]

Werfen wir abschließend noch einen Blick auf die nicht sehr reichhaltigen Möglichkeiten der automatischen Unterstützung der Software-Entwicklung in dieser Phase. Da hier im wesentlichen Anpassungs- und Übernahmeaktivitäten stattfinden, können auch nur diese, die ja eher im weiteren Sinne mit der Software-Entwicklung zu tun haben, automatisiert werden. Dafür kommen einer-

---

74) vgl. Balzert (1982), S. 438f

75) Eine sehr gute Zusammenstellung der Probleme von Performance-Messungen und der Optimierung von Programmen bietet Budde u.a. (1980, S. 229-241).

seits Hilfen für die Programm/Datenübernahme und -konvertierung und für das Modulmanagement in Frage, andererseits Software-Monitore für die Leistungsmessung beim Betrieb.

3.2.8 Wartung(?) und Weiterentwicklung

> "Software maintenance dominates the software life cycle. In many organizations, software maintenance activities consume three-fourths of the total life-cycle expenditures and over one-half of the data-processing personnel resources."[76)

Diese sehr realistische Feststellung von James Martin und Carma McClure charakterisiert äußerst treffend die gegenwärtige Situation: Die Wartungsphase ist die längste und teuerste - ein Mehrfaches der Entwicklungskosten kann hier anfallen - Phase im Software Life Cycle.

Was passiert nun in dieser Phase, warum ist sie so teuer? Und - noch etwas spannender - wie kann man ein *immaterielles* Gut *warten*? Die letzte Frage verdient zuerst eine Antwort: "Obwohl Programme nicht technisch verschleißen können, haben Computerhersteller für die Betreuung laufender Programme den irreführenden Begriff "Wartung" geprägt. Damit wird die mühsame Flickarbeit an fehlerdurchsetzten Programmen als normale Kundendienstarbeit kaschiert. Eigentlicher Hauptinhalt dieser Phase sollten jedoch Anpassungen an neue Anforderungen sein. Solche Veränderungen oder Erweiterungen an einem korrekten Programm sind z.B. notwendig, wenn bestimmte Algorithmen gegen bessere ausgetauscht werden, das System an eine neue Basismaschine angepaßt werden muß, wenn neue Benutzerfunktionen benötigt werden oder schon bestehende verändert werden sollen." (Kimm u.a. 1979, S. 26)

Offensichtlich ist dann der Begriff *Wartung* falsch gewählt. Denn die übliche Zielsetzung der Wartung ist die *Erhaltung* eines konstanten Zustands, von einer *Verbesserung* oder Anpassung an neue Anforderungen kann nicht die Rede sein. "Von ihrer Natur her verändert sich Software im Verlauf der Zeit von alleine nicht, auch dann nicht, wenn sie ständig verwendet wird. Sie unterliegt

---

76) Martin/McClure (1983), S. 7, siehe auch Eisner (1988)

keiner Abnutzung, keinem Verschleiß. Eine Neigung zum Zerfall besteht also nicht. Als Konsequenz sind Wartungsmaßnahmen im eigentlichen Sinne nicht erforderlich. Nur wenn die ... Arbeitskopie eines Programms verändert wird - etwa als Konsequenz eines Hardware- oder Softwarefehlers - muß die Software *gewartet* werden. Aber in diesem Fall beschränken sich die erforderlichen *Wartungs*-Maßnahmen auf das Kopieren der im Archiv aufgehobenen und noch unveränderten Stammkopie des fraglichen Programms - ein einfacher Vorgang, kaum der Rede wert."[77] Babers Analyse enthüllt gängige Mythen und steht damit im krassen Widerspruch zu Thurner: "Im allgemeinen wird unter **Wartung** der gesamte Aufwand verstanden, der nach der Übergabe oder Einführung eines Systems auftritt."[78]

Nach dieser kleinen Einführung in die Problematik des Begriffs wollen wir trotzdem bei der Bezeichnung *Wartung* bleiben, da ein *neuer* Name für diese Phase keine inhaltlichen Vorteile gegenüber der allgemein üblichen Begriffsbelegung hat. Allerdings wird etwas differenzierter vorgegangen; die Aktivitäten werden unterteilt in die der *Wartung*[79] - im engeren Sinne - und die der *Weiterentwicklung*.

Zur <u>Software-Wartung</u> gehören

· die Beseitigung von programmiertechnischen Fehlern (sogenannte "bugs", z.B. Endlosschleifen, Division durch Null usw.),

---

77) Baber (1987), S. 105f. Sommerville (1988, S. 244) sieht dies auch so: "Der Begriff der Wartung wird häufig mißbraucht. Niemand würde den Anbau neuer Flügel an ein Gebäude als Wartung dieses Gebäudes bezeichnen; aber das Hinzufügen neuer Fähigkeiten zu einem Programm wird durchaus als solche bezeichnet."

78) Thurner (1987), S. 145. Baber meint dazu: "Ich vermute, dieser euphemistische Begriff wurde deswegen gewählt, weil er den wahren Grund der meisten dieser Änderungen - unsere menschlichen Fehler - verschleiert." (1987, S. 108)

79) Eine andere sinnvolle Einteilung trifft Sommerville: 1. perfektionierende, 2. adaptierende und 3. korrigierende Wartung. (1988, S. 244)

• die Beseitigung von fachlichen Fehlern (im Sinne der dafür gültigen Spezifikation, z.B. fehlende Funktionen).[80]

Die <u>Weiterentwicklung</u> umfaßt

• die Konstruktionsänderung (Standardisierung, Optimierung etc.) des Programms bei unveränderter Anforderungsdefinition,
• die Anpassung an neue Systembedingungen (neue Hardware, neues Betriebssystem),
• die Erweiterung infolge neuer Anforderungen der Anwender.

Schwierig und teuer sind die Arbeiten in dieser Phase vor allem deshalb, weil die Software in der Vergangenheit oftmals nicht wartungsfreundlich konzipiert wurde.[81] Konkret bedeutet dies, daß - oft genug unter Termindruck - möglichst schnell (Programmierstil "quick and dirty") implementiert wurde, die Qualitätssicherung blieb auf der Strecke. Versäumnisse beim Test und beim Entwurf rächen sich bei der Wartung; "kleine" Änderungen sorgen zusätzlich für neue Fehler. Im Laufe der Zeit ist immer mehr Personal mit der (ungeliebten) Pflege beschäftigt, für neue Entwicklungen fehlt die Kapazität; die Systeme werden immer teurer, ohne entsprechend besser zu werden, die Anwender werden unzufriedener. Das Ergebnis ist bekannt: die Software-Krise mit integriertem Anwendungsrückstau.

---

80) Wichtig ist es bei den Aktivitäten dieser Phase, keine *neuen* Fehler versehentlich in das System einzubauen: "Bei dem Test von Programmen, die gewartet oder weiterentwickelt werden, gilt beim Test einer neuen Version die Regel, erst die schon in der alten Version enthaltenen Funktionen des Systems zu testen (Regressionstest), um so unbeabsichtigte Auswirkungen von Änderungen feststellen zu können." (Gewald 1982, S. 171)

81) Spitta schreibt dazu: "Bezogen auf den Umgang mit Software gibt es zwei Typen von Organisationen. In Softwarehäusern und an Hochschulen steht die *Entwicklung* von Software im Vordergrund. Wartung wird wenig betrachtet. Bei Betrieben und Verwaltungen steht die *Benutzung* von Software im Vordergrund. Hier spielt die Wartung eine gewichtige und stetig zunehmende Rolle." (1989, S. 203) Curth/Giebel ergänzen: "Im Rahmen der Nutzungs-/Betriebsphasen eines Systems entstehen Anforderungen, über deren planvolle Behandlung entweder gar keine oder keine brauchbaren bzw. praktikablen Konzepte entwickelt wurden. Dies ist erschreckend, wenn man sich die Aufwandverteilung eines Systems über seine gesamte Lebensdauer vergegenwärtigt ..." (1989, S. 25)

Ansätze, die diese Problematik lösen, gibt es noch nicht viele. Eine Möglichkeit, durch (teilautomatisierte) Verfahren Erleichterungen zu schaffen, besteht darin, die Verwaltung der Software-Systeme zu unterstützen. "Ein solches Verfahren ist das "Configuration Management" für die laufende Verwaltung der Software-Komponenten sowie für einen geregelten Fehlerkorrektor- und Änderungsdienst."[82] Zusätzliche Hoffnung schöpft man aus ersten Versuchen zur Software-*Wiederverwendung*. Darunter fallen auch solche Ansätze wie "Reverse Engineering", um aus Programmen – sozusagen rückwärts – wieder Spezifikationen zu gewinnen; die Software-*Sanierung* dient der Renovierung alter Systeme.[83]

Aber auch die Wartungs/Weiterentwicklungs-Phase hat ein Ende. "Alle Programme veralten schließlich einmal derart, daß eine Verbesserung nicht mehr sinnvoll ist. Häufig ist dies der Ausgangspunkt für ein neues Projekt: der Programmentwicklungszyklus beginnt von neuem." (Kimm u.a. 1979, S. 26)

---

82) Sneed (1989), S. 17

83) vgl. Endres (1988), S. 85ff, Thurner (1987), S. 167, Jones (1987) und Sneed (1989), S. 16f

3.3 Andere Vorgehensweisen bei der Software-Entwicklung

Das im vorhergehenden Kapitel vorgestellte (konventionelle) Phasenkonzept - bekannt als Software Life Cycle oder Wasserfallmodell - ist zwar die am meisten verbreitete, aber nicht die einzig mögliche Vorgehensweise beim Software-Projektmanagement. Zweifel am Phasenkonzept kommen beispielsweise von Jackson. "Er meint mit Recht, wir dürfen Dinge nicht institutionalisieren, die noch nicht ausgereift sind. Wenn wir aber seine Gedanken weiterverfolgen, dann dürfen wir überhaupt keine Software herstellen, weil wir noch zu wenig davon verstehen."[84]

Dies ist wenig hilfreich, denn einerseits brauchen wir Software - sie ist ein unentbehrlicher Bestandteil unserer Informationsgesellschaft geworden -, zum anderen kann der Fortschritt in diesem Bereich natürlich nur durch eine intensive Beschäftigung mit dieser Problematik zustande kommen, d.h. wir müssen das Gebiet der Software-Entwicklung weiter erforschen. Im folgenden werden deshalb einige neuere Ansätze vorgestellt. Einschränkend ist zu bemerken, daß sich manche Modelle noch im Forschungsstadium befinden und dementsprechend wenig Literatur zur Verfügung steht. Dennoch ist es wichtig, diese neuen Konzepte aufzuzeigen, da bei ihnen auch neue Wege in der Automatisierung durch Software Tools beschritten werden.

3.3.1 Prototyping

You only know how to build the system when you have built it - and then it is often too late.

C. Floyd[85]

Der Anspruch des Prototyping ist es, durch eine möglichst schnelle Realisierung der Hauptsystemfunktionen und deren Benutzerschnittstellen schon beizeiten ein feed-back zu be-

---

84) Sneed (1989), S. 12
85) Floyd (1984a), S. 2

kommen, um, im Gegensatz zur klassischen Vorgehensweise, Fehlentwicklungen in einem möglichst frühen Stadium zu erkennen. Der diesem Ansatz zugrundeliegende Gedanke ist es, durch eine Partizipation der Betroffenen deren Erfahrungspotential zu nutzen, und gleichzeitig Einführungsschwierigkeiten aus dem Wege zu gehen.[86] "Prototyping ähnelt im Prinzip den nur aus Fassaden bestehenden "Potemkinschen Dörfern". In enger Zusammenarbeit zwischen dem Systementwickler und dem späteren Benutzer wird zuerst die Benutzeroberfäche (Bildschirm-Masken der Dateneingabe und -ausgabe, Ablauffolge der Masken, Drucklisten) entwickelt; die dazwischenliegenden, für den Benutzer ohnehin uninteressanten Verarbeitungsteile werden simuliert oder durch manuelle Berechnungen überbrückt. Die Methode Prototyping ist sowohl getrennt in den einzelnen Phasen des Systementwicklungsprozesses als auch phasenübergreifend anwendbar."[87] Ergänzend bemerkt dazu Floyd: "Prototyping is not, in itself, a method for system development. It does not prescribe a sequence of steps which guarantee that an operational system satisfying all requirements is derived from fuzzy user concepts and attitudes. It should rather be considered as one procedure within system development that needs to be combined with others."[88]

Die Entwicklung des Prototyping ist noch nicht abgeschlossen; eine weit verbreitete Einteilung der verschiedenen Prototyping-Konzepte geht auf Floyd zurück. Sie unterscheidet:

- exploratives Prototyping,
- experimentelles Prototyping,
- evolutionäres Prototyping.[89]

---

86) Hildebrand (1988a), S. 260. Wichtig ist in dem Zusammenhang die Differenzierung zwischen *Prototyp* und *Modell*. **"Prototype** wurden in anderen Ingenieurdisziplinen schon immer verwendet. Sie sind frühe Versionen des zu entwickelnden Produktes, die einige oder alle Leistungsmerkmale der Endversion enthalten. Prototype sind zu unterscheiden von **Modellen**. Ein Modell *enthält nicht* die Leistungsmerkmale des fertigen Produkts, es *bildet* sie nur *ab*." (Spitta 1989, S. 4)

87) Stahlknecht (1987), S. 255f

88) Floyd (1984a), S. 14

89) vgl. Floyd (1984a), S. 6, Tavolato (1984)

Das *explorative Prototyping* dient in erster Linie der Unterstützung der Aktivitäten in der Spezifikationsphase (Anforderungsdefinition). Ziel ist es, bereits zu einem frühen Zeitpunkt des Entwicklungsprozesses die Anforderungen der Anwender bezüglich des geplanten Systems zu präzisieren, sowie den Systementwicklern einen Einblick in das Anwendungsgebiet zu vermitteln. Dazu werden, auf der Basis erster grober Vorstellungen, ein oder mehrere Prototypen entwickelt, anhand derer die Anwender die gewünschte Funktionalität konkretisieren können. Der erstellte Prototyp wird in der Regel weggeworfen, er findet keinen Eingang in das Zielsystem, da die Qualität der Konstruktion dazu nicht geeignet ist; in diesem Zusammenhang spricht man auch von *rapid prototyping*.

Die Aufgabe des *experimentellen Prototypings* ist die softwaretechnische Überprüfung eines konzipierten Lösungsvorschlags; insofern ist diese hauptsächlich von den Entwicklern getragene Tätigkeit eine Technik zur Unterstützung beim System- und Komponentendesign. "Ausgehend von ersten Vorstellungen über die Zerlegung des Systems, wird ein Prototyp entwickelt, der es erlaubt, die Wechselwirkungen zwischen den Systemkomponenten zu simulieren, anhand konkreter Anwendungsbeispiele die Adäquatheit der Schnittstellen der einzelnen Systemkomponenten und die Flexibilität der Systemzerlegung im Hinblick auf Erweiterungen im Experiment zu erproben."[90] Beim experimentellen Prototyping können Teile des Prototypen in das Endsystem übernommen werden, insbesondere dann, wenn in der Zielumgebung entwickelt wird.

Ansatzpunkt des *evolutionären Prototypings* ist die Erkenntnis, daß

- die Anwendungsumgebung eines computergestützten Informationssystems ständigen Veränderungen und Anpassungen unterliegt, so daß sich auch die Anforderungen an das System ständig ändern,
- interaktive computergestützte Systeme ihre Anwendungsumgebung verändern und selbst neue Anforderungen hervorrufen.[91]

---

90) Pomberger (1987a), S. 31
91) vgl. Floyd (1984a), S. 10

Die sich daraus ergebende Zielsetzung des evolutionären Ansatzes ist die permanente Adaption und Weiterentwicklung des EDV-Systems an sich verändernde Anforderungen. Floyd unterscheidet zwei Ausprägungen des evolutionären Prototypings, nämlich die *inkrementelle Systementwicklung* und die *evolutionäre Systementwicklung*.[92]

Bei der *inkrementellen Systementwicklung* wird nach dem Prinzip der "slowly growing systems" vorgegangen. Dazu wird ein System, dessen Konzept festgelegt ist, schrittweise (Teil für Teil) ausgebaut. Ergebnisse von bereits implementierten Teilen fließen in die Konstruktion der weiteren Ausbaustufen ein (Rückkopplung). Eine Ausprägung ist die Methode des evolutionären Auslieferns/Entwickelns nach Tom Gilb:

- liefere "etwas" an den System-Anwender - wobei mit *etwas* das Teil zur frühesten Realisierung ausgewählt wird, das das größte Nutzen/Kosten-Verhältnis aufweist,
- messe den dadurch dem Anwender entstandenen Nutzenzuwachs,
- justiere Zielsetzungen und Entwurf anhand der beobachteten Realität.[93]

Die *evolutionäre Systementwicklung* - auch *versioning* bezeichnet - betrachtet das Produkt als Folge von Versionen, so daß jede Version gewissermaßen als Prototyp der Folgeversion angesehen werden kann (d.h. man beginnt nicht mit einem *Teil* des Systems, sondern mit einem *kleinen* System). Der Systementwicklungsprozeß - der sich über die gesamte Lebensdauer des Systems erstreckt - wird als Folge von Entwicklungszyklen begriffen; er ist keine nur einmal linear zu durchlaufende Folge von Entwicklungsschritten. Neue Anforderungen können im jeweiligen Folgezyklus implementiert werden. Eine Differenzierung zwischen Entwicklung und Wartung als auch zwischen Prototyp und Zielsystem findet nicht mehr statt, das traditionelle Phasenkonzept kann aufgegeben werden.[94]

---

92) vgl. Floyd (1984a), S. 11
93) vgl. Floyd (1984), S. 11, Bolkart (1987), S. 271ff, Gilb (1987)
94) vgl. Floyd (1987), S. 109, Budde u.a. (1986)

Pomberger unterscheidet zusätzlich zu den eben aufgeführten Arten des Prototypings auch noch hinsichtlich der Arten von Prototypen in:

- vollständige Prototypen,
- unvollständige Prototypen,
- Wegwerf-Prototypen,
- wiederverwendbare Prototypen.

Die erstgenannte Art wird für Softwaresysteme kaum hergestellt; dagegen tauchen die übrigen drei Klassen bei den oben erwähnten Prototyping-Konzepten auf.[95]

Die Automatisierungspotentiale beim Prototyping gleichen stark denen des traditionellen Phasenkonzepts. Dies ist auch nicht weiter erstaunlich, da ja keine neuen Tätigkeiten hinzugekommen sind, sondern nur die Reihenfolge differiert. Somit gilt im wesentlichen das schon in Kapitel 3.2 gesagte, d.h. unterstützbar sind beispielsweise die Menü- und Maskengenerierung, das Listen-Layout usw. (s. auch 4GL).

Als Resümee läßt sich festhalten: Sieht man vom evolutionären Prototyping ab, kann man die hier skizzierten Ansätze eher als Ergänzung denn als Alternative zum Software Life Cycle betrachten. Innerhalb des evolutionären Prototypings dürfte besonders die evolutionäre Systementwicklung dazu prädestiniert sein, neue Akzente - am ehesten bei kleinen bis mittleren Anwendungen - zu setzen. Dagegen wird das explorative/experimentelle Prototyping stärker im Bereich der Entwicklung von großen Software-Systemen Eingang finden, um schon in der Spezifikationsphase und beim Entwurf die konzeptionellen Aufgaben zu unterstützen. Eine immer wichtigere Rolle spielen in diesem Zusammenhang auch die zur Verfügung stehenden Werkzeuge - insbesondere Programmiersprachen der 4. Generation (4GL). Sie erleichtern dem Entwickler die Arbeit und ermöglichen auch dem Anwender (Stichwort: Individuelle Datenverarbeitung) seine gewachsenen Ansprüche an die EDV innerhalb gewisser Grenzen selbst zu realisieren: durch *individuelles Prototyping*. (vgl. Hildebrand 1989b)

---

95) vgl. Pomberger (1987a), S. 31

3.3.2 Zyklisches Modell

Eine gute Beschreibung des zyklischen Modells von Boehm findet man bei Sneed (1989, S. 12f): "Das *zyklische Modell* .. sieht vor,. daß ein größeres Software-System stückweise in vielen kleinen Inkrementen realisiert wird, d.h. der Lebenszyklus wird mehrfach durchlaufen bis das gewünschte System endlich fertig und einsatzreif ist. Die Inkremente können gar einzelne Programme oder Transaktionen sein. Auf diese Weise reduziert man das Risiko einer Fehlentwicklung. Boehm propagiert, daß kein Software-Projekt länger als zwei Jahre oder mehr als 20 Mannjahre beanspruchen darf. Sonst ist das Inkrement zu groß. Dies hat zur Folge, daß große Projekte in vielen kleineren Projekten zu zerschlagen sind, die nebeneinander und/oder hintereinander ablaufen."

Diese Vorgehensweise erinnert stark an die inkrementelle Systementwicklung beim evolutionären Prototyping.[96] Und tatsächlich ähneln sich viele Vorschläge zum Software-Projektmanagement, so daß eine klare Abgrenzung nicht immer möglich ist. Der für diese Arbeit ausschlaggebende Aspekt der Automatisierung durch Software Tools wird davon aber kaum betroffen, denn dafür ist der *Inhalt* einer Aktivität von Bedeutung, und nicht deren Reihenfolge oder Namen.

3.3.3 Operationsmodell

Hier liegt jetzt die Betonung auf der *automatischen Transformation*. "Das *Operationsmodell* .. sieht eine lange Spezifikationsphase vor, in der bis zu 75% der manuellen Arbeit hineinfließt, um eine operationale Spezifikation zu erstellen. Danach erfolgen zwei oder mehr automatisierte Transformationen, z.B. vom Fachkonzept ins technische Konzept und vom technischen Konzept in die Programme, wobei auf jeder semantischen Ebene einiges manuell hinzugefügt wird. Danach beträgt das Verhältnis der Spezifi-

---

96) Die Affinität mit der dort vorgestellten Methode des evolutionären Auslieferns/Entwickelns nach Tom Gilb ist offensichtlich (s. 3.3.1).

zierer zu den Entwicklern etwa 3:2. Die Hauptaufgabe der Entwickler bleibt der Test der generierten Programme gegen die ursprüngliche Spezifikation."[97] (Abb. 3-9)

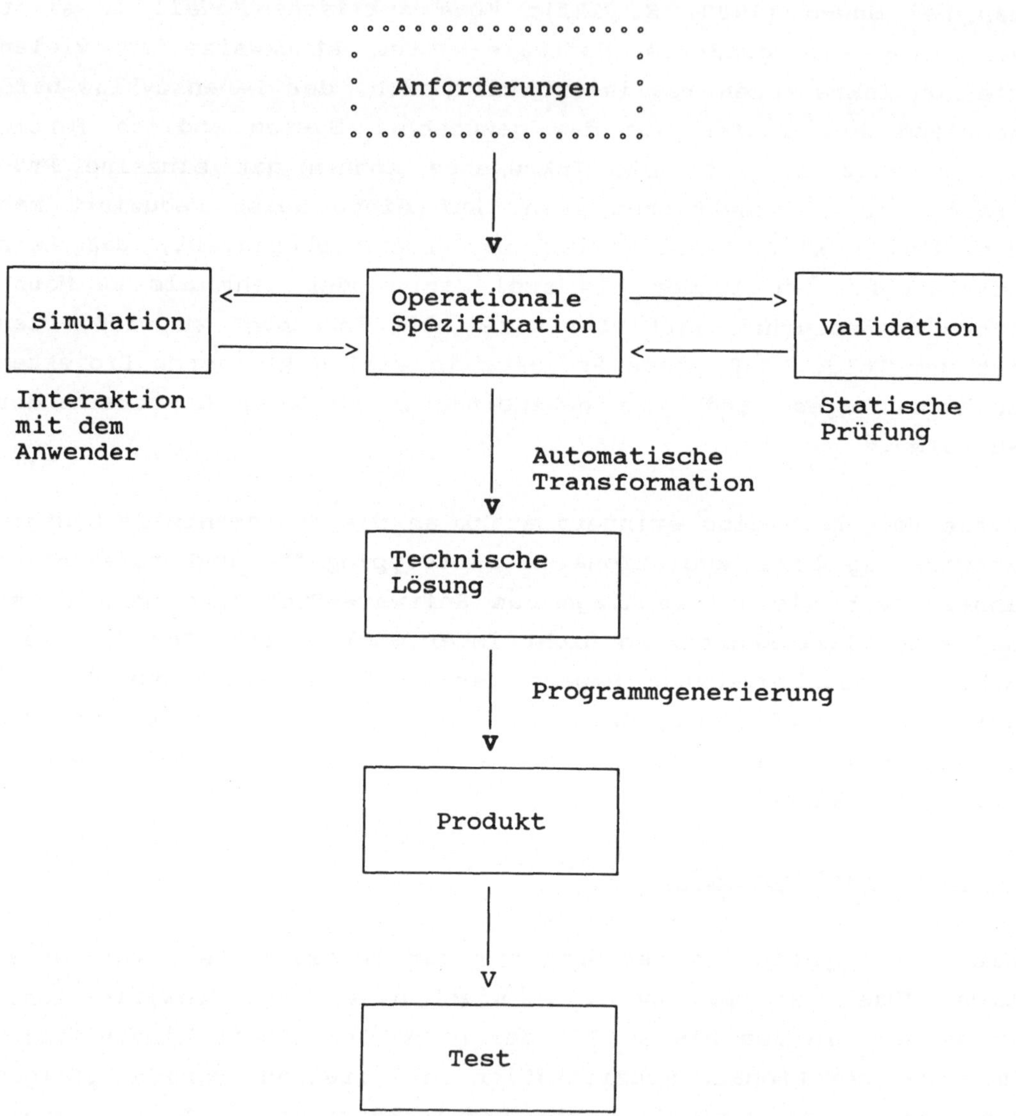

Abb. 3-9   Das operationale Paradigma (Sneed 1989, S. 13)

---

97) Sneed (1989), S. 13

3.3.4 Transformationsmodell

Noch höhere Ziele als das Operationsmodell verfolgt das Transformationsmodell. "Das *Transformationsmodell* .. geht einen Schritt weiter. Hiernach steckt 100% der manuellen Arbeit in der Spezifikation, die anschließend mit Hilfe eines Expertensystems vollautomatisch in Zielprogramme transformiert wird. Formale Beweisführung tritt an die Stelle des Testens, denn insofern als die Transaktion korrekt erfolgt, sind die Programme theoretisch eine exakte Wiedergabe der Spezifikation. Für eine derartige Transformation ist eine Knowledge-Base der Zielumgebung mit Kenntnis der Umsetzungs- und Optimierungsregeln sowie der technischen Einschränkungen erforderlich."[98]

Aus heutiger Sicht stoßen bei diesem Modell zumindest zwei Punkte auf starke Bedenken. Erstens ist die formale Beweisführung - wenigstens für hinreichend komplexe Programme - noch ein weites Forschungsgebiet mit vielen ungelösten Problemen (vgl. Kap. 3.2.6). Zweitens scheint die *vollautomatische* Transformation mittels *Expertensystem* - das die erforderlichen Umsetzungs- und Optimierungsregeln kennt - sehr gewagt. Die Zweifel betreffen vor allem das Expertensystem, das die semantische Lücke ausfüllen soll. Wie Frank nämlich gezeigt hat, gibt es Bereiche (Entscheidungsprobleme, z.B. bei den Umsetzungsregeln) die sich gegen die Formalisierung in einem Expertensystem sperren.[99]

---

98) Sneed (1989), S. 13

99) vgl. Frank (1988), Zelewski (1986), S. 858f. Die Schwierigkeiten können sich daraus ergeben, daß Entscheidungsprobleme existieren, deren prädikatenlogische Lösung prinzipiell unmöglich ist. Auch Schulz dämpft die Euphorie, als er von einem Expertensystem mit natürlichsprachlicher Eingabe berichtet, das eine automatische Transformation der Spezifikation in die Implementierung vornimmt, indem er hinzufügt "Gegebenenfalls muß der Benutzer eingreifen" und auch darauf verweist, daß keine der Entwicklungen zu vermarktbaren Produkten geführt hat. (1988b, S. 528)

4. Einordnungs- und Auswahlkonzepte für Software Tools

Nachdem im zweiten Kapitel die in dieser Arbeit gültige Definition des Begriffs *Software Tool* gegeben, und im dritten Abschnitt die Frage "Was kann durch Software Tools im Rahmen des Software Engineering automatisiert werden?" hauptsächlich anhand des Software Life Cycles untersucht wurde, werden jetzt die in der Literatur vorgefundenen Einordnungs- und Auswahlkonzepte (Klassifikationen) diskutiert. Darauf aufbauend wird im fünften Kapitel ein neuer integrierter Ansatz, der auch die 4GLs explizit berücksichtigt, dargestellt.

4.1 Anforderungen an die Konzepte

Welche Anforderungen sollten die einzelnen Konzepte erfüllen? Generell gilt: Jedes Konzept muß einer klaren *Systematik* (Formulierung von ordnenden Eigenschaften) unterliegen, die die *Vollständigkeit* und *Eindeutigkeit*[1] für die Einordnung bzw. für die Auswahl der Software Tools gewährleistet. Das bedeutet einerseits, daß *alle* Arten von Software Tools (nach der hier zugrundegelegten Definition) *bestimmten* Klassen zugeteilt werden können, und umgekehrt, daß durch die Angabe von gewissen Suchkriterien (z.B. die zu unterstützende Aufgabe) die *Auswahl* erleichtert wird.

Im Prinzip heißt das nichts anderes, als daß die Software Tools in festgelegte Kategorien einzuteilen, also zu klassifizieren sind. "Klassifizieren bedeutet im einzelnen:

---

1) *Sodeur* nennt solche Ordnungen, die sämtliche Elemente in disjunkte Typen einteilt, <u>Klasseneinteilungen</u> und die disjunkten Typen <u>Klassen</u>. "Mit Klassifikation bezeichnen wir sowohl den Prozeß der Suche nach einer geeigneten Klasseneinteilung wie auch das Ergebnis der Suche." (1974, S. 10) *Siebel* macht die Zuordnung zu einer Klasse von der Erfüllung bestimmter Anforderungen abhängig (Extensionsdefinition) und verlangt von den Bedingungen: "Sie müssen jeweils so gestaltet sein, daß sie 1. eine möglichst einfache und schnelle und 2. eine eindeutige Identifizierung zulassen. ... Alle Klassen müssen also ihre jeweiligen potentiellen Klassenmitglieder gegenseitig ausschließen." (1968, S. 121)

- erkennen der wesentlichen Merkmale, der wichtigsten Informationen des vorliegenden Sachverhalts,
- ordnen und gliedern der Merkmale,"[2].

Noch etwas klarer äußert sich Müller: "Unter Klassifizierung ist ein gedanklicher Vorgang zu verstehen, bei welchem Gegenstände oder Sachverhalte nach bestimmten gemeinsamen Merkmalen in Gruppen oder Klassen zusammengefasst werden. Ein berühmtes Exempel hierfür finden wir in der Gattungs- und Arteneinteilung unserer Pflanzen- und Tierwelt wie sie vom schwedischen Naturforscher Carl von Linne vorgenommen wurde. Im Klassifizierungsbegriff ist die Lösungsnotwendigkeit des Ordnungsproblems (ein für alle Fachbereiche unentbehrliches Anliegen) impliziert, weswegen die Klassifizierung als Grundsatz oder Maxime verstanden werden muss."[3] Daraus wird deutlich, daß eine *Klassifizierung* und die daraus entstehende *Klassifikation* von grundlegender Bedeutung sind. Zwar ist mit der Klassifizierung immer auch eine *Beschreibung* verbunden - wie sonst sollten auch die Merkmale aufgezeigt und gegeneinander abgegrenzt werden - nicht jedoch eine *Bewertung*[4]. Allerdings sind einige der hier vorgestellten Ansätze kein Selbstzweck, sondern das Nebenprodukt eben solcher Bewertungen (Marktanalysen etc.) im EDV-Bereich. Dies ist nicht überraschend, handelt es sich bei der Wirtschaftsinformatik doch um eine anwendungsorientierte Wissenschaft (*Angewandte* Informatik), die neben theoretischen Zielen auch praxisorientierte Aufgabenstellungen beinhaltet.

Insgesamt werden 14 Konzepte im Hinblick auf die formulierten Anforderungen untersucht. Begonnen wird mit einer Klassifizierung der angetroffenen Einteilungen. Es wird unterschieden zwischen *funktionsbezogenen* und *phasenbezogenen* Gliederungen, und Ansätzen, die ganz unterschiedliche Kriterien berücksichtigen[5]. Die ersten beiden Kategorien kann man nochmals verfei-

---

2) Sell (1988), S. 91

3) Müller (1988), S. 74, vgl. Baron (1968), S. 17

4) Eine Bewertung oder Messung geht über eine reine Mengenbildung hinaus, denn sie setzt einen Maßstab voraus. vgl. Siebel (1968), S. 125ff

5) In einigen Fällen trifft man auch auf Mischformen.

nern, wenn man die Intention der Verfasser berücksichtigt. Hierbei ist festzustellen, daß manche Autoren eher *theoretische* Analysen für die Einteilung der Programmierwerkzeuge vornehmen, während andere sich mehr an den Anforderungen der *Praxis* orientieren. Leider erfüllen nicht alle der hier präsentierten Gliederungen sämtliche formulierten Kriterien - sie werden aber trotzdem vorgestellt, wenn sie interessante Aspekte enthalten.

Funktionsbezogen sind die ersten vier Einteilungen, wobei Edmunds und Molzberger einen eher theoretischen Anspruch vertreten. Die Klassifizierung von *Edmunds* berücksichtigt einerseits konkrete Tools, verwendet andererseits aber auch ein allgemeineres, mehr funktionales Schema. *Molzberger* dagegen gliedert die Software Tools ausschließlich nach funktionsbezogenen Kriterien. Mit der praktischen Nutzung der Werkzeuge beschäftigen sich die beiden nächsten in diesem Abschnitt vorgestellten Ansätze. Die sicherlich umfangreichste Systematik, die neben der Funktion auch den Input und Output der Tools berücksichtigt, stammt von *Reifer/Montgomery/Houghton*. Nicht so allgemein ist das pragmatisch geprägte Werk von *Kernighan/Plauger* (sie stellen sogar den Code der Tools vor), in dem sie sich hauptsächlich auf Werkzeuge für die Quellprogrammbearbeitung spezialisieren.

Phasenbezogen sind die fünf Gliederungen des Kapitels 4.3. Wiederum beinhalten die ersten beiden theoretische Konzepte. *Pomberger* unterscheidet allgemein zwischen einfachen, phasenbezogenen und phasenübergreifenden Werkzeugen und verfeinert seine Übersicht in bezug auf die zu unterstützenden Aufgaben. Die Klassifikation von *Balzert* hingegen umfaßt den Aspekt phasenorientierter Werkzeuge in Software-Entwicklungsumgebungen. Stark praxisorientiert ist die zweistufige Taxonomie von *Reifer/Trattner*, die auf dem Software Life Cycle basiert, und vom Anspruch her die Auswahl von Tools erleichtern soll. Die Gliederung von *Seibt* enthält neben phasen- auch funktionsorientierte Gesichtspunkte und geht teilweise auf ganz spezielle Tools - als eigene Kategorie - ein. *Leppert/Stork* differenzieren zwischen phasenbezogenen und phasenübergreifenden, sogenannten rollenbezogenen Tools.

Die letzten fünf Ansätze berücksichtigen ganz unterschiedliche Kriterien. *Hesse* verwendet die Mächtigkeit der Automatisierung - ein theoretisches Konzept, das qualitative Gesichtspunkte reflektiert - für seine Einteilung. Sowohl nach dem Anwendungsbereich, als auch nach der Betriebsart, der Einsatzphase (Life Cycle) und der Benutzeroberfläche detailliert *Schulz* in seinem mehrdimensionalen Klassifizierungsschema. *Hruschka* befaßt sich mit den Möglichkeiten der Integration einzelner Werkzeuge, d.h. seine Veröffentlichung untersucht die Anforderungen, die beim Einsatz in integrierten Systemproduktionsumgebungen zu beachten sind. Insgesamt drei praxisbezogene Konzepte findet man bei *Oestreich*: aufgabenorientierte, hardwareorientierte und methodenorientierte Klassifizierungen. *Stahlknecht/Warner* schließlich erstellten einen umfangreichen Katalog, der allgemeine, softwareentwicklungsbezogene und managementbezogene Kriterien aufführt - auch wieder für die systematische Auswahl von Software Tools.

Im folgenden wird jeder Ansatz für sich vorgestellt, d.h. es wird erläutert, nach welchen Merkmalen eingeteilt wurde und gegebenenfalls welche Intention dieser Einteilung zugrunde lag. Die spezifischen Vor- und Nachteile werden, auch anhand von Beispielen, dargestellt. Abschließend erfolgt jeweils eine zusammenfassende Bewertung.

4.2 Funktionsbezogene Ansätze

4.2.1 Theorieorientiert

4.2.1.1 Edmunds

Die Einteilung von Edmunds ist - wie auch bei anderen Klassifikationen zu beobachten - nicht nur an *einem* Kriterium (der Funktion des Tools) ausgerichtet. Bei ihm jedoch dominiert eindeutig der funktionsbezogene Aspekt gegenüber den Einsatzbereichen. Besonders interessant macht seine Klassifikation, daß sie relativ jung ist (von 1987) und dadurch auch neuere Tools (z.B. 4GLs) berücksichtigt, und daß sie kein Nebenprodukt einer anderen Tätigkeit, sondern explizit als solche - für *The Prentice-Hall Encyclopedia of Information Technology* - entworfen wurde. Edmunds ist sich auch durchaus der damit verbundenen Schwierigkeiten bewußt: "As mentioned earlier in this topic, there are many types of software productivity tools on the market today. It is quite difficult to pigeonhole many of these products because they provide multiple functions, particularly the more comprehensive fourth-generation language tools, which take a broad-based approach in supporting system development."[6]

Die insgesamt 20 Gliederungspunkte bieten einen vollständigen, nicht nur Werkzeuge für die Software-Entwicklung beinhaltenden, Überblick. Daß nicht ausschließlich reine Software Tools in der vom Autor gewählten alphabetischen Aufstellung enthalten sind, sondern auch andere Programme, liegt in dem sehr weit gefaßtem Begriff *Software Productivity Tool* begründet. Wie die obige Abbildung zeigt, versteht Edmunds darunter auch Datenbank-Management-Systeme (6), Decision Support Systems (8), Projekt-Management-Hilfen (16) für den gesamten Software Life Cycle und System Design Tools (19) für die Systemanalyse. Die letzten beiden Klassen unterstützen zwar auch die *System*entwicklung, fallen aber aus den schon beschriebenen Gründen (s. 2.3.2) nicht unter

---

6) Edmunds (1987), S. 500. Die hier beschriebene Klassifikation umfaßt die Seiten 500-508.

1   Application Development Systems

2   Comparators

3   Compilers and Precompilers

4   Cross-Reference Analyzers

5   Data Dictionaries

6   Data Base Management Systems (DBMSs)

7   Debugging Tools

8   Decision Support Systems

9   Documentation Tools

10 Graphics

11 Job Control Language Generators

12 Librarians

13 Program Optimizers and Analyzers

14 Programming Environments

15 Program Translators

16 Project Management

17 Query Languages and Report Generators

18 Screen Generators

19 System Design Tools

20 Test Data Generators

<u>**Abb. 4-1**</u> Klassifikation von Edmunds (1987, S. 500-508)

den hier definierten Software Tool-Begriff. *Datenbanken* wiederum ermöglichen zwar den Zugriff der Programme auf die Daten, eine Hilfe für die Programmierung sind sie aber höchstens auf einer eher abstrakten konzeptionellen Ebene. Und zu den *Decision Support Systems* sagt Edmunds selbst: "Decision support system

(DSS) tools are not strictly classified as software productivity tools. They are included in this topic because they are often used in conjunction with or by the same people who utilize other tools."[7]

Die übrigen Klassen sind, was die hier verfolgten Ziele angeht, schon interessanter. Unter den Anwendungs-Entwicklungs-Systemen sind multifunktionelle Software Tools zu verstehen: "Application development system productivity tools are particularly difficult to place into a specific category because they are so diverse in their design and so comprehensive in the functions they perform. They are among the most complex computer programs in current use. Application development systems are often called fourth-generation languages (or 4GLs)."[8] Damit sind jetzt auch explizit die Sprachen der vierten Generation klassifiziert. Die nun folgenden Werkzeugkategorien bergen keine Überraschungen, erst bei Graphics (10) wird es wieder interessanter. Unter *Graphics* sind Programme subsumiert, die hochauflösende Grafik erzeugen. Dies ist zwar eine sehr nützliche Erweiterung bestehender Systeme, andererseits spricht nichts dagegen, diese Funktion auch bei den üblichen Maskengeneratoren einzuordnen. *JCL-Generatoren* (11) erzeugen keinen Source-Code wie gewöhnliche Programm-Generatoren, sondern erstellen Prozeduren in der Kommandosprache des Betriebssystems für die Steuerung der Hard- und Software einer EDV-Anlage[9].

Programming Environments (14) unterstützen die interaktive Arbeit des Programmierers mit dem Computersystem. Im Mittelpunkt einer Programmierumgebung steht immer ein Editor, um den dann eine mehr oder weniger große Anzahl von weiteren Tools (Compiler, Testhilfen) für eine effektive Vorgehensweise gruppiert ist. Dies ist zweifellos ein sehr wichtiger Ansatz, andererseits bedeutet dessen Berücksichtigung einen konzeptionellen Bruch, da ansonsten nur einzelne Tools (bzw. Funktionen auf unterer Ebene)

---

7) Edmunds (1987), S. 504

8) Edmunds (1987), S. 500f.

9) Statt *Prozedur* findet man im Mikrocomputerbereich (MS-DOS-Rechner) den Ausdruck *Batch-Datei*.

diskutiert werden. Konsistent wäre es daher gewesen, an dieser Stelle nur die *Editoren* aufzuführen, und ansonsten auf die erste Kategorie (Application Development Systems) zu verweisen. Sehr sinnvoll ist hingegen die Zusammenfassung von Abfragesprachen und Report-Generatoren zu einer Kategorie (17), da beide Tools Funktionen für die effiziente Erstellung von Auswertungsprogrammen anbieten: "Query languages are designed to provide quick, relatively easy access to the information contained within DBMSs. Report generators were originally developed to assist an organization's programming staff in meeting requirements for the rapid creation of management-oriented reports, such as sales analysis or financial information."[10]

Im großen und ganzen ist Edmunds eine vollständige und klare - wenn auch nicht allzu tiefe - Klassifikation gelungen. Vorteilhaft ist vor allem, daß er neuere Werkzeug-Entwicklungen (z.B. 4GLs) berücksichtigt. Allerdings geht er manchmal auch etwas zu weit, wenn er etwa Datenbank-Management-Systeme noch zu den Software Tools zählt. Als kleiner Nachteil ist zu nennen, daß er sein funktionsorientiertes Konzept bei den Editoren verlassen hat, um dort auf eine höhere Ebene - den multifunktionellen Programmierumgebungen für mehrere Einsatzbereiche - überzuwechseln. Nachsicht üben kann man dagegen, daß die wenig verbreiteten Wartungs- und Sanierungs-Werkzeuge nicht explizit erwähnt werden.

4.2.1.2. Molzberger

Die Klassifikation von Molzberger ist 1981 als "Versuch einer Ordnung" in seinem Artikel *Reflexionen zum Thema "Software-Tools"* erschienen. Das bedeutet, daß seine Gliederung nur Mittel zu dem Zweck ist, die prinzipiellen Grenzen und praktischen Möglichkeiten von Software-Werkzeugen zu untersuchen. Letztendlich wirft er die kritische Frage auf, ob Software Tools tatsächlich in der Lage sind, die anstehenden Probleme der Software-Technologie zu lösen.[11]

---

10) Edmunds (1987), S. 507
11) vgl. Molzberger (1981), S. 53ff

Diese Frage zu beantworten ist natürlich nicht unsere Aufgabe, vielmehr soll die von ihm vorgenommene Unterscheidung analysiert werden. Sehr vorteilhaft ist dabei, daß Molzberger es nicht versäumt, zuerst einmal eine Abgrenzung - im Sinne einer Definition - des von ihm verwandten Begriffes *Software Tool* liefert:

> "Zunächst gehören <u>nicht</u> zu den Tools: Sämtliche Anwenderprogramme, die direkt Dienstleistungen für einen Endverbraucher erbringen, beispielsweise auch mathematische Programme (z.B. Operations-Research), obwohl es sich selbstverständlich um nützliche Werkzeuge des jeweiligen Fachgebiets handelt, die man gegebenenfalls auch auf Entwicklungs-Probleme der Datenverarbeitung anwenden kann.
>
> Ferner soll lediglich Software betrachtet werden, deren Bearbeitungsmaterial andere Software ist - wobei der Begriff Software nicht engherzig als Programmcode ... zu sehen ist. (Konkretes Beispiel: Ein Generator hat gegebenenfalls nicht nur die Aufgabe den Code, sondern auch Programmkommentare und sonstige Wartungsunterlagen für eine spezielle Generierung anwenderspezifisch zusammenzustellen.
>
> Auf der Grenzlinie zu den Software-Entwicklungs- Tools liegen z.B. Datenbanksysteme. Man kann sie einerseits zu den Anwendersystemen rechnen, auf der anderen Seite erspart die Generierung eines DB-Systems die individuelle Codierung umfangreicher Softwarepakete und ist damit ein leistungsfähiges Werkzeug. Das müßte man dann im Grunde aber auch schon wieder den einzelnen Betriebssystemkomponenten zugestehen, womit der Begriff "Tool" verwässert wäre."[12)]

Wie man sieht, stimmt diese Definition weitgehend mit der hier getroffenen überein. Dies erleichtert natürlich das Verständnis der darauf aufbauenden funktionsorientierten Klassifikation. Zunächst werden die Entwicklungs-Werkzeuge in drei Gruppen aufgeteilt:

- Software-bearbeitende Tools,
- Software-untersuchende Tools und
- Software-verwaltende Tools.

"Der wesentliche Unterschied ist, daß die erste Gruppe Software erzeugt oder modifiziert, die zweite Gruppe eine analysierende Tätigkeit vornimmt, die das Produkt zunächst nicht verändert, die dritte Gruppe das Produkt lediglich im verwaltungstechni-

---

12) Molzberger (1981), S. 57f

schen Sinn erfaßt und auf entsprechenden Medien zur Verfügung
hält."[13]

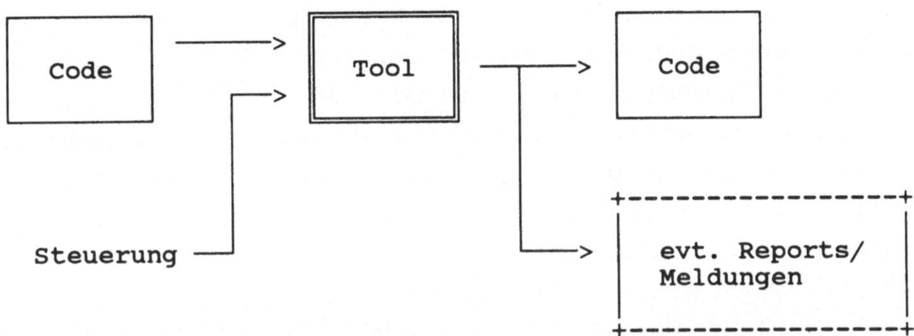

<u>Abb. 4-2</u> Softwarebearbeitende Tools (vgl. Molzberger 1981, S. 59)

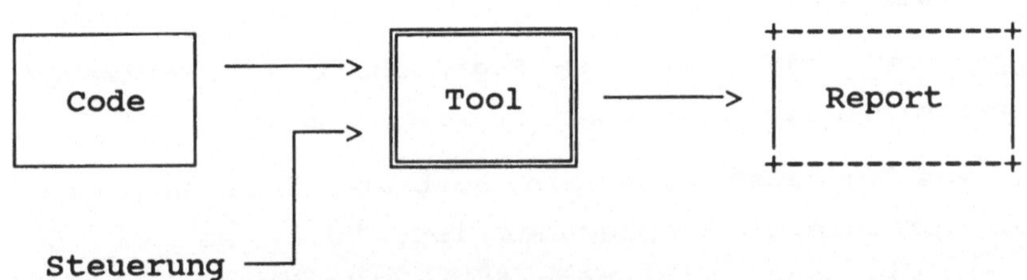

<u>Abb. 4-3</u> Softwareuntersuchende Tools (vgl. Molzberger 1981, S. 59)

Die erste Gruppe benötigt also maschinenverständliche Eingaben
(z.B. Code und Steuerungsanweisungen), und erstellt daraus wiederum eine formale Ausgabe. Zusätzlich können auch Untersuchungen des Objekts stattfinden oder Reports (z.B. Fehlerlisten) für
den Entwickler erstellt werden (Abb. 4-2). Softwareuntersuchende
Werkzeuge dagegen verändern den Code nicht, sondern nehmen
lediglich eine Analyse vor, deren Ergebnisse der Benutzer dann

---

13) Molzberger (1981), S. 58

seinerseits für weitere Modifikationen verwenden kann (Abb. 4-3).[14)]

Die dritte Gruppe - die verwaltenden Tools, z.B. Bibliotheks-systeme - spricht Molzberger im weiteren gar nicht mehr an, wodurch seine Einteilung etwas oberflächlich wirkt. Ein anderes Werkzeug, das weder Code noch Reports erzeugt oder eine verwaltende Funktion einnimmt, kann - wie der Autor selbst zugibt - nicht klassifiziert werden: "Außerhalb dieser Ordnung scheint noch der Testdatengenerator zu stehen, jedoch ist sein Einsatz nur zusammen mit einer gewissen Testumgebung (Softwareuntersuchende Tools) für ein Softwareprodukt sinnvoll."[15)]

Im weiteren Verlauf der Erörterung zum Thema Software Tools stellt der Verfasser noch drei Forderungen auf, die *ideale* Werkzeuge erfüllen sollten. Diese sind:

1. <u>Portabilität</u>, d.h. ein Werkzeug sollte maschinenunabhängig arbeiten, und zwar bezüglich der Maschine, auf der es selber abläuft, als auch gegenüber dem Rechner, für den Software bearbeitet/untersucht wird,

2. <u>Einsatzbreite</u>, verstanden als die Eigenschaft des Werkzeugs, möglichst für jedes Problem benutzbar zu sein, und

3. <u>Sprachhöhe</u>, was bedeutet, daß ein Software Tool auf einem möglichst hohen Sprachlevel ansprechbar ist, "d.h. es soll dem Endbenutzer - ob Kaufmann, Wissenschaftler, Jurist oder Handwerker - in freundlicher Weise gestatten, seine Probleme auf der Ebene der jeweiligen Fachsprache zu beschreiben, ohne einen Programmierer zu bemühen."[16)]

---

14) vgl. Molzberger (1981), S. 58f

15) Molzberger (1981), S. 59

16) Molzberger (1981), S. 60f. Er verweist selbst darauf, daß ein solchermaßen "allmächtiges" Software-Erzeugungstool - das alle drei Bedingungen zu 100% erfüllt - nur hypothetisch existiert, und bemerkt dazu: "Der Besitz eines derartigen idealen Werkzeugs würde das Programmieren im üblichen Sinn überflüssig machen. Es müßte dazu jedoch über hohe Intelligenz und ein breites Fachwissen verfügen, wie wir es heute nicht einmal mehr von einem hochgebildeten Menschen verlangen."

So interessant diese Vorschläge auch klingen, als Klassifizie-
rungskriterium (Einordnung von Tools) sind sie nur theoretisch
geeignet; auch ihr praktischer Nutzen - z.B. für die Auswahl von
Software Tools - ist eher gering.

Zusammenfassend kann man diese Klassifikation als vollständig
(mit der schon erwähnten Ausnahme) und eindeutig charakterisieren. Da aber nur nach allgemeinen Funktionen differenziert wird,
fehlt die Tiefe - und damit auch die praktische Relevanz. Dem
ist entgegen zu halten, daß die Ordnung von Molzberger diese De-
taillierung nicht benötigt, da sein Aufsatz in erster Linie ein
anderes Ziel - nämlich die theoretischen Möglichkeiten und Grenzen von Software Tools zu diskutieren - anstrebt.

4.2.2 Praxisorientiert

4.2.2.1 Reifer/Montgomery/Houghton

Die in diesem Kapitel vorgestellte Klassifikation basiert in
ihrer Urform auf einer Veröffentlichung von Reifer und Montgomery mit dem Titel "Final Report - Software Tool Taxonomy" aus
dem Jahre 1980. Ziel ihrer Arbeit ist es, eine Verbesserung der
Effektivität des Tool-Einsatzes vor allem in der öffentlichen
Verwaltung der Vereinigten Staaten zu erreichen: "Software tools
are powerful productivity and quality aids. The effectiveness of
their use in Federal Automated Data Processing (ADP) installa-
tions needs to be improved, and the National Bureau of Standards
effort described here is one step in accomplishing this goal. A
concise set of software tool classifications are defined that
can be used to (1) categorize currently available tools, (2)
standardize terminology associated with tools and (3) ease the
task of comparing and evaluating the utility of tools within a
class. Use of the taxonomy should reduce the confusion associated with understanding what tools are available and what their
cost/benefits are."[17] Neben der Klassifikation werden also auch
die Ziele der Standardisierung der Begriffe und der Erleichte-
rung der Auswahl verfolgt.

---

17) Reifer/Montgomery (1980), S. 1-1

Die im wesentlichen funktionsbezogene Taxonomie ist in mehreren Phasen (Literatursuche, Workshops) entstanden und hat auch in den Folgejahren noch Änderungen erfahren.[18] Die Klassifikation umfaßt die drei Dimensionen *Inputs*, *Functions*, *Outputs*. Jede dieser Dimensionen ist dann weiter unterteilt, wodurch eine umfassende und tiefgehende Analyse möglich ist (Abb. 4-4). Die Klasse <u>Inputs</u> beinhaltet die beiden Unterklassen *Tool Input* und *Control Input*, zu <u>Functions</u> gehören *Transformation*, *Static Analysis* und *Dynamic Analysis* und <u>Outputs</u> umfaßt *User Output* und *Machine Output*. Außerdem werden die Begriffe aller Unterklassen im dazugehörenden Text kurz erläutert.

---

18) vgl. Houghton (1981, 1982, 1983), National Bureau of Standards (1983), Andriole (1986)

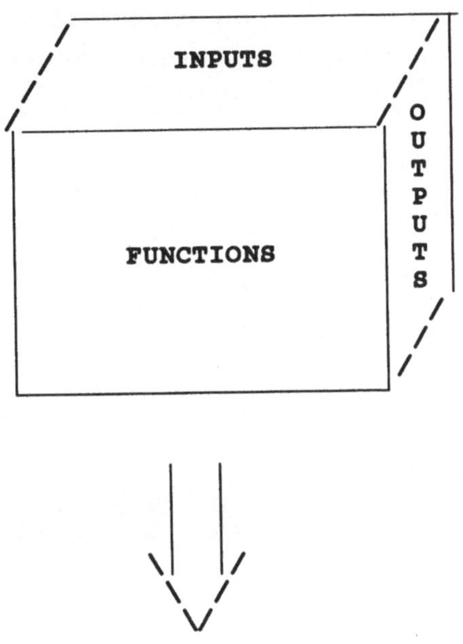

I N P U T S		F U N C T I O N S			O U T P U T S	
Tool Input	Control Input	Trans-for-mation	Static Analy-sis	Dynamic Analy-sis	User Out-put	Machine Output

<u>Abb. 4-4</u> Dreidimensionale Tool-Taxonomie (Reifer 1980, S. 3-2)

Abbildung 4-4 zeigt die Ausgangssituation - die drei Dimensionen *Inputs*, *Functions* und *Outputs* - die dann in einer ersten Verfeinerung um eine zweite Stufe erweitert wird. Im nächsten Schritt erfolgt die Differenzierung der zweiten Stufe, so daß als Ergebnis eine dreistufige Klassifikation entsteht. Für die Dimension INPUTS werden sechs Merkmale aufgeführt (Abb. 4-5), OUTPUTS vereinigt zwölf Unterscheidungskriterien (Abb. 4-6) und unter FUNCTIONS findet man insgesamt 34 Möglichkeiten subsumiert (Abb. 4-7). "To classify a tool, entries in all three dimensions must be specified. Once this specification is available, comparative or cost/benefit evaluation can be conducted using inputs, functions and outputs to distinguish between the salient features of candidate tools."[19)]

<table>
<tr><td colspan="2" align="center">I N P U T S</td></tr>
<tr><td align="center">TOOL INPUT</td><td align="center">CONTROL INPUT</td></tr>
<tr><td>I1. Data
I2. Code
I3. Text
I4. Very High Level
    Language</td><td>C1. Commands
C2. Parameters</td></tr>
</table>

<u>Abb. 4-5</u> Inputs Dimension (3-stufig) (Reifer 1980, S. 3-7)

<table>
<tr><td colspan="2" align="center">O U T P U T S</td></tr>
<tr><td align="center">USER OUTPUT</td><td align="center">MACHINE OUTPUT</td></tr>
<tr><td>U1. Computational
    Results
U2. Diagnostics
U3. Graphics
U4. Listings
U5. Text
U6. Tables</td><td>M1. Data
M2. Intermediate Code
M3. Object Code
M4. Prompts
M5. Source Code
M6. Text</td></tr>
</table>

<u>Abb. 4-6</u> Outputs Dimension (3-stufig) (Reifer 1980, S. 3-17)

---

19) Reifer/Montgomery (1980), S. 1-3

<table>
<tr><td colspan="3" align="center">F U N C T I O N S</td></tr>
<tr><td>TRANSFORMATION</td><td>STATIC ANALYSIS</td><td>DYNAMIC ANALYSIS</td></tr>
<tr><td valign="top">

T1. Edit
T2. Format
T3. Instrument
T4. Restructure
T5. Translate

</td><td valign="top">

S1. Audit
S2. Calculation
S3. Comparison
S4. Complexity
S5. Completeness
S6. Consistency
S7. Cost
S8. Cross Reference
S9. Error
S10. Expression
S11. Interface
S12. Management
S13. Margin
S14. Optimization
S15. Scanning
S16. Schedule
S17. Statistical
S18. Structure
S19. Traceability
S20. Type
S21. Units

</td><td valign="top">

D1. Assertion
D2. Coverage
D3. Data Flow
D4. Execution
D5. Resource
D6. Symbolic
D7. Timing
D8. Tuning

</td></tr>
</table>

<u>Abb. 4-7</u> Functions Dimension (3-stufig) (Reifer 1980, S. 3-7)

Diese ausgesprochen tief gegliederte Taxonomie wurde in den Folgejahren nochmals verfeinert. Houghton fügte 1981 bei den funktionsbezogenen Merkmalen folgendes hinzu:

TRANSFORMATION	STATIC ANALYSIS	DYNAMIC ANALYSIS
• Optimization	• Resource Estimation	• Constraint Evaluation • Tracing

<u>Abb. 4-8</u> Erweiterung der Dimension FUNCTIONS (vgl. Houghton 1981, S. 9)

In 1983 wurde noch das Charakteristikum *Regression Testing* bei
der dynamischen Analyse ergänzt. Zusätzlich aufgenommen wurde -
als vierte Klasse in der Dimension FUNCTIONS - die Kategorie
Management (Abb. 4-9).[20]

MANAGEMENT

G1. Configuration control
G2. Information management
G2A. Data dictionary management
G2B. Documentation management
G2C. File management
G2D. Test data management
G3. Project management
G3A. Cost estimation
G3B. Resource estimation
G3C. Scheduling
G3D. Tracking

<u>**Abb. 4-9**</u> Die Klasse MANAGEMENT der Dimension FUNCTIONS (vgl.
National Bureau of Standards 1983, S. 9)

Für alle neuen Merkmale ist eine kurze Beschreibung - wie schon
bei Reifer - im dazugehörenden Text enthalten. Houghton hat
zudem die Häufigkeiten des Auftretens der verschiedenen Merkmale, die Hardware- und Systemsoftware-Anforderungen und einige
andere Kriterien untersucht, die aber für eine Klassifikation
nur am Rande von Interesse sind.[21]

Als Resümee läßt sich festhalten: Diese Klassifikation zeichnet
sich vor allem dadurch aus, daß sie sowohl umfassend als auch
sehr detailliert - insbesondere bei den Funktionen der Werkzeuge
- ist. Auch entspricht die Abgrenzung des untersuchten Bereichs
der Taxonomie - sieht man vom Projektmanagement ab - weitgehend

---

20) vgl. National Bureau of Standards (1983), S. 9
21) vgl. Houghton (1982, 1983)

der hier vertretenen Auffassung.[22] Der Vorteil, ein Software Tool nach mehreren Kriterien einordnen zu können, kann aber auch ein Manko sein, da dadurch zum einen die Eindeutigkeit leidet, zum anderen die Auswahl von Tools - etwa im Vergleich zur Klassifikation von Reifer/Trattner (vgl. 4.3.2.1) - erschwert wird. Somit hat dieser Ansatz nicht alle (hochgesteckten) Ziele erreicht.

4.2.2.2 Kernighan/Plauger

Die Einteilung und Beschreibung von Programmierwerkzeugen der beiden Autoren stammt aus den Jahren 1980/81. In ihren Büchern stellen sie eine Anzahl nützlicher Software Tools - auch im Original-Quellcode - vor.[23] Es handelt sich dabei fast ausschließlich um Werkzeuge, die Funktionen für die Bearbeitung von Quellprogrammen (Textfiles) zur Verfügung stellen.

Nach ihren Funktionen werden auch die beschriebenen Software Tools eingeteilt:

1. Filter
2. Dateibearbeitung
3. Sortierer
4. Textmusterbearbeitung
5. Editieren
6. Formatieren
7. Makro-Verarbeitung.

Unter *Filtern* werden Programme verstanden, die zwischen Eingabe und Ausgabe eine Veränderung des Datenstroms (z.B. komprimieren

---

22) Houghton (1981, S. 18) sagt explizit: "The taxonomy is primarily a classification scheme for software development tools. There are, however, many tools that are broader in function and application that can not be easily classified by the taxonomy. These tools include operating systems, system utilities (linkage editors, loaders, tape handlers, file systems, sorters), data base management systems, and management information systems. These tools serve as an extended part of a system and are outside the scope of the taxonomy. Since most of the features in the taxonomy are specific to the software development process, only tools specific to software development should be classified."

23) vgl. Kernighan (1980, 1981)

von mehrfach vorkommenden Zeichen), der durch sie hindurch-
fließt, bewirken. Die *Dateibearbeiter* können beispielsweise Dateien vergleichen, verketten oder drucken.[24] Die vorgestellten
Sortierer dienen zum internen (Felder) oder externen (Dateien)
sortieren. Das Finden/Ersetzen von *Textmustern* ist nichts anderes als eine einfache *Editor*-Grundfunktion; leistungsfähigere
werden im nächsten Punkt (*Editieren*) besprochen. *Formatierer*
sind sinnvoll für die Gestaltung der Ausgabe von Programmen bis
hin zum Setzen von Büchern. Ein *Makroprozessor* schließlich kann
benutzt werden, um eine Programmiersprache um zusätzliche
(strukturierte) Anweisungen zu erweitern.[25]

Obwohl es sich um keine explizite Klassifikation handelt, ist
die funktionsorientierte Einteilung von Kernighan und Plauger
doch so etwas wie eine Teilklassifikation von Software Tools,
nämlich - mit Ausnahme der Sortierer - Werkzeugen für die Programmerstellung und -bearbeitung. Vollständigkeit kann man diesem gut strukturierten - und bezüglich der untersuchten Eigenschaften eindeutigen - Ansatz jedoch nicht zuschreiben, da beispielsweise Übersetzer (Compiler), Test-Werkzeuge (dynamische
Analysatoren etc.) oder Data Dictionaries fehlen.

---

24) Einen Überblick über leistungsfähige Werkzeuge zur Datenbe-
    arbeitung unter UNIX bietet Bourne. (1985, S. 243ff)
25) vgl. Kernighan/Plauger (1980), S. 7ff

4.3 Phasenbezogene Ansätze

4.3.1 Theorieorientiert

4.3.1.1 Pomberger

Die Klassifikation von Pomberger erschien 1984 in seinem Buch *Softwaretechnik und Modula-2*. In diesem grundlegenden Werk über Software Engineering wird neben den üblichen Inhalten (Software Life Cycle, Software-Qualitätskriterien usw.) in einem eigenem Kapitel auf die Werkzeuge der Softwaretechnik eingegangen. Dazu werden ein Katalog und eine Leistungsbeschreibung der einzelnen Werkzeuge erstellt. Ein Jahr später präsentiert derselbe Autor diese Übersicht - nur unwesentlich überarbeitet - in einer weiteren Publikation[26] (s. Abb. 4-10). Sie bildet die Basis für die folgende Erörterung.

Pomberger wählt eine dreistufige Einteilung für seine Hierarchie. Auf der ersten Stufe unterscheidet er dabei zwischen:

> "(1) einfachen Werkzeugen,
> (2) Werkzeugen, die einzelne Phasen des Software-Life-Cycle
>   unterstützen und
> (3) phasenübergreifenden Werkzeugen, die in mehreren, vielleicht sogar allen Phasen des Software-Life-Cycle eingesetzt werden können."[27]

Diese im wesentlichen phasenorientierte Unterscheidung wird auf den nächsten beiden Stufen schrittweise verfeinert. Beispielsweise gehören zum Unterbereich *Test* der phasenbezogenen Werkzeuge die *statischen Analysatoren*, *Debugger* und *Dateivergleichswerkzeuge*. Eine Besonderheit dieser Klassifikation ist jedoch, daß Pomberger sogenannte *elementare* bzw. *einfache* - im Sinne von *einfach* herzustellen - *Werkzeuge*, die natürlich auch in den verschiedenen Phasen eingesetzt werden, als eigene Kategorie zusätzlich ausgrenzt.

---

26) Pomberger (1985). Das dritte Kapitel beinhaltet eine ausführliche Diskussion von Werkzeugen für den Softwaretechniker.

27) Pomberger (1985), S. 19f

```
Werkzeuge der Softwaretechnik
  |
  |— Einfache Werkzeuge
  |     |
  |     |— Werkzeuge zur Dateiverwaltung
  |     |     |— Werkzeuge zur Verwaltung von Dateikatalogen
  |     |     |— Werkzeuge zur Dateisicherung
  |     |     |— Werkzeuge zum Dateivergleich
  |     |     |— Werkzeuge zur Dateikompression und -expansion
  |     |
  |     |— Analysewerkzeuge
  |     |     |— Werkzeuge für die Ermittlung des statischen
  |     |     |  Programmprofils
  |     |     |— Kreuzreferenzlistengeneratoren
  |     |
  |     |— Dokumentationswerkzeuge
  |           |— Programmlisten-Formatierer
  |           |— Stichwortverzeichnisgenerator
  |
  |— Phasenbezogene Werkzeuge
  |     |
  |     |— Problemanalyse und Anforderungsdefinition
  |     |     |— Text- und Bildverarbeitungswerkzeuge
  |     |     |— Werkzeuge zur Verwaltung von Data Dictionaries
  |     |     |— Werkzeuge zur Unterstützung spezieller Methoden
  |     |
  |     |— Entwurf
  |     |     |— Werkzeuge zur Unterstützung von Entwurfsmethoden
  |     |     |— Diagrammeditoren
  |     |
  |     |— Implementierung
  |     |     |— Editoren und strukturorientierte Editoren
  |     |     |— Programmrahmengeneratoren
  |     |     |— Compiler, Binder und Lader
  |     |
  |     |— Test
  |           |— statische Analysatoren
  |           |— Debugger
  |           |— Dateivergleichswerkzeuge
  |
  |— Phasenübergreifende Werkzeuge
        |
        |— Projektmanagementwerkzeuge
        |     |— Werkzeuge zur Verwaltung von Projektbibliotheken
        |     |— Werkzeuge zur Anwendung von Projektstandards
        |     |— Werkzeuge zur Versionsverwaltung
        |
        |— Dokumentationswerkzeuge
              |— Werkzeuge zur Text- und Bildverarbeitung
```

<u>Abb. 4-10</u>   Werkzeuge der Softwaretechnik (Pomberger 1985, S. 21)

Die Klasse der *einfachen Werkzeuge* bietet aber auch den ersten
Anlaß zur Kritik, da die Abgrenzung doch relativ willkürlich erscheint und dadurch Überschneidungen entstehen. Beispielsweise
haben die dort aufgeführten *Werkzeuge zur Dateiverwaltung* (Da-
teisicherung, Dateikompression usw.) nur mittelbar mit der Software-Entwicklung zu tun, d.h. man sollte sie eher zum Betriebssystem zählen. Die *Analysewerkzeuge* gehören dagegen eindeutig zu
den phasenbezogenen Tools (Implementierung/Test), wo sie ja auch
- als statische Analysatoren beim Test - zu finden sind. Ähnliches gilt für die *Dokumentationswerkzeuge*, die in dieser Klassifikation zweimal - nämlich als *einfache* und als *phasenübergreifende* Werkzeuge - erscheinen; auch sie sollten nur in der
letzten Kategorie geführt werden.

Wie man sieht, ist die Eindeutigkeit dieser Einteilung nicht gewährleistet. Gilt entsprechendes auch für das Kriterium Vollständigkeit? Zunächst einmal kann man feststellen, daß in der
vorliegenden Hierarchie im wesentlichen alle Software Tools
berücksichtigt sind. Teilweise sind sogar Werkzeuge enthalten -
z.B. für die Problemanalyse oder das Projektmanagement - die
über die in dieser Arbeit zugrundegelegte Definition von Software Tool hinausgehen. Die an diesem erweitertem Tool-Begriff
orientierte Vorgehensweise ist aber nicht weiter von Nachteil.
Schwerer wiegt hingegen, daß keine Tools für die Phasen Instal-
lation/Betrieb und Wartung/Weiterentwicklung - beispielsweise
Restrukturierungs-Werkzeuge - enthalten sind. Auch wurden solch
wichtige Hilfen wie Interpreter oder dynamische Analysatoren
nicht explizit mit aufgenommen. Ursache dafür ist wahrschein-
lich, daß diese Veröffentlichung im wesentlichen auf die Programmiersprache Modula-2 und den Entwicklungsrechner Lilith
Bezug nimmt, und daß deswegen entsprechende Tools (noch) nicht
zur Disposition stehen. Somit ist die fehlende Vollständigkeit
der Übersicht über Software Tools kein Makel, sondern liegt in
der Konzeption des Buchs - in erster Linie an der Programmiersprache Modula-2 und dem damit verbundenen Software Engineering-
Ansatz orientiert - begründet.

Alles in allem hat der Autor eine übersichtliche, an der Praxis
der Software-Herstellung ausgerichtete Hierarchie - auf höherer

Ebene phasenorientiert, im Detail dann auf die Funktionen der Werkzeuge eingehend - erstellt. Die vorgefundenen kleineren Mängel (fehlende bzw. mehrfach vorhandene Klassen) können ihm nicht vorgeworfen werden; sein Anspruch war es ja, einen Katalog von einzelnen Werkzeugen zu schaffen, nicht aber ein alles umfassendes, eindeutiges Verzeichnis.

4.3.1.2 Balzert

Mehrere Veröffentlichungen von Balzert haben Methoden und Werkzeuge für die Software-Entwicklung zum Inhalt. In dem 1985 erschienenen Buch über moderne Software-Entwicklungssysteme und -werkzeuge[28] finden sich zwei Ansätze für die Einordnung von Software Tools, ein phasenorientierter und eine Klassifizierung von Software-Engineering-Environment-Systemen (SEES).

Auch die *phasenorientierte* Klassifikation bezieht sich auf SEES, zählt jedoch einzelne Werkzeuge/Methoden auf. Folgende Gliederung nimmt Balzert vor:[29]

- Werkzeuge und Methoden für die Definitionsphase
  z.B. Informelle Tabellen und Diagramme, maschinenlesbare Spezifikationen
- Werkzeuge und Methoden für die Entwurfssphase
  z.B. ein Werkzeug zur Überprüfung der Modulschnittstellen
- Werkzeuge und Methoden für die Implementierung
  z.B. Editor, Formatierer für Quellprogramme
- Verifikations-Werkzeuge
  z.B. Datei-Vergleicher, Testdaten-Generator
- Management-Werkzeuge und Methoden
  z.B. Generator für Projekt-Status-Berichte.

Diese Vorgehensweise ist zwar für sein Anliegen - Anforderungen an verschiedene SEES zu spezifizieren - sehr gut geeignet, ergibt hingegen keine vollständiges Einordnungs- und Auswahlkonzept, da einerseits die Wartungsphase außer acht gelassen wurde, andererseits 4GLs nicht aufgenommen sind. Nicht nötig

---

28) Balzert (1985a)
29) vgl. Balzert (1985a), S. 53f, (1987), S. 181

wäre nach der hier gültigen Definition von Software Tools die Berücksichtigung der Methoden bzw. des Projekt-Managements.

Die *Klassifizierung von SEES* ist für einzelne Software Tools auch nur begrenzt geeignet, soll der Vollständigkeit halber aber dennoch dargestellt werden, da die darin vorkommenden Aspekte durchaus interessant sind. Balzert unterscheidet insgesamt vier Ansätze:[30]

- Sprachorientierter Ansatz
- Methodenorientierter Ansatz
- Environment-Maschinen-Ansatz
- "general purpose"-Ansatz.

Für die Werkzeuge bedeutet dies, daß sie beispielsweise optimal an eine bestimmte (Programmier-)Sprache bzw. Methode angepaßt sind, oder daß eher allgemeingültige Vorgehensweisen unterstützt werden. Eine umfassende Klassifizierung ist damit aber nicht möglich.[31] Somit sind die beiden auf Balzert zurückgehenden Unterteilungen für ihren jeweiligen Zweck (bezüglich SEES) gut geeignet, eine Übertragung auf den Bereich der Software Tools scheidet aber mangels Vollständigkeit aus.

4.3.2 Praxisorientiert

4.3.2.1 Reifer/Trattner

"A Glossary of Software Tools and Techniques" ist der Titel des 1977 erschienenen Aufsatzes von Reifer und Trattner.[32] Ihr Anliegen war es, eine umfassende Liste (Beschreibung der typischen Funktionen, Angabe des Namens/Anbieters des Werkzeugs) der da-

---

30) vgl. Balzert (1985a), S. 56ff, (1982), S. 486f, (1987), S. 181f

31) Schulz (1988a, S. 178) kritisiert die Klassifizierung in ähnlicher Weise, wobei er aber *nicht* zwischen *SEES* und *Software Tool* differenziert: "Diese Merkmale führen zu keiner eindeutigen Klassifizierung. Was ist beispielsweise eine Entwicklungsumgebung? Inwiefern unterscheidet sie sich von dem Klassifizierungsmerkmal Entwurfssprache?"

32) vgl. Reifer/Trattner (1977). Dieselbe Einteilung wird auch von Shooman benutzt (1983, S. 132f).

mals zur Verfügung stehenden Techniken und Software Tools zu erstellen. Als Gliederungshilfe, und um die Suche nach bestimmten Tools zu erleichtern, entwickelten sie eine zweistufige Taxonomie. In der ersten Stufe werden sechs Kategorien von Werkzeugen (simulation, development, test and evaluation, operations and maintenance, performance measurement, programming support) den drei Hauptbereichen des Software Life cycle (conceptual and requirements, development, operations and maintenence) zugeordnet, wobei manche Klassen auch in mehreren Phasen vorkommen können (s. Abb. 4-11). Test Tools werden beispielsweise nur der Entwicklungsphase zugeteilt.

	Software Life Cycle		
Classification Scheme	Conceptual and Requirements	Development	Operations and Maintenance
Simulation	X	X	X
Development	X	X	
Test and Evaluation		X	
Operations & Maintenance			X
Performance Measurement		X	X
Programming Support	X	X	X

<u>Abb. 4-11</u> Beziehung zwischen Life Cycle und Tool-Kategorien (vgl. Reifer/Trattner 1977, S. 52)

Die nächste Stufe der dem Glossar zugrundeliegenden Systematik besteht aus einer zweiten Tabelle, in der die spezifischen Tools/Techniken in die entsprechenden Kategorien aus Abb. 4-11 eingegliedert werden (s. Abb. 4-12). In dieser Matrix ist z.B. ein Cross-Reference Programm den Bereichen *Test & Evaluation* und *Operations & Maintenance* zugeteilt; etwas überraschend ist dabei das Fehlen in der Klasse *Development*.

TOOL OR TECHNIQUE	SIMULATION	DEVELOPMENT	TEST & EVALUATION	OPERATIONS & MAINTENANCE	PERFORMANCE MEASUREMENT	PROGRAMMING SUPPORT
1. ACCURACY STUDY PROCESSOR			X			
2. ANALYTICAL MODELING	X					
3. ANALYZER		X	X	X	X	
4. AUTOMATED TEST GENERATOR			X	X		
5. AUTOMATED VERIFICATION SYSTEMS			X	X		
6. BOOTSTRAP LOADER						X
7. COMPARATOR			X	X		
8. COMPILER		X	X	X	X	
9. COMPILER BUILDING SYSTEM		X				
10. COMPILER VALIDATION SYSTEM			X			
11. CONSISTENCY CHECKER		X	X			
12. CORRECTNESS PROOFS			X			
13. CROSS-ASSEMBLER		X				
14. CROSS-REFERENCE PROGRAM			X	X		
15. DATA BASE ANALYZER		X	X	X		
16. DATA DESCRIPTION LANGUAGE		X				
17. DECOMPILER			X	X		
18. DESIGN LANGUAGE PROCESSOR		X				
19. DIAGNOSTICS/DEBUG AIDS			X			
20. DRIVER			X			
21. DYNAMIC SIMULATOR	X		X			
22. EDITOR			X	X		
23. ENGINEERING/SCIENTIFIC SIMULATIONS	X		X			
24. ENVIRONMENT SIMULATOR	X		X			
25. EMULATION		X	X		X	
26. EXTENSIBLE LANGUAGE PROCESSOR		X				
27. FLOWCHARTER						X
28. GENERATOR			X			
29. INSTRUCTION SIMULATOR	X	X	X	X		
30. INSTRUCTION TRACE			X	X		
31. INTERFACE CHECKER			X			
32. INTERPRETER		X				
33. INTERRUPT ANALYZER			X			
34. LANGUAGE PROCESSOR		X				
35. LIBRARY						X
36. LINKAGE EDITOR		X				
37. LINKING LOADER						X
38. RELOCATABLE LOADER						X
39. LOGIC-EQUATION GENERATOR			X	X		
40. MACROPROCESSOR		X				
41. MAP PROGRAM			X			
42. MODULAR PROGRAMMING		X	X	X		
43. OVERLAY PROGRAM		X	X			
44. POSTPROCESSOR		X				
45. PREPROCESSOR		X				
46. PROCESS CONSTRUCTION		X	X			
47. PRODUCTION LIBRARIES						X
48. PROGRAM FLOW ANALYZER			X			
49. PROGRAM SEQUENCER			X	X		
50. RECORD GENERATOR						X
51. REPORT GENERATOR						X
52. REQUIREMENTS LANGUAGE PROCESSOR		X				
53. REQUIREMENTS TRACER		X	X			
54. RESTRUCTURING PROGRAM				X		
55. SIMULATOR	X				X	
56. SNAP GENERATOR			X	X		
57. SOFTWARE MONITOR					X	
58. STANDARDS ENFORCER			X			
59. STRUCTURE ANALYZER			X	X		
60. STRUCTURED PROGRAMMING		X	X	X		
61. SYSTEM SIMULATIONS	X					
62. TEST BEDS			X	X		
63. TEST DRIVERS, SCRIPTS, DATA GENERATORS			X			
64. TEST-RESULT PROCESSOR			X			
65. TEXT EDITOR						X
66. TIMING ANALYZER	X	X	X	X	X	X
67. TOP-DOWN PROGRAMMING		X				
68. TRACE PROGRAM		X	X			
69. TRANSLATOR		X		X		
70. UTILITIES						X

Abb. 4-12 Liste der Werkzeuge und Techniken (Reifer/Trattner 1977, S. 53)

Für die Handhabung der Tabellen und des Glossars schlagen die
Autoren folgende Vorgehensweise vor: "This paper is arranged so
the practitioner can use it as a ready reference source. Suppose
a program is needed that provides statistics on source code
statement usage and timing data on program elements during test
case execution for a Cobol program. The reader would turn to
Table 1 to determine that he should have a test and evaluation
tool associated with the development portion of the software
life cycle. He would then look through Table 2 under the "Test
and Evaluation" column for promising tools. For each tool that
appears to be of some value, he would read the description of
the tool in the glossary. Through the process of elimination, he
would find that tool number 48, a program flow analyzer, appears
to meet his needs."[33]

Wie man sieht, ist das Konzept dieser Klassifikation sehr anwen-
derbetont. Aber nicht nur der gute Zugriff auf die einzelnen
Stichwörter des umfangreichen Glossars (insgesamt 70 Tools bzw.
Techniken) ist vorbildlich, auch die Vollständigkeit kommt - da
alle Aktivitäten des Phasenmodells enthalten sind - nicht zu
kurz. Vollständigkeit bedeutet hierbei, daß keine *Klassen* fehlen, für die es noch Software Tools gibt. Das ist nicht gleichbedeutend mit einer vollständigen *Aufzählung* aller nur möglichen
Programmier-Werkzeuge - dies vermag wohl kaum eine noch so
differenzierte Darstellung zu leisten, denn dazu müßte man den
vollkommenen Marktüberblick besitzen.

Naturgemäß kann bei dieser Art der Gliederung ein Software Tool
nicht immer eindeutig nur *einer* Kategorie zugeordnet werden;
dies schmälert aber nicht den Wert der Arbeit, selbst wenn aus
heutiger Sicht durchaus die eine oder andere Änderung vorzunehmen wäre. Auch sind neuere Entwicklungen (z.B. Data Dictionary)
noch nicht berücksichtigt, ihre Einordnung würde aber keine
Schwierigkeiten bereiten. Kein allzu gravierender Nachteil ist
weiterhin die Tatsache, daß in dieser Darstellung zugleich *Techniken* enthalten sind, wodurch sowohl der Umfang größer, als auch
über das hier zu behandelnde Gebiet hinausgegangen wird. Insge-

---

33) vgl. Reifer/Trattner (1977), S. 52

samt kann die Klassifizierung von Reifer und Trattner als ausgereift und nützlich bezeichnet werden, mit der kleinen Einschränkung, daß es sich – wegen der darin enthaltenen Techniken – um keine reine Tool-Taxonomie handelt, und daß, bedingt durch ihre frühe Entstehung, neuere Ansätze – insbesondere 4GLs – noch nicht ausreichend thematisiert sind.

4.3.2.2 Seibt

Die von Seibt geschaffene Gliederung (Abb. 4-13) ist sowohl phasen- als auch funktionsorientiert, d.h. es handelt sich um eine Mischform, die aber, weil auch mehrere phasenübergreifende Konzepte vorhanden sind, an dieser Stelle behandelt wird. Sie bildet die Grundlage für eine 1985 in der Computerwoche veröffentlichte Marktübersicht.[34] Der dort präsentierte Gesamtüberblick/Produktspiegel wurde aus dem ISIS-Software-Report und dem ISIS-Firmen-Report, Ausgaben 1/1985, zusammengestellt.

Die ersten beiden Kategorien bilden Systeme für die Unterstützung der Programmentwicklung in mehreren oder allen Phasen. Darunter sind Software-Produktions-Umgebungen (SPU) zu verstehen, also Sammlungen von aufeinander abgestimmten Methoden und Werkzeugen (s. 2.3.1). Auch die Klassen der Spezifikationswerkzeuge/Beschreibungsprachen und der Test-Tools orientieren sich am konventionellen Vorgehensmodell. Dagegen sind die übrigen Gliederungspunkte eher an speziellen Aufgabenstellungen (z.B. Dokumentation, Entscheidungstabellenbearbeitung) ausgerichtet. Diese Zusammenstellung nach Einsatzbereichen einerseits und Funktionen andererseits gefährdet aber nicht die Übersichtlichkeit, sondern ermöglicht es, sich in dem darauf aufbauenden Produktspiegel schnell zurecht zu finden.

---

34) vgl. o.V. (1985)

1   Allgemeine Systeme zur Unterstützung der Programm-
     Entwicklung (alle Phasen)

2   Spezialisierte Systeme zur Unterstützung der Programm-
     Entwicklung (mehrere Phasen)

3   Werkzeuge für die Entwurfsspezifikation und Software
     für Beschreibungssprachen

4   Programmgeneratoren/Pre-Prozessoren/Precompiler

5   Entscheidungstabellen-Vorübersetzer/-Prozessoren

6   Programm-Bibliotheksverwaltungssysteme

7   Bildschirmprogramm- und MAP-Generatoren

8   DDS = Data Dictionary Systeme

9   Testhilfen allgemein/Testdaten-Generatoren und Dump-
     Programme

10   Stapel-Programmdokumentations-Systeme

11   Online-Programmdokumentations-Systeme

12   Programmorientierte Performance-Analyse- und
     Optimierungssysteme (Softwaremonitore)

Abb. 4-13 Gesamtüberblick über das Angebot an Support-Software
für die Programmierung (vgl. o.V. 1985, S. 39)

Die relative Einfachheit der Gliederung birgt andererseits die
Schwäche, daß die gesamte Darstellung nicht sehr ausdifferen-
ziert ist. Diese mangelnde Unterteilung - beispielsweise bei den
Testhilfen - gestattet es dem Anwender nicht, gezielt ein
bestimmtes Tool auszuwählen. Kein Nachteil entsteht dadurch, daß
auch SPUs und Beschreibungssprachen für die Spezifikation/Anfor-
derungsdefinition mit enthalten sind - auch wenn dadurch der Bereich der reinen Software Tools verlassen wird. Weniger positiv
ist das Faktum zu bewerten, daß man vergeblich nach Editoren,
Compilern/Interpretern oder 4GLs sucht. Offensichtlich gehen die
erstgenannten Werkzeuge entweder stillschweigend in den anderen

- insbesondere den ersten beiden - Bereichen unter, oder aber
ihre quasi obligatorische Anwesenheit wird soweit vorausgesetzt,
daß man sie automatisch zum Betriebssystem rechnet - und damit
als Werkzeug einfach vergißt. Die Sprachen der 4. Generation
müssen entweder zu den spezialisierten Systemen zur Unterstützung der Programmentwicklung gezählt werden (was durchaus üblich
ist), oder aber sie lassen sich gar nicht einordnen.[35]

Wie sich gezeigt hat, ist der ziemlich umfassende Überblick von
Seibt praxisgerecht aufgebaut, erfüllt aber die wesentlichen
Kriterien, die an eine Klassifikation angelegt werden müssen,
nicht vollständig. Dabei wirkt insbesondere das Fehlen von bedeutenden Software Tools (Editoren u.a.) störend. Andererseits
hat der Verfasser auch das Ziel verfolgt (und erreicht), eine
praxisorientierte Zusammenstellung vorhandener Produkte zu liefern - eine theoretische Analyse ist mit diesem Anspruch natürlich nicht unbedingt verbunden.

4.3.2.3 Leppert/Stork

Die Einteilung von Leppert und Stork stammt aus dem Jahre
1984.[36] Sie ist in einer Arbeit über den gegenwärtigen Stand
und die Perspektiven von Software-Entwicklungsumgebungen (SEU)
zu finden, in der verschiedene Ansätze und Tool-Konzepte vorgestellt werden. Ihre Intention ist es also in erster Linie, einen
Überblick über existierende oder in Entwicklung befindliche
Ansätze von SEUs zu liefern. Erst in zweiter Linie, gewissermaßen als Nebenprodukt, werden die in diesen Umgebungen eingesetzten Tools klassifiziert. Es handelt sich dabei um eine zwei-
dimensionale Klassifizierung, die zwischen rollenbezogenen und
phasenbezogenen Werkzeugen differenziert (s. Abb. 4-14).

---

35) In dem Artikel ist dazu vermerkt: "Wie immer erhebt auch
    diese Übersicht keinen Anspruch auf Vollständigkeit." o.V.
    (1985), S. 39

36) vgl. Leppert (1984). Die folgenden Ausführungen beziehen
    sich auf diesen Artikel.

Phasenbezogene Tools

z.B. SREM IORL	z.B. HIPO SADT	z.B. Über- setzer, Binder, Lader	z.B. Test- ver- fahren	z.B. ...
z.B. Versionsverwaltung, Änderungskontrolle, Abnahme von Dokumenten				

Rollenbezogene Tools ———>

<u>Abb. 4-14</u> Klassifizierung von Tools[37]

"Unter rollenbezogenen Tools verstehen wir Werkzeuge, die an eine bestimmte Organisationseinheit der SW-Entwicklung gebunden sind, nicht phasenbezogen eingesetzt werden, sondern i.a. während des gesamten SW-life cycle benötigt werden. Sie sind sozusagen diametral zu sehen zu den phasenbezogenen Tools ... In diese Kategorie fallen z.B. Werkzeuge für das Konfiguration Management (Versionsverwaltung, Änderungskontrolle), für die Qualitätssicherung (Abnahme von Dokumenten) sowie für das Projektmanagement (Projektplanung, Projektsteuerung)."[38]

Diese - auf den ersten Blick etwas einfache Einteilung - besitzt die Vorteile, vollständig und relativ eindeutig zu sein. Allerdings ergibt sich damit auch das Manko der Oberflächlichkeit. Durch den übersichtsartigen Charakter kann nur eine kaum differenzierte Aufteilung geboten werden, die entsprechend wenig hilfreich, beispielsweise für die Auswahl von Software Tools, ist. Lediglich die phasenbezogenen Tools und einige der rollenbezogenen (z.B. die Versionsverwaltung) entsprechen dem hier zugrundegelegten Software Tool-Begriff, dagegen gehen die des

---

37) vgl. Leppert (1988), S. 211

38) Leppert (1988), S. 211

weiteren erwähnten Projektmanagement-Werkzeuge darüber hinaus.
Dies ist nicht sehr verwunderlich, da der von Leppert/Stork ver-
folgte Ansatz ja auf eine Übersicht von SEUs abzielt, in denen
solche (rollenbezogenen) Tools eine dominierende Rolle spielen.
Insgesamt kann diese Klassifizierung nur einen ersten, am
Software Life Cycle orientierten, Überblick geben. Weitere Funktionen, die z.B. die Einordnung oder Auswahl erleichtern, dürfen
hingegen nicht erwartet werden.

4.4 Sonstige Ansätze

4.4.1 Hesse

"Methoden und Werkzeuge zur Software-Entwicklung - Ein Marsch durch die Technologie-Landschaft" ist der Titel eines anspruchsvollen theoretischen Aufsatzes von Hesse aus dem Jahr 1981. Darin wird in erster Linie ein Überblick über die wichtigsten *Techniken* zur Software-Entwicklung gegeben, um anschließend in Programmierumgebungen (Software Engineering Environments) verwirklichte Ansätze zu diskutieren. Die Einordnung der Techniken erfolgt in einem dreidimensionalen Schema mit den Kriterien *Abstraktion*, *sprachliche Freiheit* und *Automatisierung*. Hier wird schon deutlich, daß Hesse nicht eine Klassifizierung von Software Tools zum Ziel hat, sondern seine Ausführungen auch Methoden/Verfahren umfassen. Dennoch findet sich auch ein Ansatz für die Unterteilung von Programmierwerkzeugen, der im folgenden vorgestellt wird.[39]

Um die Frage 'Wie läßt sich der Software-Produktionsprozeß automatisieren?' zu beantworten, untersucht Hesse auf der *Programmentwicklungs*-Ebene die Automatisierungsmöglichkeiten durch Software Tools. Geordnet nach zunehmender Mächtigkeit ergibt sich diese Hierarchie:

- Textverwaltung
- Textaufbereitung
- Produktverwaltung
- Informationsaufbereitung
- syntaktische Überprüfung
- semantische Überprüfung
- Generierung von (Teil-) Produkten
- Entscheidungshilfen
- Entscheidungsübernahme.

Den aufgezeigten Klassen werden dann eine Reihe von Werkzeugen zugeordnet (Abb. 4-15). Dabei unterstützen Tools der ersten drei

---

39) vgl. Hesse (1981b)

Kategorien den Software-Produktionsprozeß in seiner Gesamtheit, während die Werkzeuge der nächsten Gattungen an bestimmte Teilaufgaben - insbesondere Entwurfs- und Validationstätigkeiten - gebunden sind. Bei der letzten Kategorie (Entscheidungsübernahme) liegen für *Synthese-Systeme* bislang nur Konzepte/Prototypen vor, und auch eine *automatische Verifikation* großer Software-Systeme ist (noch) nicht möglich.[40]

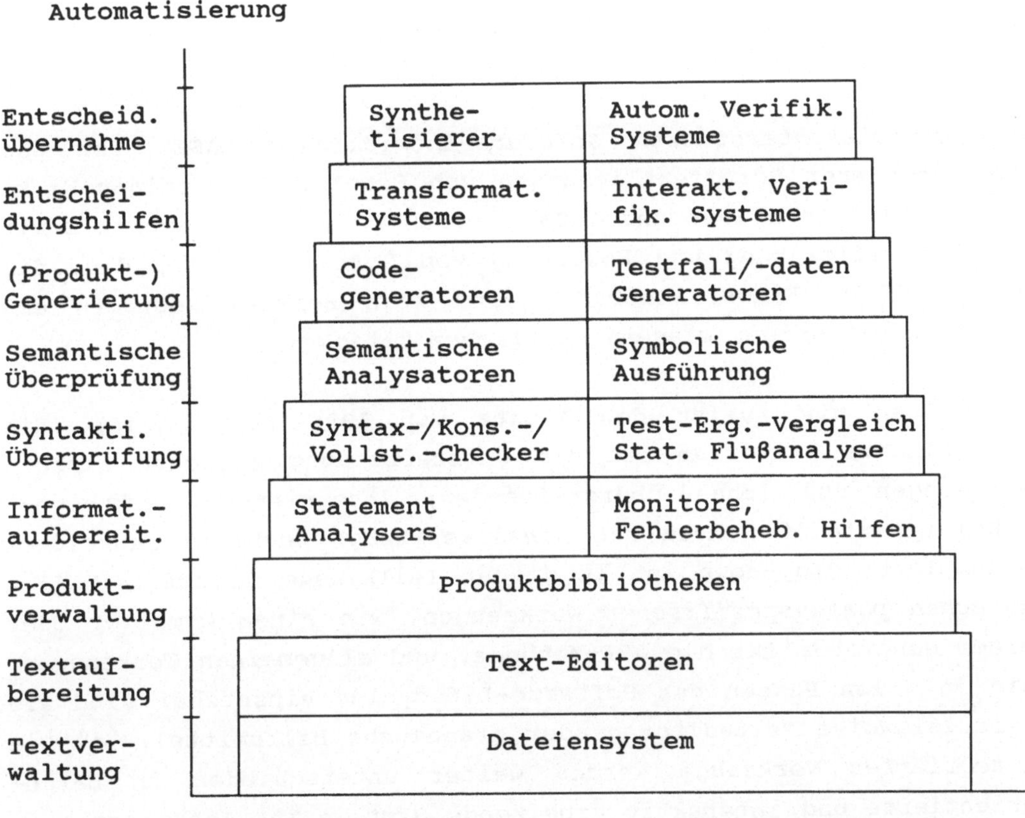

Abb. 4-15 Automatisierungsmöglichkeiten durch Software Tools (vgl. Hesse 1981b, S. 239)

---

40) vgl. Hesse (1981b), S. 236ff

Die Einteilung von Werkzeugen nach der Mächtigkeit ihrer Automatisierung ist unter theoretischen Aspekten sehr interessant. Hesse hat damit eine Klassifikation geschaffen, die auf der Basis der Entwurfs- und Validationsseite - und damit der wichtigsten Funktionen der Software-Entwicklung - die *Einordnung* von Software Tools ermöglicht. Nachteilig ist lediglich, daß dieses theoretische Konzept für eine *Auswahl* konkreter Software Tools - mangels ausreichender Differenzierung der einzelnen Klassen - nicht geeignet ist.

4.4.2 Schulz

Die *computerunterstützte Software-Entwicklung* (CASE) ist das Thema mehrerer Veröffentlichungen von Schulz. Zwei seiner Werke - aus den Jahren 1986 und 1988 - beschäftigen sich explizit mit der Klassifizierung und Bewertung von Software Tools, d.h. die vorgestellten Klassifikationen sind kein Beiwerk, sondern ein Hauptprodukt seiner wissenschaftlichen Tätigkeit.

Betrachten wir zuerst den Ansatz von 1986 (Abb. 4-16). Ein wesentliches Kriterium ist die Unterscheidung zwischen Einzelwerkzeugen und (phasenübergreifenden) integrierten Werkzeugen. Dabei unterteilt Schulz die *Einzelwerkzeuge* nochmals funktionsorientiert: "Top-down ist in dieser Teilklasse zu unterscheiden zwischen *phasenspezifischen* Werkzeugen, wie einem Compiler oder einem Generator für die JSP-Methode, und *allgemeinen* Werkzeugen, die in allen Phasen des Software-Lifecycles einsetzbar sind wie beispielsweise Texteditoren oder graphische Hilfsmittel."[41] Die *integrierten Werkzeuge* werden weiter unterschieden in batchorientierte und interaktiv arbeitende Systeme.[42] Jetzt ist - im Gegensatz zu den Einzelwerkzeugen - nicht die Funktion das Unterscheidungskriterium, sondern die Betriebsart. Nur die Dialogsysteme (bzw. CAS-Systeme, also Entwicklungsumgebungen für *alle* Phasen) werden in einer dritten Stufe noch nach dem Anwendungsgebiet (Systemprogrammierung, Anwendungsprogrammierung oder

---

41) Schulz (1986), S. 193

42) vgl. auch Heinrich, der nur zwischen batch-orientierten (1. Generation) und dialog-orientierten (2. Generation) Werkzeugen unterscheidet. (1986, S. 374)

technisch-wissenschaftliche Datenverarbeitung) gegeneinander abgegrenzt.

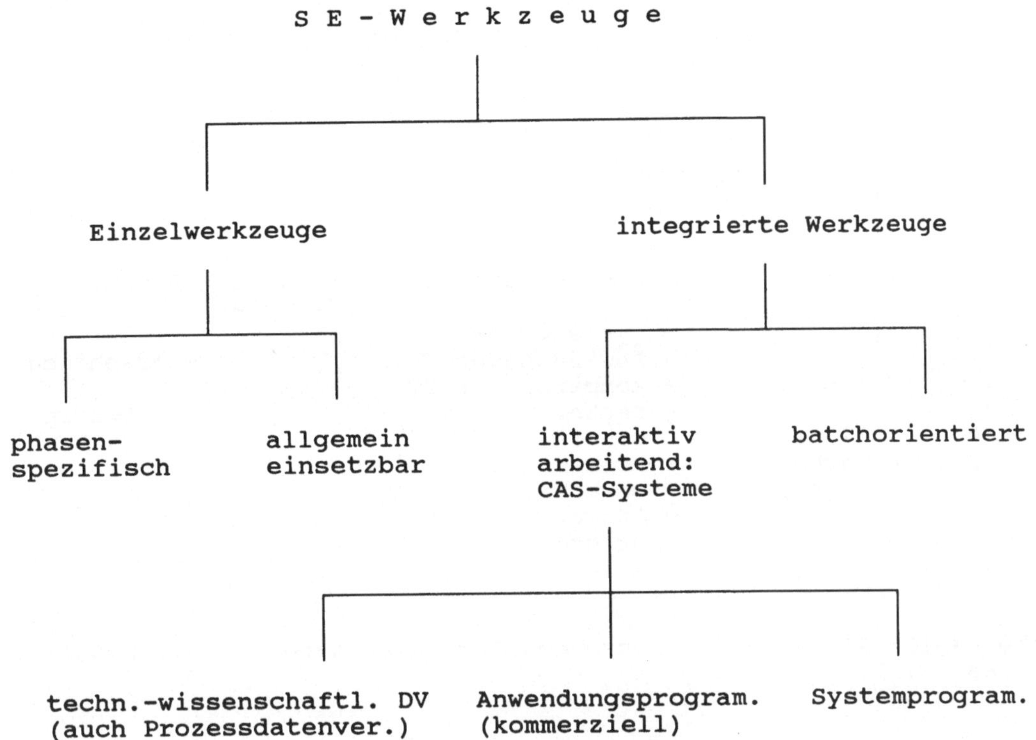

Abb. 4-16 Grobe Klassifizierung von SE-Werkzeugen (vgl. Schulz
1986, S. 194)

Wie der Verfasser selbst zugibt, ist dies eine ausgesprochen
grobe Klassifikation. Von Vorteil ist ihre Übersichtlichkeit und
Vollständigkeit. Als nachteilig ist dagegen sowohl der konzep-
tionelle Bruch auf der zweiten Stufe (Unterscheidungsmerkmal ist
einmal die Funktion, dann die Betriebsart) als auch die mangelnde Tiefe (Differenzierung) zu verzeichnen.

Das Klassifizierungsschema von 1988 ist gegenüber dem Ansatz von
1986 wesentlich modifiziert. Insbesondere die Unterscheidung
Einzelwerkzeug/integriertes Werkzeug ist aufgegeben worden zugunsten der vier Merkmalsklassen *Betriebsart, Anwendungsbereich,*

Phasen im Lifecycle und *Benutzeroberfläche*, die dann weiter verfeinert werden (Abb. 4-17).

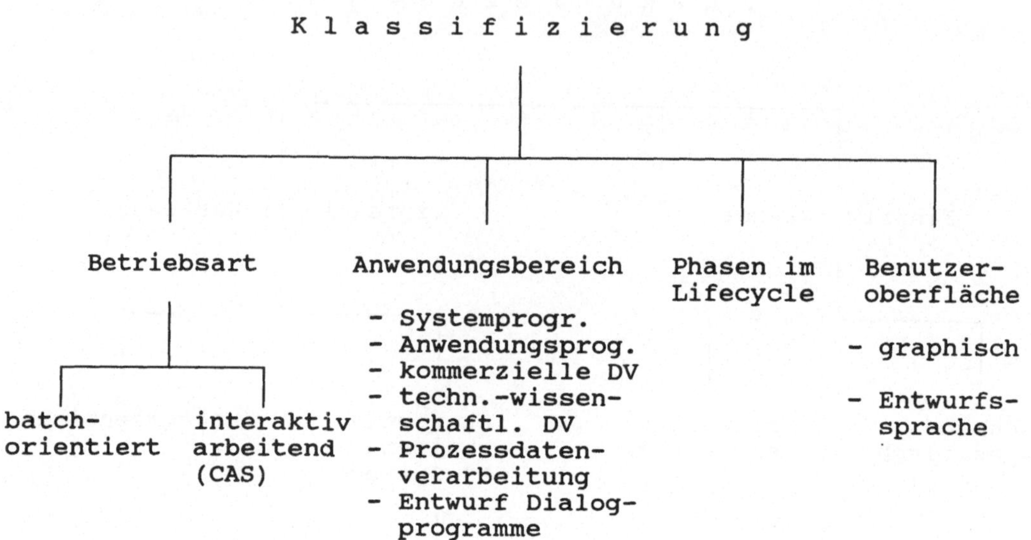

<u>Abb. 4-17</u> Klassifizierungsschema für SE-Werkzeuge (vgl. Schulz 1988a, S. 178)

Neu ist vor allem das Klassifizierungsmerkmal *Benutzeroberfläche*, das das Visualisierungsmittel (Graphik/Sprache) an der Mensch-Maschine-Schnittstelle charakterisiert. Bekannt sind hingegen die anderen Klassen, wobei jetzt bei *Phasen im Lifecycle* zwischen integrierten - d.h. phasenübergreifenden - Werkzeugen und Einzelwerkzeugen - für nur eine Phase oder Tätigkeit - differenziert wird.[43]

Gegenüber dem Ansatz von 1986 ist diese Klassifikation besser aufgebaut und auch etwas feiner gegliedert. Somit ergibt sich eine klarere Zuordnung der Software Tools zu den verschiedenen Merkmalen. Als Hilfestellung für die *Auswahl* eines konkreten Tools ist sie jedoch weniger geeignet, da dieser Aspekt nicht aufgegriffen wurde.

---

43) vgl. Schulz (1988a), S. 178f

4.4.3 Hruschka

In dem 1985 erschienenen Artikel über *Integrierte Systemproduktionsumgebungen* (SPU) untersucht Hruschka die Möglichkeiten der Integration einzelner Werkzeuge.[44] Dabei konstruiert er auch ein Schema, um Entwicklungssysteme auf mehreren Ebenen nach dem Integrationsgrad zu unterscheiden (Abb. 4-18). "Das Benutzerinterface steuert dabei das Zusammenspiel und das Hin- und Herschalten zwischen den einzelnen Tools. Diese benutzen (oder operieren auf) eine Datenbank bzw. Filesysteme ... Diese Datenbanken sind auf einem oder mehreren Betriebssystemen verfügbar, die ihrerseits wieder auf einer oder mehreren verschiedenen Hardwarestrukturen ablauffähig sind."[45] Dieses Schema ist aber nicht nur auf Produktionsumgebungen anwendbar, sondern kann auch - auf der Tool-Ebene - als Klassifikation (Kriterium *Integrierbarkeit*) verwandt werden.

Benutzerinterface
Tools
Datenbank
Betriebssystem
Hardware

Abb. 4-18 Schichten einer Entwicklungsumgebung (Hruschka 1985, S. 63)

Hruschka unterscheidet insgesamt sechs Varianten für die technische Integration (von Tools) in Produktionsumgebungen. Sie werden im folgenden, aufsteigend nach dem Integrationsgrad, vorgestellt.

1) Nichtintegrierte Werkzeuge: "Werkzeuge mit jeweils eigener Schnittstelle, die auf eigenen Datenstrukturen (Files) auf

---

44) vgl. Hruschka (1985), siehe auch Balzert (1987)
45) Hruschka (1985), S. 63

verschiedener Hardware und Betriebssystemen laufen, aber zur Lösung der Aufgaben eines Gesamtsystems dienen."[46] (Abb. 4-19)

Interface
Tool
File
BS + HW

Interface
Tool
File
BS + HW

Abb. 4-19 Nichtintegrierte Werkzeuge (Hruschka 1985, S. 64)

2) Nichtintegrierte Werkzeuge auf gemeinsamer Hardware: "Verschiedene Werkzeuge auf einer Maschine (Betriebssystem) mit verschiedenen Aufgaben, auf verschiedenen Files operierend und mit verschiedenen Schnittstellen."[47] (Abb. 4-20) Auch diese Konstellation hat zur Folge, daß die Informationen zwischen den Werkzeugen manuell - wie bei 1) - ausgetauscht werden müssen.

Interface		Interface
Tool		Tool
File		File
gemeinsame Hardware und Betriebssystem		

Abb. 4-20 Nichtintegrierte Werkzeuge auf gemeinsamer Hardware (Hruschka 1985, S. 64)

3) Nichtintegrierte Werkzeuge mit Transformator: Im Prinzip gelten die unter 2) beschriebenen Bedingungen, zusätzlich können die Datenstrukturen, mit denen die Tools operieren, durch

---

46) Hruschka (1985), S. 64

47) Hruschka (1985), S. 64

spezielle Transformatoren ineinander umgewandelt werden.[48] (Abb. 4-21).

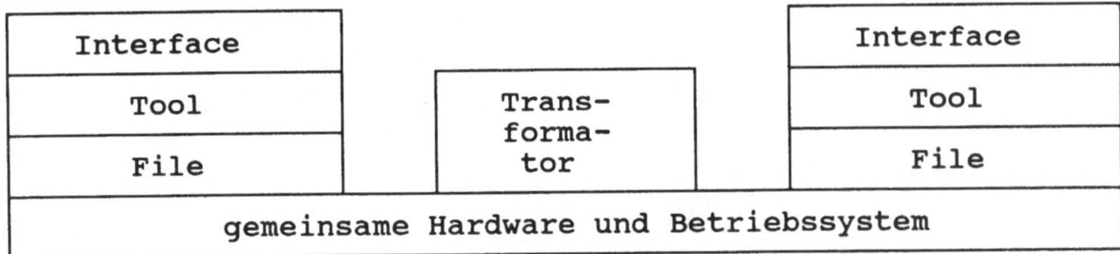

Abb. 4-21 Nichtintegrierte Werkzeuge mit Transformator (Hruschka 1985, S. 65)

4) Integration über das Benutzerinterface: "Der erste Schritt, der zu einer nach außen hin größeren Vereinheitlichung führt, ist die Vorgabe einer einheitlichen Benutzerschnittstelle. Unabhängig von den darunterliegenden Tools, die nach wie vor getrennte Leistungen erbringen und auch auf getrennten Daten operieren, wird dem Benutzer eine gleichartige Menge von Operationen, Bildschirmmenues, Kommandos, Ausgabeformen etc. angeboten."[49] (Abb. 4-22).

Interface				
Tool		Trans- forma- tor		Tool
File				File
gemeinsame Hardware und Betriebssystem				

Abb. 4-22 Integration über das Benutzerinterface (Hruschka 1985, S. 65)

5) Integration über eine gemeinsame Datenbank: "Erst ab dieser Ebene sollte man von integrierten Umgebungen sprechen. Alle Daten werden wirklich nur einmal gehalten, jedes Tool manipu-

---

48) vgl. Hruschka (1985), S. 64

49) Hruschka (1985), S. 64f

liert die gleiche Menge von Daten. Viele der Transformatoren werden dabei entweder überflüssig oder intern automatisch abgehandelt."[50] (Abb. 4-23).

Interface				
Tool		Tool		Tool
Datenbank				
gemeinsame Hardware und Betriebssystem				

Abb. 4-23 Integration über eine Datenbank (Hruschka 1985, S. 65)

6) Toolintegration: "Nicht nur die Datenbereiche sind integriert, sondern auch die Werkzeuge sind soweit miteinander in Verbindung, daß Änderungen, die mit einem Werkzeug gemacht wurden, auch für andere Werkzeuge ab dem Zeitpunkt der Änderung gelten ..."[51] (Abb. 4-24).

Interface
Tools
Datenbank
gemeinsame Hardware und Betriebssystem

Abb. 4-24 Toolintegration (vgl. Hruschka 1985, S. 65)

Wie die Darstellung verdeutlicht, ist der Ansatz Software Tools nach dem *Grad ihrer technischen Integration in Produktionsumgebungen* zu differenzieren, sehr interessant. Dadurch ist es möglich, Tools in das aufgezeigte weite Spektrum - von nichtintegrierten Werkzeugen bis hin zur Toolintegration - einzuordnen.

---

50) Hruschka (1985), S. 65
51) Hruschka (1985), S. 65

Allerdings ist dies insofern keine vollständige Klassifikation, daß hier wirklich nur ein Teilaspekt der Software Tools betrachtet wird, dagegen das Hauptaugenmerk den Entwicklungsumgebungen gilt. Ganz deutlich wird dies daran, daß nicht immer eine klare Abgrenzung möglich ist (beispielsweise liegen keine Kriterien für die Einordnung in die drei Klassen der nichtintegrierten Werkzeuge vor). Somit hat Hruschka zwar einen guten Abriß über Produktionsumgebungen - was ja auch sein Ziel war - geschaffen, die daraus ableitbare Klassifikation für Software Tools ist aber nur teilweise von Nutzen.

4.4.4 Oestreich

Nicht weniger als drei Klassifizierungen von Produkten für die Software-Entwicklung bietet Oestreich an. Basis für seine Ausführungen sind die Ergebnisse einer vom Bundesministerium für Forschung und Technologie geförderten "Tool-Studie" der Firma EDV Studio Ploenzke aus dem Jahr 1984.[52] Das Ziel dieser Studie ist es, "den Markt transparenter zu machen und damit dem DV-Anwender ein Hilfsmittel für die Produktauswahl zu geben. Da sich die Studie an den Praktiker wendet, stehen praktische Hinweise und nicht theoretische Überlegungen im Vordergrund."[53] "Aus der Zielsetzung ergeben sich folgende konkrete Aufgaben:

- Bevor ein bestimmtes Produkt ausgewählt werden kann, muß bekannt sein, innerhalb welcher Umgebung und unter welchen Bedingungen es eingesetzt werden und welche konkreten Aufgaben es übernehmen soll (Produktumfeld).

- Das Marktangebot muß überschaubar (transparent) gemacht werden, um bestimmen zu können, für welche Aufgaben welche Produktgruppen in Frage kommen (Produktklassifizierung).

- Die Leistung der in Frage kommenden Produkte muß auf objektiver Basis dargestellt und vergleichbar gemacht werden. Diese Basis bildet ein Kriterienkatalog (Produktanalyse)."[54]

---

52) vgl. Oestreich (1984), S. 289, EDV Studio Ploenzke (1984)
53) EDV Studio Ploenzke (1984), Band 1, S. 2
54) EDV Studio Ploenzke (1984), Band 1, S. 5

Sowohl die Beschreibung des *Produktumfelds* (Phasenkonzept, Methoden, Projektmanagement) als auch die *Produktanalyse* (Vergleich der Eigenschaften anhand eines Kriterienkatalogs <u>ohne</u> Empfehlungscharakter) sind an dieser Stelle nicht weiter interessant. Wichtiger ist die vorgenommene *Produktklassifizierung*: "Die Klassifizierung kann sich entweder an den Aufgaben orientieren, die die rechnergestützten Werkzeuge in der Entwicklung übernehmen, oder an der Hardware, auf der die Produkte ablauffähig sind oder an den Methoden, die die Tools unterstützen."[55]

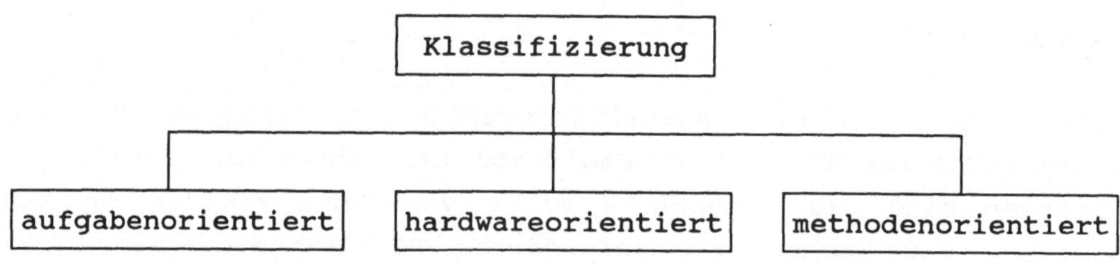

<u>Abb. 4-25</u>   Einteilung nach Oestreich

Bei der *aufgabenorientierten* Klassifizierung wird von der Unterstützung folgender Aufgaben ausgegangen:

- Verwaltung der Systemelemente,
- allgemeine Dokumentation,
- Datenentwurf,
- Entwurf der Benutzerschnittstelle,
- Programmierung und
- Test.

Die dazu erforderlichen Software Tools werden eingeteilt in die *integrierten Tools*, die mehrere – wenigstens teilweise integrierte – Aufgaben wahrnehmen, und *dedizierte Tools* für genau eine Aufgabe.[56]

---

55) EDV Studio Ploenzke (1984), Band 1, S. 6. Sowohl in der Tool-Studie als auch bei Oestreich werden die Namen von konkreten Produkten für die einzelnen Klassen genannt, was für diese Arbeit aber nicht relevant ist.

56) vgl. Oestreich (1984), S. 291ff

"Innerhalb der integrierten Tools kann man noch unterscheiden zwischen Produkten, die Code in einer herkömmlichen Programmiersprache (z.B. COBOL, PL/1) erzeugen (sog. Programmgeneratoren) und Produkten, die mit einer eigenen Programmiersprache arbeiten. Zur Unterscheidung sollen die nach dem Generatorprinzip arbeitenden Produkte als "integrierte konventionelle Tools" bezeichnet werden. Für die andere Gruppe hat sich inzwischen die Bezeichnung "Programmiersprachen der 4. Generation" eingebürgert. Auf der anderen Seite gibt es aber Produkte, deren Ziel es ist, genau eine Aufgabe zu übernehmen ... Diese Klasse bezeichnen wir - im Gegensatz zu den "Integrierten Tools" - als "Dedizierte Tools". Innerhalb der Klasse der dedizierten Tools könnte man neben den Data Dictionaries und Datenentwurftools weitere Gruppen bilden für Dokumentation, Entwurf der Benutzerschnittstelle (List- und Maskengeneratoren), Programmierung und Test."[57]

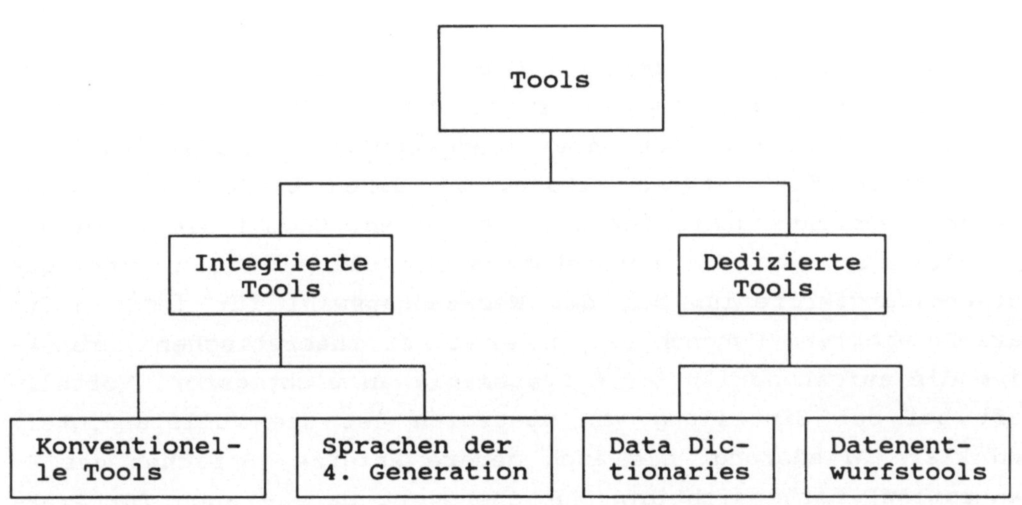

<u>Abb. 4-26</u> Aufgabenorientierte Gliederung (vgl. Oestreich 1984, S. 295)

---

57) Oestreich (1984), S. 293f

Die *hardwareorientierte* Klassifizierung orientiert sich an der Hardware, auf der die Tools ablauffähig sind. Dabei lassen sich drei Gruppen unterscheiden:

• Tools, die nur auf Mainframe-Computern (Großrechnern) verfügbar sind,

• Tools, die nur auf Mini/Mikro-Computern einzusetzen sind, und

• Tools, die auf Mainframe- *und* auf Mini/Mikro-Computern verfügbar sind.[58]

Der dritte Ansatz behandelt den Aspekt der gezielten Unterstützung spezieller Entwurfsmethoden. Die *methodenorientierte* Klassifizierung führt zu der Bildung von drei Klassen:

"– Tools, die den Einsatz einer Entwurfsmethode voraussetzen
 – Tools, die den Einsatz einer Entwurfsmethode unterstützen,
   aber anpaßbar sind auf andere Methoden
 – Tools, die keine Entwurfsmethode unterstützen."[59]

Wie diese Ausführungen zeigen, wurde von Oestreich (bzw. von den Verfassern der Tool-Studie) gründliche Arbeit geleistet. Sehr praxisnah sind von den drei dargestellten Klassifikationen insbesondere die letzten beiden, in denen bisher noch nicht erwähnte Gesichtspunkte zur Sprache kommen. Sowohl die benötigte Hardware als auch die unterstützte Methode sind ein wichtiges Entscheidungskriterium bei der Werkzeugauswahl für jeden Software-Entwickler. Dennoch ist unter einer theoretischen Perspektive die aufgabenorientierte Systematik am wichtigsten. Vorteilhaft bei der Einteilung von Oestreich ist die Vollständigkeit und klare Gliederung, die auch neuere Ansätze (Sprachen der 4. Generation) berücksichtigt. Wünschenswert wäre – auch für Praktiker – ein noch stärkerer Detaillierungsgrad[60], gerade bei den dedizierten Tools.

---

58) vgl. Oestreich (1984), S. 296

59) Oestreich (1984), S. 297

60) Eine feinere theoretische (und praktische) Unterscheidung
    führt noch lange nicht zu einem Zielkonflikt mit der angestrebten Markttransparenz.

4.4.5 Stahlknecht/Warner

Bei dem Ansatz von Stahlknecht und Warner handelt es sich nicht um eine Klassifikation im eigentlichen Sinne, sondern um einen praxisorientierten Kriterienkatalog für die systematische Auswahl von Tools. Erstellt wurde dieser Katalog 1986 für eine empirische Untersuchung über den *Stand der Entwicklung und des Einsatzes von Softwareentwicklungswerkzeugen.*[61] Das bedeutet, daß die Verfasser die aufgestellten Kriterien nur als Mittel zum Zweck (der empirischen Untersuchung), nicht aber als eigenständige (theoretische) Klassifikation ansehen. Trotz der anders gearteten Intention ist der aufgestellte Katalog dennoch nützlich, weil er zum einen praxisbezogen (für die Auswahl) ist, und zum anderen die darin enthaltenen Kriterien (z.B. Hardware, Preis, unterstützte Phase/Funktion) natürlich auch die Bildung von Klassen gestatten.

Der von den Autoren vorgeschlagene Katalog enthält 17 Fragen zu drei übergeordneten Kriterien. "Sie lassen sich wie folgt formulieren:

a) Allgemeine Kriterien

1) Wann ist das Werkzeug zum ersten Mal installiert worden?
2) Wie oft ist das Werkzeug bisher installiert worden?
3) Was kostet das Werkzeug?
4) Auf welcher Hardware und mit welchen Betriebssystemen ist das Werkzeug einsetzbar?
5) Besteht das Werkzeug aus mehreren Bestandteilen, die unabhängig voneinander erworben und eingesetzt werden können?
6) In welcher Programmiersprache ist das Werkzeug geschrieben?

b) Softwareentwicklungsbezogene Kriterien

7) Für welche Anwendungsgebiete ist das Werkzeug einsetzbar?
8) Welche Phasen des Softwareentwicklungsprozesses werden von dem Werkzeug unterstützt?
9) Welche Komponenten enthält das Werkzeug und welche Funk-

---

61) vgl. Stahlknecht/Warner (1986)

tionen unterstützt es?

10) Welche Methoden werden von dem Werkzeug direkt unterstützt?

11) Welche Programmiersprachen werden von dem Werkzeug direkt
    unterstützt?

12) Welche Elemente kann das Werkzeug beschreiben?

13) Welche sprachlichen Beschreibungsmittel können mit dem Werk-
    zeug verwendet werden?

14) Welche graphischen Beschreibungsmittel können mit dem Werk-
    zeug verwendet werden?

15) Welche Benutzerunterstützung bietet das Werkzeug?

c) Managementbezogene Kriterien

16) Welche Funktionen des Projekt-Managements unterstützt das
    Werkzeug?

17) Welche Funktionen des Configuration Management unterstützt
    das Werkzeug?" (Stahlknecht/Warner 1986, S. 7f)

In diesen 17 Fragen sind natürlich auch bekannte Elemente - z.B.
die unterstützte *Phase*, *Funktion*, *Methode* - vorhanden. Neue
interessante Aspekte enthalten indes die Punkte 3), 4), 5) und
11). So sind zwar der Preis und die für ein Werkzeug benötigten
Hard-/Software-Ressourcen für eine theoretische Klassifizierung
nicht sehr ergiebig, für den Praktiker handelt es sich aber mit
um die wichtigsten Entscheidungsmerkmale. Für beide Seiten - die
theoretische und die praktische - informativ ist die Eigenschaft, ob ein Software Tool aus mehreren Bestandteilen besteht,
die auch unabhängig voneinander eingesetzt werden können. Nicht
ganz so wichtig ist die Bedeutung der von dem Werkzeug unter-
stützten Programmiersprache, da im größten Marktsegment - dem
kommerziellen Bereich - , eindeutig (noch) die Programmiersprache COBOL dominiert, die dementsprechend von den meisten Tools
unterstützt wird.

Abschließend ist festzuhalten, daß es sich bei dem Kriterienkatalog von Stahlknecht/Warner nicht um eine Klassifikation im
engeren Sinne handelt. Dazu fehlt einfach die Abgrenzung/Bildung
verschiedener Kategorien (was ja auch nicht der Anspruch der
Verfasser war) durch die Formulierung ordnender Merkmale. Den-

noch ist ihre Aufstellung hilfreich, da darin bisher noch nicht
aufgezeigte Aspekte (Zerlegbarkeit und unabhängige Nutzung), die
für die Einteilung von Software Tools von Bedeutung sind, erwähnt werden.

5. Integration von funktionalen und phasenorientierten Aspekten - ein neuer Klassifikationsansatz

Bisher haben wir im dritten Kapitel den Anspruch des Software Engineering und verschiedene Vorgehensweisen bei der Software-Erstellung - insbesondere den Software Life Cycle - kennengelernt. Dabei wurde untersucht, welche Automatisierungspotentiale die einzelnen Aktivitäten bieten, d.h. es ging um die Frage: _Was_ kann man durch Software Tools automatisieren? Die nächste, unmittelbar damit zusammenhängende Frage lautet: _Wie_ können die festgestellten Automatisierungsmöglichkeiten durch Software-Entwicklungswerkzeuge ausgefüllt werden? Eine einzelfallbezogene Lösung dieses Problems ist langfristig gesehen wenig hilfreich. Sinnvoller ist hingegen die Bereitstellung eines theoretischen Rahmens (Klassifikation), der die Zuordnung von Tools zu den Aufgaben/Problemen des Software Engineering unterstützt.

Eine kritische Analyse der Einordnungs- und Auswahlkonzepte für Software Tools im vierten Kapitel offenbarte einige Schwächen existierender Ansätze. So sind mehrere der dort vorgestellten Konzepte zwar sehr praxisorientiert, was meist durch die Intention der Autoren dokumentiert wird. Dies hat aber zur Folge, daß die oftmals als Nebenprodukt der primär verfolgten Aufgabe (Marktuntersuchung usw.) entstandenen Klassifikationen ein theoretisches Defizit aufweisen. Dies konkretisiert sich beispielsweise in einer fehlenden/unklaren Systematik (Gliederungsmerkmale), in einer mangelnden Eindeutigkeit bei der Zuordnung oder einfach durch Unvollständigkeit. Aber auch die eher theorieorientierten Ansätze können diese Lücke nicht hinreichend ausfüllen, da dort ähnliche Probleme zu finden sind. Zusätzlich kommt bei den meisten der präsentierten Konzepte hinzu, daß neuere Ansätze - und hiermit sind vor allem die 4GLs gemeint - nicht (genug) Berücksichtigung erfahren. Allen gemeinsam ist schließlich, daß offene Automatisierungspotentiale kaum diskutiert werden.

Die aufgezeigten Mängel bisheriger Konzepte rechtfertigen die Konstruktion eines neuen Ansatzes, der die theoretischen und praktischen Belange für die Einordnung und Auswahl von Software Tools unter gleichzeitiger Berücksichtigung von 4GLs subsumiert. Neben der Erfüllung der beiden Grundbedingungen *Vollständigkeit* und *Eindeutigkeit* ist in dem neuen Schema besondere Aufmerksamkeit der Integration von funktionalen und phasenspezifischen Aspekten gewidmet worden. Das bedeutet, daß die Klassifikation nach dem jeweils sinnvollsten/wichtigsten Merkmal - *Einsatzbereich* im Software Life Cycle (z.B. Test) bzw. *Funktion* (z.B. übersetzen) des Tools - vorgenommen wird. Ein eigener Abschnitt ist der Diskussion der schon mehrmals erwähnten 4GL-Problematik gewidmet. In ihm werden detailliert die *Tool*-Charakteristika und damit auch die Einsatzmöglichkeiten analysiert. Auf der Basis dieses Ansatzes wird dann im sechsten Kapitel auf bestehende, aber noch nicht durch Software Tools ausgefüllte Automatisierungspotentiale eingegangen.

In diesem Kapitel wird erörtert, *wie* bestimmte Aufgaben durch Software-Entwicklungswerkzeuge unterstützt werden können. Dazu werden die wichtigsten - im Sinne von am häufigsten verwandten - Software Tools anhand ihrer Funktionen und Einsatzbereiche in idealtypischer Weise vorgestellt. Aber auch Automatisierungen der Software-Entwicklung durch weniger gebräuchliche Tools, deren teilweise ungewöhnliche Funktionen mancher erfahrene Software-Ingenieur noch gar nicht kennt, werden aufgezeigt. Dieser Überblick erhebt aber keineswegs, wegen der auf diesem Gebiet herrschenden Dynamik, den Anspruch auf absolute Vollständigkeit. Dennoch kann davon ausgegangen werden, daß die meisten Werkzeuge erfaßt sind. Ihre Eigenschaften werden ausführlich beschrieben, so daß der Funktionsumfang und die Einsatzbereiche deutlich werden. Wo nötig, z.B. wenn ein Tool ungewöhnliche oder sehr interessante Möglichkeiten offeriert, wird darauf eingegangen.

Um die Vielfalt der Software Tools, die ja teilweise mehrere Funktionen anbieten, etwas zu strukturieren, wird eine Unterscheidung nach Tools im engeren Sinne, im weiteren Sinne und in Fourth Generation Languages getroffen. Die Software Tools *im engeren Sinne* werden eingeteilt in *Editoren* (für die Programmerstellung), in *Übersetzungs-* bzw. *Transformationswerkzeuge* (Compiler etc.), in Programme für die *Generierung* von Software und in *Testwerkzeuge* (Qualitätssicherung, Fehlerbeseitigung), wobei sich gelegentlich Überschneidungen, z.B. bei nicht eindeutig zuordenbaren Funktionen, ergeben können.

Software Tools, die eher *mittelbar* der Programmentwicklung dienen, sind zum Beispiel *Data Dictionaries*. Weiterhin gehören *Programmverwaltungs-* und *Dokumentationssysteme*, Werkzeuge für die *Simulation/Emulation* und *Software-Monitore* dazu. Wie man sieht, handelt es sind fast durchweg um Tools, die nur einen indirekten Einfluß auf die SW-Erstellung haben. Zwar sind die meisten ihrer Funktionen bekannt, dennoch sind sie nicht sehr verbreitet (außer die zuerst genannten). Auch läßt sich natürlich nicht vermeiden, daß gewisse (funktionale) Überschneidungen mit schon vorher erwähnten Software Tools (z.B. für die statische Programmanalyse) auftreten.

Entsprechendes gilt auch für *Programmiersprachen der 4. Generation* (Fourth Generation Languages - 4GL), für die bis heute noch keine eindeutige Definition existiert; eng damit verbunden ist die Problematik, ob es sich bei den 4GLs nur um - hier eigentlich nicht zur Diskussion stehende - Programmiersprachen handelt, oder ob es tatsächlich Software Tools - und wenn ja, für welche Aktivitäten - sind.

5.1 Tools im engeren Sinne

5.1.1 Editoren

Editoren zur Programmerstellung im Dialog zählen heutzutage zu den meistbenutzten und wichtigsten Software Tools.[1] Man kann mit ihnen in erster Linie (Programm-)Texte, aber auch - je nach Funktionsumfang - andere Arten von Dokumenten (Grafiken, Tabellen) erstellen/verändern und im Computer in Dateien speichern (daher auch der Name *Dateiaufbereiter*).

Generell lassen sich drei Klassen von Editoren unterscheiden. Die Entwicklung begann mit einfachen, *zeilenorientierten* Editoren (z.B. EDLIN im Betriebssystem MS-DOS), die nur eine zeilenweise Veränderung eines Textes erlauben; für ein professionelles Arbeiten sind sie ungeeignet. Komfortablere Funktionen stellen *Bildschirmeditoren* zur Verfügung, die mehrere Zeilen auf einer Bildschirmseite anzeigen. Sie erlauben beispielsweise das Durchblättern und Positionieren in einem Programmtext, Änderungsfunktionen (Einfügen, Löschen, Ersetzen usw.) von einzelnen Zeichenketten oder das Kopieren (Verschieben/Verdoppeln) ganzer Anweisungsblöcke. Zusätzliche Optionen bieten *fensterorientierte* Editoren, in denen mehrere Dokumente gleichzeitig (in den verschiedenen Fenstern) bearbeitet werden können. "Für alle Editoren sind UNDO und REDO Kommandos wünschenswert. Ein UNDO Kommando macht den letzten Editierschritt, (ein UNDO n Kommando die letzten n Editierschritte) rückgängig. Ein REDO Kommando gestattet, es eines der letzten Editierkommandos in eventuell modifizierter Form zu wiederholen."[2]

---

1) "When the history of the development of data processing is written some decades from now, the key tool that will be pointed to as improving the lot of the individual developer will be the editor and text processor. This tool has opened the way to record information about programs quickly and to manipulate the programs directly." (Goldberg 1986, S. 350)

2) Sommer (1984), S. 81. Das letzte Komma ist im Original so verkehrt gesetzt und *kein* Übertragungsfehler.

Der bisher dargestellte Funktionsumfang charakterisiert Editoren eher als spartanisch ausgestattete Textverarbeitungsprogramme, denen beispielsweise Formatierungs- und Umbruchfunktionen fehlen, denn als separate Software Tools. Tatsächlich aber bieten leistungsfähige Editoren spezielle Erweiterungen für die Programmentwicklung. Dazu gehören auf der einen Seite die Integration von zugeordneten Aktivitäten (z.B. Übersetzen und Testen vom Editor aus, ohne ihn zu verlassen), wodurch ein Multi-Funktions-Werkzeug entsteht oder aber die Eigenschaft, den Editor selbst zu programmieren. Auf der anderen Seite findet eine Entwicklung hin zu *sprachorientierten* Editoren statt. Hier kann man zwei Ansätze unterscheiden, nämlich *syntaxunterstützende* und *syntaxgesteuerte* Editoren.[3]

Ein *syntaxunterstützender* Editor kennt zwar die zugrunde gelegte Programmiersprache, führt aber keine Syntaxprüfungen aus. Folgende Funktionen sind zu den herkömmlichen Editorfunktionen möglich:

"• Einfügen syntaktischer Einheiten mit Hilfe von Templates (Schablonen)

• Suchen entsprechend den Konventionen für Bezeichner

• Formatieren von Programmen (Prettyprinting)

• Verwendung verschiedener Schriftarten zur Visualisierung lexikalischer Elemente."[4]

Templates, die ins Programm eingefügt werden, können beispielsweise so aussehen:

```
FUNCTION name;
BEGIN
END {name};
```

oder

```
WHILE ( ) DO
BEGIN
END;
```

Zusätzlich erhöht sich die Lesbarkeit, wenn Schlüsselwörter durch Fettdruck hervorgehoben werden, verschiedene Schriftarten

---

3) vgl. Sommerville (1988), S. 136

4) Sommer (1984), S. 70

Verwendung finden und der Text - durch Einrücken von Zeilen entsprechend den Struktogramm-Darstellungen etc. - formatiert wird. Beispiel:

```
function fakul (j:integer) : integer;
(* Funktion zur rekursiven Berechnung der Fakultät *)
begin
if j = 0 then
    fakul := 1
else
    fakul := j * fakul(j-1)
end;
```

Somit bieten diese Editoren eine Verbesserung gegenüber konventionellen Werkzeugen; allerdings haben sie noch nicht die ihnen gebührende Verbreitung - zumindest im Großrechnerbereich - gefunden.[5]

Einen Schritt weiter als die syntaxunterstützenden Editoren gehen die *syntaxgesteuerten*. "Syntaxgesteuerte Editoren verwenden die Syntax der von einem Compiler übersetzten Sprache schon beim Editieren. Die Erzeugung der Programmstruktur erfolgt mit Hilfe von Kommandos. Die Eingabe von Ausdrücken kann als Texteingabe mit nachfolgender Syntaxprüfung erfolgen. Dabei kann die Syntaxprüfung nach jedem eingegebenen Zeichen erfolgen, nach jedem eingegebenen lexikalischen Element - oder erst beim Verlassen eines bestimmten Konstruktes."[6] Daraus ergeben sich für den Softwareentwickler folgende Vorteile:

"• der Schreibaufwand beim Erstellen oder Ändern eines Programms wird erheblich reduziert. Das *Gerippe* muß nicht mehr eingetippt werden;

• einfache Syntaxfehler, wie falsch geschriebene reservierte Wörter oder vergessene Semikolons, werden von vornherein vermieden;

• das Layout aller Programme folgt festen, durch den Editor vorgegebenen, Formatierungsregeln. Das erhöht die Lesbarkeit der so erstellten Programme."[7]

---

5) vgl. Sommer (1984), S. 71f

6) Sommer (1987), S. 317

7) Sommer (1987), S. 319

Neben diesen Vorteilen sind sogar noch zusätzliche Eigenschaften bei diesem Editortyp realisierbar - allerdings unter Umständen auf Kosten der Reaktionszeit, was zu einem deutlich langsameren Editiervorgang führt. Eine weitergehende Prüfung ist beispielsweise die semantische Analyse, mit der überprüft wird, ob Variablen und Datentypen mit den Deklarationen des Programmes übereinstimmen. Dies ist nicht nur für interne Prozeduraufrufe mit Parameterübergabe von Bedeutung, sondern ganz besonders bei der Einbindung von Unterprogrammen/Moduln externer Art. Neben diesen für den Benutzer spürbaren Vorteilen ergeben sich auch softwaretechnische Verbesserungen für den weiteren Tool-Einsatz. "Wenn der Anwender eine Editiersitzung beendet, wird der Zustand des in Entwicklung befindlichen Programms ... in eine Datei geschrieben. Wenn das Programm komplett ist, enthält diese Datei unter anderem den Syntaxbaum des Programms. Der Compiler kann dann direkt auf dieser Schnittstelle aufsetzen und die zur lexikalischen und syntaktischen Analyse nötige Zeit einsparen."[8]

Bevor wir im nächsten Abschnitt zu den eben angesprochenen Compilern kommen, noch ein letzter Blick auf einige spezielle Editoren. Dazu gehören einmal Werkzeuge für die Bearbeitung von Struktogrammen (Nassi/Shneiderman-Diagrammen) und Bildschirm-Masken, zum anderen Hilfsmittel für die Entscheidungstabellen-Technik, die sich durch die tabellenartige Anordnung von Bedingungs- und Aktionsfolgen relativ leicht formalisieren läßt. "Die Automatisierungsmöglichkeiten sind vergleichsweise gut. Sie reichen von Editierhilfen über Redundanz-, Vollständigkeits- und Konsistenzprüfungen bis zur Code-Generierung aus Entscheidungstabellen."[9]

5.1.2 Transformatoren

In diesem Kapitel wenden wir uns den Software Tools zu, die man unter dem Begriff *Transformatoren* subsumieren kann. Damit sind all jene Werkzeuge gemeint, die dazu dienen, eine formale Dar-

---

8) Sommer (1987), S. 320
9) Hesse (1981a), S. 124

stellung (üblicherweise den Quellcode in einer höheren Programmiersprache) in eine andere eindeutige Beschreibung (meist den Maschinencode bzw. das Objektprogramm) umzuwandeln. Etwas problematisch gestaltet sich in manchen Fällen die Abgrenzung zu den im nächsten Abschnitt angesprochenen Generatoren, da diese ja auch Darstellungen umformen oder Code erzeugen.[10] Diese Überschneidungen lassen sich nicht ganz vermeiden, aber als hilfreiches Kriterium kann man folgendes zugrunde legen: *Transformatoren* haben in der Regel als Input *und* als Output Programme in einer Programmiersprache der 1. bis 3. Generation, *Generatoren* können auch *unterschiedliche* Ein- und Ausgaben (z.B. Struktogramme) haben.

5.1.2.1 Makroprozessoren

In gewisser Weise bilden Makroprozessoren einen fließenden Übergang zwischen Editoren und Übersetzern. Ein Makroprozessor liest ein Quellprogramm, ersetzt spezielle Zeichenketten durch andere und schreibt dies in eine neue Datei. Ausgeklügeltere Makroprozessoren gestatten sogar die Parametrisierung der Quellzeichenkette, wodurch sich der Nutzen des Werkzeugs wesentlich erhöht. Sinnvoll ist der Einsatz eines Makroprozessors beispielsweise:

• zur Umgehung von Sprachmängeln (fehlende symbolische Konstanten oder Kontrollstrukturen, z.B. While-Schleife für strukturiertes Programmieren),
• zur Verbesserung der Programmlesbarkeit und der Programmierbarkeit,
• bei der Programmkonvertierung (Quellprogrammübernahme).[11]

Als Spezialfall der Makroprozessoren kann man Post- und Preprozessoren ansehen.[12] Sie einzuordnen ist schwierig, da sie von ihren Funktionen her gesehen sowohl hier als auch - im Falle der Preprozessoren bzw. Precompiler/Vorübersetzer - den Übersetzern angesiedelt werden können. Letztendlich entscheidet der realisierte Funktionsumfang des Prozessors; eine allgemeine Beschrei-

---

10) vgl. Gewald u.a. (1982), S. 130f, siehe auch 5.3
11) vgl. Ghezzi/Jazayeri (1989), S. 351f
12) vgl. Gewald u.a. (1982), S. 226ff

bung dieser Software Tools liefern die beiden Definitionen von
Reifer/Trattner (1977, S. 57):
"Postprocessor. A computer program used to add capabilities to a
system through the use of a language processor. The result of a
postprocessor is the addition of output not normally supported
by the original computer program. ...
Preprocessor. A computer program used to add capabilities to a
system, as implemented by a language processor, that provides
special-purpose features not normally included as part of its
input."

5.1.2.2 Restrukturierer

Ähnlich wie die Makroprozessoren sind auch die Restrukturierer
schwer einzuordnen - ihr Funktionsumfang erfordert aber eine Berücksichtigung bei den Transformatoren. Diese *Restrukturierungs-
Werkzeuge* (Software Restructuring Tools) zur Sanierung/Wie-
derverwendung von altem, nicht (mehr) strukturiertem Code werden
mit Sicherheit in Zukunft einen starken Aufschwung erleben, da
immer mehr Programme in ihre Wartungsphase eintreten. "Programs
are restructured for the following reasons: (1) to ease debugging by improving program readability, and (2) to reduce run-
time overhead and to improve the utilization of specific
hardware facilities."[13] Hier besteht ein starkes Defizit an
Software Tools, worauf auch Schulz hinweist: "CAS-Werkzeuge sind
primär für die Neuentwicklung von Software ausgelegt. Nur wenige
unterstützen den Wartungsprozeß, indem sie beispielsweise alte
Software neu strukturieren."[14]

Im wesentlichen geht es darum, unübersichtlichen und damit
schlecht lesbaren Code (z.B. durch den unüberlegten Einsatz von
GO TOs), in einen den Regeln der *Strukturierten Programmierung*
folgenden Algorithmus - mit den drei Konstrukten Sequenz,
Selektion und Iteration - umzuformen. Für die automatische
Erkennung und Umformung wurden *Restrukturierungs-Techniken* ent-

---

13) Ramamoorthy/Ho (1977), S. 143. Einen guten Überblick über
    Software Restructuring bietet Arnold (1986).
14) Schulz (1988b), S. 525

wickelt, die in existierenden Programm-Restrukturierern - hauptsächlich für COBOL - ihren Niederschlag finden. "Es gibt die folgenden 5 generellen Umformungs-Möglichkeiten für unstrukturierte, mit GO TO-Befehlen realisierte Programme:

- Funktions-Duplizierung
- Funktions-Auslagerung
- Status-Variablen-Ansatz
- Technik der Boole'schen Schalter
- Prädikat-Verdoppelung"[15]

Die auf diesen Techniken basierenden (COBOL-)Werkzeuge verfügen z.B. über folgende Funktionen:

- Reorganisation der Programm-Logik,
- Isolierung der Eingabe/Ausgabe,
- Hervorheben der Kontroll-Logik,
- Kommentierung,
- Berichterstellung,
- Entfernen von GO TOs zwischen Paragraphen,
- Identifizierung von nie erreichbarem Code,
- Verhindern von PERFORM-Überlappungen.[16]

Allerdings gibt es - trotz der offensichtlichen Vorteile - auch Grenzen beim Einsatz dieser Software Tools. Zum einen werden die (re-)strukturierten Programme meist umfangreicher, zum anderen führen die Verfahren nicht in jedem Fall zu einer besseren Lesbarkeit/Verständlichkeit der behandelten Software. Schließlich wird aus einem *schlecht entworfenen, unstrukturierten* Programm durch den Einsatz eines automatischen Restrukturierers *kein gutes* - sondern nur ein *strukturiertes* - Programm.[17]

---

15) Eisner (1988), S. 82. Auf den folgende Seiten erläutert er die Vorgehensweise und die Vor- und Nachteile der einzelnen Ansätze.

16) vgl. Eisner (1988), S. 88ff

17) "If we take a poorly designed, unstructured program and convert it according to the strategies listed above, we will end up with a poorly designed, GO-TO-less, structured program that will probably be just as difficult to understand and debug as the original one." Yourdon (1975), S. 153f

5.1.2.3 Compiler

Der Compiler wird benutzt, um den Quellcode eines Programms in Assembler(-Zwischen)-Code oder - heutzutage die Regel - direkt in den Maschinencode zu übersetzen. "Gute Compiler müssen schnell laufen, effizienten Maschinencode erzeugen und dem Programmierer soviel Informationen wie möglich über Fehler, Fehlerursachen und die Programmstruktur liefern."[18] Sommerville geht noch einen Schritt weiter und fordert zwei kompatible Compiler für eine Programmierumgebung - einen einfachen zur Entwicklung und einen optimierenden für fertige Programme: "Entwicklungscompiler sollten so schnell wie möglich übersetzen und dem Programmierer ein Maximum an Diagnose-Informationen liefern. Auf der anderen Seite sollten optimierende Compiler derart gestaltet sein, daß sie ohne Rücksicht auf Übersetzungszeit und Diagnose-Meldungen effizienten Maschinen-Code generieren. Programme werden dann mit Hilfe des Entwicklungssystems geschrieben, und nach Fertigstellung wird die endgültige Version mittels des optimierenden Compilers erstellt."[19]

Zusätzlich zu den aufgeführten Eigenschaften werden von Compilern folgende Funktionen gewünscht:

• ein durchnumeriertes Compiler-Listing,

• Anweisungen zur Formatierung der Compiler-Liste (Seitenumbruch, Fettdruck von Schlüsselwörtern usw.),

• Erstellen einer Cross-Reference-Liste (Verwendung der Variablen- und Prozedurnamen),

• Angabe der Schachtelungstiefe für jede Anweisung,

• geringe Anzahl von Folgefehlermeldungen, und - damit eng verbunden - eine möglichst vollständige Analyse auch im Fehlerfall,

• außer der Syntaxprüfung auch - wo möglich - semantische Prüfungen,

• separate Übersetzung von Programmeinheiten (Unterprogramme, Moduln),

---

18) Pomberger (1984), S. 162
19) Sommerville (1988), S. 137

• Bereitstellung von Optionen, z.B. für die Bereichsüberprüfung der Indices von Vektoren (Range checking) oder die Generierung von Debug-Informationen.[20]

Nach dieser Darstellung der Eigenschaften eines gewöhnlichen Compilers werden im folgenden einige Spezialfälle untersucht. An erster Stelle sind die oben schon erwähnten *optimierenden Compiler* (Optimizing Compilers) zu nennen. Sie werden eingesetzt, um ein fertig entwickeltes und getestetes Programm hinsichtlich des Ressourcenverbrauchs zu verbessern. Durch sie soll der Maschinencode optimiert werden, um die Programmgeschwindigkeit zu erhöhen und/oder die Programmgröße zu verringern - z.B. aus Gründen des Antwortzeitverhaltens oder wegen Hauptspeicherbeschränkungen.[21]

Eine weitere - relativ neue und noch nicht sehr verbreitete - Compilerart sind die *inkrementellen Compiler*. "Inkrementelle Compiler erzeugen zu einem eingegebenen Programm ständig den zugehörigen Objektcode - soweit dies bereits möglich ist und erlauben auch die inkrementelle Ausführung des bearbeiteten Programms soweit wie bereits Code erzeugt wurde. Inkrementelle Compiler sind nahe Verwandte syntaxgesteuerter Editoren. Die Zusammenfassung beider zu einer Programmeinheit ist daher naheliegend. Fügt man noch einen Debugger hinzu, erhält man ein *inkrementelles Entwicklungssystem*." (Sommer 1984, S. 78)

Crosscompiler kann man sowohl zu den Compilern als auch zu den Konvertierungswerkzeugen (s. 5.1.2.1) rechnen. Sie sind Compiler, die auf einer anderen Anlage laufen als der Code, den sie erzeugen. Ihr Einsatz ist dann sinnvoll, wenn man eine Programmierumgebung wählt (z.B. auf einem Mikrocomputer), die für die

---

20) vgl. Pomberger (1984), S. 162, Sommerville (1988), S. 137f

21) vgl. Conn u.a. (1986), S. 310. Er zählt an dieser Stelle auch einige Optimierungsverfahren - mit Beispielen - auf: "Six common optimizations are: constant propagation, common subexpression elimination, strength reduction, code motion, dead code elimination, and the elimination of induction variables."

Software-Entwicklung besser geeignet ist als die des Zielrech-
nersystems.[22]

Schließlich gibt es noch *Decompiler* oder *Discompiler*, die als
Input ein Maschinenprogramm entgegennehmen und es in eine
höhere, problemorientierte Programmiersprache zurückübersetzen.
Natürlich kann man bei dieser Decompilierung nicht mehr das
ursprüngliche Programm erzeugen, da beispielsweise die - meist
an der inhaltlichen Bedeutung orientierten - Variablennamen
eines COBOL-Programms im Objektcode ihre Auflösung in beliebigen
maschineninternen Hauptspeicheradressen erfahren. Dennoch ist
dieses Software Tool sehr hilfreich, wenn man etwa keinen Quellcode (mehr) hat.

Auch Werkzeuge, die eher zum Betriebssystem zu rechnen sind,
aber dennoch in diesen Kontext (Compiler/Codeerzeugung) gehören,
sollen nicht unerwähnt bleiben. Dazu gehören einmal Compiler-
Compiler (z.B. yacc unter UNIX) für den Compilerbau. "Weitere
Werkzeuge für den Implementierer sind Binder (Linker), und Lader
(Loader). Diese Werkzeuge dienen dazu, die separat übersetzten
Moduln eines Programmsystems zu einem ausführbaren Programm
zusammenzufügen und zu laden. Binder und Lader sind Voraussetzung für das Arbeiten mit Modul-Bibliotheken."[23]

5.1.2.4 Assembler

Assembler sind vom Prinzip her die gleichen Übersetzungsprogramme wie Compiler, der wesentliche Unterschied ist der, daß
sie als Input ein Assembler-Programm - in einer maschinenorientierten Sprache geschrieben - erwarten. Von der historischen
Entwicklung der Programmiersprachen her gesehen sind sie sogar
die ersten Übersetzungsprogramme. Ihre Bedeutung ist durch die
Entwicklung der höheren Programmiersprachen - und der dazugehörigen Compiler - immer mehr geschwunden.

---

22) vgl. Gewald u.a. (1982), S. 230, Conn u.a. (1986), S. 314
23) Pomberger (1984), S. 162

Durch ihre nahe Verwandtschaft mit den Compilern werden an Assembler auch die entsprechenden Anforderungen gestellt. Daher bieten Assembler ähnliche Funktionen an; so gibt es beispielsweise auch *Disassembler* für die Rückübersetzung von Maschinencode und *Cross-Assembler*[24] für differierende Entwicklungs- und Zielcomputer.

5.1.2.5 Interpreter

Der Interpreter ist ein Übersetzungswerkzeug, das dazu verwendet wird, das Quellprogramm unmittelbar auszuführen. Das bedeutet, daß ein Interpreter ein Statement erst übersetzt und dann sofort ausführt, bevor er die nächste Anweisung bearbeitet. Dieses Verfahren ist auf der einen Seite vorteilhaft für das Testen von Programmen, birgt aber den Nachteil, daß die Ausführungszeit zunimmt, da z.B. jede Anweisung in einer Programmschleife bei *jedem* Durchlauf neu übersetzt werden muß. Außerdem erzeugt der Interpreter, im Gegensatz zum Compiler, kein Objektprogramm; er ist somit eher als eine - durchaus wünschenswerte - Ergänzung zu den anderen Software Tools anzusehen.[25]

5.1.3 Programm-Generatoren

Programm-Generatoren dienen der Erzeugung von Programmen oder - sehr häufig - Programmteilen; sie erfüllen damit ähnliche Funktionen wie die Transformatoren. "Eine Abgrenzung der Generatoren von den Compilern kann anhand der Eingabesprache und teilweise anhand der Funktionen der generierten Programmteile getroffen werden. Die Syntax der Eingabesprachen für die Generatoren ist

---

24) Reifer definiert *Cross-Assembler* so: "A computer program that accepts symbolic instruction mnemonics for a selected target computer and generates target-computer machine code while hosted on another computer. A cross-assembler thus allows code written for one computer to be assembled on another." (1977, S. 55) Noch etwas allgemeiner ist der *Meta-Assembler*, wie ihn Gewald erwähnt: "Ein Meta-Assembler ... ist ein Assembler, für den die Quellsprache und die Objektsprache als Eingabeparameter verwendet werden." (1982, S. 230)

25) vgl. Ghezzi/Jazayeri (1989), S. 352

in den meisten Fällen einfacher als die von höheren Programmiersprachen."[26]

Programm-Generatoren werden vor allem in jenen Gebieten eingesetzt, auf denen man immer wiederkehrend softwaretechnische
Lösungen für gleiche oder sehr ähnliche Probleme findet - z.B.
bei der Erzeugung von Listen (Reports) oder der Umsetzung von
Entscheidungstabellen -, d.h. die Probleme müssen weitgehend
strukturiert sein. Programm-Generatoren geben einen Rahmen für
eine Problembeschreibung vor, der durch Steueranweisungen (Parameter) angepaßt werden kann.[27] Ihre Funktionen werden hauptsächlich in folgenden Gebieten eingesetzt:

• in der Programmrahmen-Generierung (automatische Erstellung von
Programmrahmen mit einheitlichen Programmköpfen usw.),

• für die Erstellung von Prozeduren (Systemprogrammierung),

• bei der Erzeugung von Bildschirmmasken (Masken-Generator) und
Menüs (Dialogabläufe),

• zur änderungsfreundlichen Gestaltung von Dialogsystemen (Dia-
logsystem-Generator[28]),

• zur komfortablen Generierung von Abfragen und Auswertungs-
listen (Report-Generator),

• zur Umsetzung des Modulentwurfs (Normierte Programmierung,
Entscheidungstabellentechnik, Struktogramme) in eine bestimmte
Programmiersprache.[29]

Allerdings empfiehlt sich der Einsatz von Generatoren - mit dem
Vorteil eines verringerten Codier- und Testaufwands - nicht für

---

26) Gewald u.a. (1982), S. 131. Er unterscheidet dort vier Klas-
    sen von Generatoren: sprachorientierte, dv-verfahrensorien-
    tierte, problemorientierte und stringorientierte Generatoren.

27) vgl. Budde u.a. (1980), S. 94f, Gewald u.a. (1982), S. 130ff

28) Ammon erläutert die Vorteile interpretativer Verfahren ge-
    genüber der "harten" Programmierung und beschreibt einige
    Anforderungen, die ein Dialogsystem-Generator erfüllen muß:
    Grafik- und Textmodus, Manipulation der Bildschirmattribute,
    Windows und Bildschirmausschnitte, Ein-/Ausgabefelder, Hilfs-
    dialoge und (Fehler-)Meldungen, Cursor-Management. (1987, S.
    285ff)

29) vgl. Pomberger (1985), S. 26, Sneed (1986), S. 219

jeden Bereich. "Der Implementierungsaufwand für einen Programm-
generator und die im Vergleich zu individuell codierten Programmen lokal geringere Effizienz müssen dem Anwendungsbereich ange-
messen sein. Eine weitere Einschränkung ergibt sich aus der
Spezialisierung vieler Generatoren auf bestimmte Problembereiche
(z.B. Entscheidungstabellen auf Entscheidungsprozeduren, Normierte Programmierung auf sequentielle Dateien), welche darüber
hinausgehende Formulierungen (z.B. Schleifenstrukturen mit Entscheidungstabellen) nur sehr umständlich oder gar nicht zu-
läßt."[30]

5.1.4 Test-Werkzeuge

Diese Software Tools dienen der Analyse von Programmen, um deren
Qualität (Fehlerfreiheit, Übereinstimmung mit der Spezifikation,
Robustheit etc.) festzustellen und zu verbessern. Da sie oft
mehrere Test-Methoden unterstützen (s. 3.2.6), erfolgt hier eine
Unterteilung, die solche Redundanzen vermeidet, und statt dessen
an der Art des Tests ansetzt. Es wird daher differenziert, ob
die Testhilfen am Quellcode *ohne* Programmausführung ansetzen
(statische Programmanalyse), oder aber ob das Programm *während*
der Ausführung untersucht wird (dynamische Programmanalyse).

5.1.4.1 Statische Programmanalyse

Beim statischen Testen werden alle Informationen aus dem Text
eines Programms entnommen, ohne daß das Programm ausgeführt
wird. Es geht in erster Linie darum, Anomalien (beispielsweise
Statements, die gewisse Konstruktionsmängel aufweisen) zu finden, die Fehler verursachen können - damit sind aber nicht die
(Syntax-) Fehler gemeint, die schon der Compiler angemahnt
hat.[31] "Static analyzers are software tools that examine
programs and attempt to discover errors such as uninitialized
variables, inconsistent interfaces between routines, variables
initialized but never used (on a particular control path; on all
control paths), unreachable code segments, and violations of

---

30) Budde u.a. (1980), S. 95
31) vgl. Rechenberg (1984), S. 521, Sommerville (1988), S. 225

programming standards (local and language standards)."[32)
Ramamoorthy erweitert das Aufgabenspektrum noch: "... and look
for error prone constructions. Error-prone constructions are
syntactically correct, but logically suspicious, constructs in
the program." (1977, S. 130)

Beginnen wir mit dem sehr weit verbreiteten Werkzeug zur Erstellung von Cross-Reference-Listen. "Ein wichtiges, meist im Compiler enthaltenes Tool ist ein Cross-Referencer. Dieser gibt an,
welche Namen im Programm verwendet wurden, welchen Typs die entsprechenden Objekte sind, in welcher Programm-Zeile jeder Name
deklariert und in welcher Zeile er verwendet wurde. Intelligente
Cross-Referencer liefern zusätzlich für jedes Unterprogramm eine
Liste der Parameter und ihrer Typen sowie eine Liste der lokalen
Variablen und der in dieser Prozedur verwendeten globalen Variablen."[33) Auf diese Weise lassen sich sehr gut unreferenzierte
Label und Variablen aufdecken.

In der nächsten Kategorie findet man Werkzeuge zur Struktur-,
Komplexitäts- und Datenflußanalyse. Das Ziel der *Strukturanalyse*
ist es, Strukturanomalien des Testlings aufzudecken. Dazu gehört
beispielsweise die Prüfung, ob alle Anweisungen (auch das Pro-
grammende) vom Programmanfang aus erreicht werden können, oder
ob unerlaubte Schleifenbildungen (und Einsprünge in Schleifen)
vorkommen. Bei der *Komplexitätsanalyse* wird untersucht, welche
Komplexitätsmaße die Software aufweist. Hierunter versteht man
unter anderem Aussagen über die Verschachtelungstiefe von Anweisungen (Schleifen) und Komplexitätsangaben über interprozedu-
rale/-modulare Schnittstellen und Datenflüsse. Die *Datenflußanalyse* dient dazu, Datenflußanomalien aufzudecken. Datenflußana-
lysatoren liefern Informationen etwa über die potentielle Ver-

---

32) Fairley (1980), S. 223

33) Sommerville (1988), S. 138. Rechenberg bezeichnet die letzt-
    genannten Liste auch als *differentielle Kreuzreferenzliste*:
    "Eine differentielle Kreuzreferenzliste kann auch Informa-
    tionen über die Attribute der Objekte enthalten und zwischen
    dem definierenden und dem angewandten Auftreten des Objekt-
    namens unterscheiden. Sie wird dadurch zur *Symbolliste*. Eine
    Set/Use-Liste unterscheidet darüber hinaus noch zwischen dem
    wertempfangenden und den wertliefernden Auftreten eines
    Namens." (1984, S. 522)

wendung von Variablen ohne vorhergehende Initialisierung oder ob
ein Datenobjekt nach einer Zuweisung auch benutzt wird. Für die
hier beschriebenen Verfahren der statischen Programmanalyse gilt
jedoch, daß eine einheitliche Zuordnung - beispielsweise was zur
Struktur- oder was zur Komplexitätsanalyse zu rechnen ist - in
der Literatur nicht vorgenommen wird.[34]

Andere Dokumente, die statische Analysatoren liefern sollen,
sind:

"· Eine *Modulliste*. Sie tabelliert alle Modulnamen eines Programmsystems und die dazugehörenden Import-/Export-Schnitt-
stellen,

· Eine *Prozedurliste*. Sie tabelliert die Namen aller Prozeduren, ihre Modulzugehörigkeit und ihre Schnittstellen,

· Eine intermodulare *Kreuzreferenzliste*. Sie tabelliert, welches Objekt von welchen Modulen exportiert und von welchem
Modul importiert wird.

· *Hierarchiediagramme*. Sie sind eine graphische Darstellung
der Modulhierarchie und der statischen Schachtelung der inne-
ren Module und Prozeduren einer Übersetzungseinheit.

· *Kontrollflußgraphen*. Sie zeigen graphisch die Ablaufstruk-
tur, d.h. die Zweige von Prozeduren. Die Zweige sollen mit
anderen Testwerkzeugen (z.B. dem Debugger) während der Test-
ausführung markiert werden können, wenn sie durchlaufen werden. Nach Abschluß des Tests soll jeder Zweig eine Information darüber enthalten, wie oft er ausgeführt wurde.

· *Aufrufgraphen*. Sie zeigen die graphische Darstellung der
dynamischen Schachtelung der Prozeduren eines Moduls:

· *Importgraphen*. Sie zeigen die graphische Darstellung der
statischen Abhängigkeit zwischen Modulen, d.h. der Relation
"importiert". Damit kann festgestellt werden, wieviel Über-

---

34) vgl. Ramamoorthy/Ho (1977), S. 130ff, Pomberger (1984), S.
   126, Rechenberg (1984), S. 522ff. Eine gute Demonstration für
   die Nützlichkeit dieser Werkzeuge liefert Conradi (1987), der
   bei einer statischen Analyse von 50 Programmen im Schnitt
   einen <u>ernsten</u> Fehler per 500-1000 lines of code - und zusätzlich noch jede Menge kleinere Unstimmigkeiten - entdeckte.

setzungseinheiten ein Programm hat und wie diese zusammenhängen."[35)]

Abschließend wird ein - noch am Anfang seiner Entwicklung
stehendes - Werkzeug für die *Programm-Verifikation* betrachtet.
"Verifikationssysteme verwenden ein Programm, seine Spezifikation und weitere vom Anwender zur Verfügung gestellte Informationen und versuchen zu beweisen, daß das beschriebene Programm
seiner Spezifikation genügt. ... Zwar helfen Programm-Verifika-
toren bei einigen der mühseligen und fehlerträchtigen zur Verifikation gehörenden Vorgänge, aber der wirklich schwierige Prozeß der Erstellung von Spezifikationen und Zusicherungen bleibt
nach wie vor dem Benutzer vorbehalten. Trotzdem bilden Verifika-
toren einen bedeutenden ersten Schritt in Richtung automatischer
Verifikationssysteme; es gibt jedoch noch viel zu tun bei der
Entwicklung entsprechender Tools und der Anwendung dieser Tools
auf echte Systeme."[36)]

5.1.4.2 Dynamische Programmanalyse

Das dynamische Testen von Software ist eine unentbehrliche Aktivität im Software Life Cycle. Die Testobjekte werden - in einer
geeigneten Testumgebung und mit ausgesuchten Testdaten versehen
- ausgeführt oder simuliert.[37)] Unterstützt wird der Test durch
Werkzeuge für die dynamische Programmanalyse. Dazu rechnet man
Software Tools für die Einrichtung und Unterhaltung einer
Testumgebung (Testdriver etc.), für die gezielte Untersuchung

---

35) Pomberger (1985), S. 27f. Rechenberg empfiehlt zusätzlich
    die Erstellung eines *Programmgerüsts*: "Wenn .. Programme aus
    vielen kleinen, stark geschachtelten Prozeduren und inneren
    Moduln bestehen, ist ihre Struktur beim Lesen nur schwer zu
    erfassen. Hier ist eine Textkompression nützlich, bei der
    alle Prozedur- und Modulrümpfe weggelassen werden und nur
    noch die Liste der Prozedur- und Modul-Deklarationen stehen
    bleibt." (1984, S. 523).

36) Sommerville (1988), S. 220. Er verweist an dieser Stelle auf
    die interessante Idee des sich selbst überprüfenden Codes,
    bei dem die Aktivitäten der Verifikationswerkzeuge in den
    Code integriert sind. Wenn bei der automatischen Überprüfung
    der Verifikationsinformationen Inkonsistenzen bemerkt werden,
    so kann beispielsweise das Programm abgebrochen werden.

37) vgl. Pomberger (1984), S. 126

einzelner Programme (Debugger usw.), für die Analyse der Daten (Dateivergleicher u.a.) und für sonstige Tätigkeiten (z.B. Simulationen).

In vielen Fällen sind zu testende Programme in komplexe Systeme eingebunden. Dies bedeutet, daß für ein Testobjekt eine Testumgebung einzurichten ist, die alle Schnittstellen (insbesondere zu anderen Moduln) berücksichtigt. "Bei einer Top-down-Vorgehensweise sind dabei untergeordnete Module zu simulieren (Teststub), während bei einer Bottom-up-Vorgehensweise die übergeordneten zu simulieren sind (Testdriver). Ein Tool, das beide Möglichkeiten bietet, heißt Testrahmengenerator."[38] Durch diesen Testrahmen kann man sowohl aus Testdateien als auch interaktiv (mit der Umweisung von CALL- und ENTRY-Daten auf das Terminal) Testdaten eingeben und die Ergebnisse dem Sollergebnis gegenüberstellen. Schneidet man hierbei den Programmablauf (z.B. Bildschirmein/ausgaben dialogorientierter Programme oder Daten aus Testdateien) mit, kann man bei Bedarf (etwa nach Programm-Modifikationen) den Testablauf reproduzieren und Abweichungen protokollieren.[39]

Nicht zu verwechseln mit den Programm-Generatoren, die ja *Code* erzeugen, sind die *Testdaten-Generatoren*. "Bei derartigen Generatoren handelt es sich um Programme, die automatisch große Mengen von Test-Daten für ein System erzeugen. Leider ist es diesen Generatoren nicht möglich, auch die entsprechenden Ausgaben zu erzeugen - sonst wären sie schließlich aufwendiger als das zu testende System."[40] Weiterhin kann man noch differenzieren zwischen Testdaten-Generatoren, die zufällige (aber repräsentative) Daten erzeugen und solchen, die spezielle Testfälle

---

38) Bischoff (1982), S. 10

39) vgl. Balzert (1982), S. 435. Reifer bezeichnet einen Testrahmen, der Hardware simuliert, als *test bed*. Für die Testergebnis-Aufbereitung empfiehlt er einen *test-result processor*: "A computer program used to perform test output data reduction, formatting, and printing. Some perform statistical analysis where the original data may be the output of a monitor." (1977, S. 58), s. auch Fairley (1980), S. 222

40) Sommerville (1988), S. 214

(z.B. durch Vorgabe eines ausgewählten Programmpfads) mit Input versorgen sollen.[41]

Für die Untersuchung einzelner Programme ist eines der wichtigsten Software Tools der *Debugger*. Er wird - im Gegensatz zu den meisten anderen Werkzeugen - nicht eingesetzt um die wesentlichen Eigenschaften (Korrektheit usw.) eines Programms festzustellen, sondern dient speziell zur *Fehlerlokalisierung*, wenn ein Abweichen vom spezifizierten Verhalten entdeckt wurde;[42] dies bedeutet *nicht* eine automatische Korrektur des Fehlers. Ein leistungsfähiger Online-Debugger soll "... das sukzessive Austesten von Programmen durch Analyse von Programmzuständen zu jedem beliebigen Zeitpunkt und an jeder beliebigen Stelle eines Programmsystems unterstützen. Die Informationen sollen dabei dem Programmierer in derjenigen Darstellungsform präsentiert werden, in der er denkt. Der Debugger soll auch die Änderung von Speicherinhalten für das dynamische Testen ermöglichen.

Im einzelnen sind folgende Anforderungen an einen Debugger zu stellen:

- Anzeige der Fehlerursache bei Fehlerstop,
- Anzeige der Fehlerstelle im Quelltext,
- Anzeige der dynamischen Prozeduraufrufkette zum Zeitpunkt des Stops,
- Anzeige der Werte und Datentypen der Objekte aller geladenen Module und Prozeduren zu Zeitpunkt des Stops,
- Möglichkeit der Inspektion der Inhalte dynamisch erzeugter Datenstrukturen,
- Anzeige von Speicherinhalten in beliebiger Darstellungsart,
- Anzeige aller geladenen Module und Prozesse,
- Möglichkeit der Veränderung von Speicherinhalten und Fortsetzung der Programmausführung."[43]

---

41) Hesse unterscheidet zusätzlich zu den Testdaten-Generatoren noch die *Testfall-Generatoren*, die nach Möglichkeit direkt auf der Spezifikation aufsetzen. (1981a, S. 131)

42) vgl. Sommer (1987), S. 321

43) Pomberger (1985), S. 28

Sehr sinnvoll ist die Definition von Testpunkten, an denen das Programm anhält, in Verbindung mit bestimmten Randbedingungen. Dies können zum Beispiel bestimmte Werte von Variablen oder eine vorgegebene Anzahl von Durchläufen sein (evt. durch logische Operatoren verknüpft).[44] Auch gibt es mittlerweile Debugger, bei denen man nicht nur zurückverfolgen kann, welche Befehle zuletzt durchlaufen wurden, sondern die zusätzlich die Eingabe und Ausführung von Statements während des Tests erlauben. Vorteilhaft ist es auch, wenn ein Debugger mehrere Fenster zur Verfügung stellt, in denen man auf *einem* Bildschirm sowohl den Programmablauf als auch den Quellcode (mit Testpunkten) und die Werte und Namen der zu untersuchenden Variablen sehen kann. Im Gegensatz zu den eben vorgestellten *dynamischen Debuggern* untersucht ein *post-mortem Debugger*[45] nicht ein ablaufendes Programm, sondern er wird erst nach einem Programmabbruch eingesetzt, um eine Kopie des Hauptspeichers (zum Abbruchzeitpunkt) zu analysieren.

Nicht ganz so komfortabel wie Debugger arbeiten *Tracer*. Tools zum Tracen liefern Informationen über die dynamische Struktur eines Programms. Damit ist es möglich, in das Testobjekt an geeigneten Stellen Funktionen einzufügen, die Informationen über Variablenwerte oder über den Steuerfluß (Schleifen, Verzweigungen) ausgeben.[46] Eine ähnliche Aufgabe haben Werkzeuge zur Erstellung eines *Laufzeitprofils*, die *Programmprofil-Generatoren*. Sie untersuchen, wie oft eine (oder mehrere) Anweisungen eines Programms ausgeführt wurden.[47] Balzert nennt diese Software Tools *Instrumentierer*: "Diese Werkzeuge analysieren den Quellcode des Testobjektes und fügen an signifikanten Stellen Programmeinschübe ein, insbesondere Zähler. Ein so instrumentiertes Testobjekt wird dann mit Testdaten beschickt. Die ebenfalls

---

44) vgl. Sommer (1984), S. 86

45) vgl. Pomberger (1985), S. 70ff. Sommerville verwendet nicht den Begriff *Debugger*, sondern spricht von Werkzeugen für die Erzeugung und Analyse von *symbolischen Dumps*. (1988, S. 223f) Gewald bezeichnet diese Tools ganz allgemein als Ablaufverfolger. (1982), S. 165ff

46) vgl. Sommerville (1988), S. 224f, Kimm u.a. (1979), S. 274

47) vgl. Ramamoorthy/Ho (1977), S. 133f, Sommerville (1988), S. 215f

automatische Analyse der durchlaufenen Programmeinschübe bzw. Zähler gibt dann Aufschluß darüber, welche Zweige und Pfade durchlaufen wurden. Zur Überprüfung spezieller Testüberdeckungen gibt es z.B. <u>Zweigtester</u> und <u>Pfadtester</u> als Werkzeuge."[48] Zur Zeit noch im Forschungsstadium sind Bestrebungen, diese Testverfahren (k-Weg-Test) durch (Programm-)Animation mittels eines hierfür entwickelten Animators zu unterstützen. Beispielsweise kann der Anweisungstest (k = 0, alle Anweisungen müssen mindestens einmal durchlaufen werden) auf einem grafikfähigen Bildschirm dargestellt werden: "Animation dieses Testverfahrens ist dadurch möglich, daß im Programmgraph alle durchlaufenen Knoten markiert werden. Bei Testende müssen alle Knoten markiert sein."[49]

Bei den Tools für die Analyse von Daten kann man differenzieren, ob sie auf den Arbeitsspeicher (Programm-Variablen), oder auf externe Speicher (Dateien) zugreifen. Die zuletzt genannten *Datei-Vergleicher* ermitteln die Unterschiede zwischen verschiedenen Dateien. Diese allgemein verwendbaren Tools kann man beim Test beispielsweise so einsetzen, daß man eine Datei mit den *erwarteten* Ausgaben einer Datei mit den *tatsächlichen* Werten gegenüberstellt und beide automatisch vergleichen läßt. Die protokollierten Unterschiede erleichtern dann die Analyse von Fehlern - was gerade bei Testwiederholungen (Regressionstest), z.B. nach Programm-Modifikationen, sehr hilfreich sein kann.[50] Ein spezielles Werkzeug für den Systemdatenfluß ist der *Datenbankzugriffsverfolger*: "Er registriert jeden Zugriff auf die Datenbank und welche Daten dadurch transferiert werden. ... Diese Information wird nach dem Test aufbereitet und gedruckt.

---

48) Balzert (1982), S. 435

49) Stetter/Xinbo (1988), S. 176f, vgl. Arnold (1986), S. 9, Böcker (1985). Eisner (1988, S. 94) beschreibt die Animation so: "Darunter verstehen wir das Sichtbarmachen des Programmablaufs, das Aufzeigen seiner Dynamik in einer unmittelbar einsichtigen Art und Weise. Häufig ist z.B. die folgende Variante der Animation: Während des Ablaufs eines Programms wird der Programmtext gezeigt, und die Programmzeile, die gerade ausgeführt wird, erscheint farbig oder sonstwie ausgezeichnet."

50) vgl. Sommerville (1988), S. 217f

Mit ihrer Hilfe kann der Tester den Fluß der Daten verfolgen."[51]

Ein klassisches, heute kaum noch verwandtes Verfahren zur Analyse von Variablen eines ablaufenden Programms ist der *Hauptspeicherauszug* (Dump). Werkzeuge zur Dump-Erstellung/-Analyse können entweder während eines Programmlaufs ansetzen (Schnappschuß/Snapshot) - oder aber nach einem Programmabsturz (Post-Mortem-Dump). Eine Mindestforderung an diese Software Tools ist, daß sie keine schwer verständlichen Hexadezimal-Kolonnen ausdrucken, sondern dem Programmierer/Tester die aus dem Quellprogramm gewohnten Symbole und Darstellungsformen zur Verfügung stellen.[52]

Zum Ende dieses Kapitels wollen wir noch kurz zwei nicht sehr stark verbreitete Werkzeuge für die *symbolische Ausführung* und die *Simulation* betrachten. "Symbolische *Ausführungssysteme* können ein Programm auf symbolischen Daten laufen lassen und symbolische Formeln produzieren, die die Werte der Ausgabevariablen und Bedingungen für Durchläufe durch Programmpfade charakterisieren. Diese Formeln verwendet der Programmierer anschließend als Hilfe bei der "manuellen" Verifikation des Programms, z.B., um Testdaten für einen bestimmten Programmpfad aufzubauen."[53] Ein *Simulator* simuliert das Verhalten anderer Programme oder Geräte. "Simulators are used in situations where operation in the actual environment is impractical. These situations include: development of software for a non-existent machine, simulation of real time inputs from a non-existent or costly system, and situations where live testing is impossible (e.g., anti-ballistic missile defense systems)."[54]

---

51) Sneed (1983), S. 158f

52) vgl. Kimm u.a. (1979), S. 273

53) Ghezzi/Jazayeri (1989), S. 354, siehe auch Fairley (1980), S. 225, Bischoff (1982), S. 11

54) Fairley (1980), S. 222f, vgl. Sommerville (1988), S. 218f

5.2 Tools im weiteren Sinne

5.2.1 Data Dictionaries

"A data dictionary is a collection of data about data."[55] Diese
prägnante Kurzdefinition verdeutlicht, daß ein Data Dictionary
kein Software Tool im engeren Sinne ist, sondern daß es primär
der Verwaltung von Dokumenten (über Datenstrukturen, Schnittstellen, Anwendungen, entsprechende Querverweise usw.) der Software-Entwicklung dient (s. Abb. 5-1).

General
   Name
   Aliases or synonyms
   Description

Format
   Data type
   Length
   Picture
   Units (lbs/in^2,etc.)

Usage Characteristics
   Range of values
   Frequency of use
   Input/output/local
   Conditional values

Control Information
   Source
   Date of origin
   Users
   Program in which used
   Change authorizations
   Access authorizations

Group Information
   Parent structure
   Subsidiary structures
   Repetitive structures
   Physical location
     Record
     File
     Data base

<u>Abb. 5-1</u> Typische Informationen über Datenelemente in einem
Data Dictionary (Davis 1983, S. 40)

Dennoch kann man Data Dictionaries zu den Software Tools zählen,
da sie die Entwicklung von Computerprogrammen unterstützen. Dies
gilt nicht nur deshalb, weil man beispielsweise aus den abgeleg-
ten Informationen ein Copy (Programmteil) für die DATA DIVISION

---

55) Davis (1983), S. 40

eines COBOL-Programms generieren kann. Der anderen Zielsetzung, die man durch den Einsatz eines Data Dictionaries verfolgt, liegt die Idee zugrunde, die oftmals nicht vorhandenen Schnittstellen *zwischen* den Tools durch den Zugriff auf eine *gemeinsame* Datenbasis zu ersetzen.

Die *Anforderungen* an Funktionen und Wirkungsweise eines Data Dictionary leiten sich daraus ab, daß es nicht primär als Werkzeug für die Software-Entwicklung, sondern als notwendiges Bindeglied zwischen Mensch und Maschine aufgefaßt wird. Typische *Funktionen* sind:

• **Editieren**: Erfassen, Ändern und Löschen von Eintragungen im Dialog

• **Nachdokumentation**: Maschinelle Übernahme von existierenden Daten, z.B. Copy-Sätze

• **Versionskontrolle**: Unterscheidung der Eintragungen nach ihrem Status, z.B. "im Test", "veraltet" usw.

• **Auswertungen**: Listen nach verschiedenen Kriterien (Projekte, Programme etc.)

• **Generierung**: Erstellung von Datendefinitionen, Bereitstellung gespeicherter Programmteile

• **Zugriffskontrolle**: Prüfung der Zugriffsberechtigung für die Ausführung von Funktionen

• **Historienbericht**: Ausgaben (Bearbeiter, Datum, Status usw.) für jede Eintragung

• **Datenprüfung**: Grenzwerte, Plausibilitätsbedingungen, Ausnahmen

• **Änderungskontrolle**: Vergleich von Quellprogrammen vor ihrer Compilierung, um Änderungen nachführen zu können

• **"aktives" Data Dictionary**: Zugriff auf Daten nur über das Data Dictionary, dabei gleichzeitige Berechtigungs- und Plausibilitätsprüfung.[56]

Data Dictionaries sind also Werkzeuge, die sowohl den Einsatz von Software Tools - und damit natürlich die Software-Entwicklung im weitesten Sinne - als auch die Verwaltungsaufgaben

---

56) vgl. Schmid (1987), S. 44

(Dokumentation) unterstützen.[57] Teilweise enthalten sie auch Funktionen (z.B. Versionskontrolle), die sonst von speziellen Tools wahrgenommen werden - und deren Beschreibung erfolgt im nächsten Kapitel.

5.2.2 Programmverwaltung

Zu den *Werkzeugen für die Verwaltung* von Quellprogrammen zählen Datei- und Bibliothekssysteme bzw. Tools für das Versionen- und Konfigurationsmanagement. *Bibliothekssysteme* unterstützen die organisatorische Abwicklung eines Projekts, da man durch sie logisch zusammengehörende Dateien (Programme, Testdaten usw.) nach bestimmten Kriterien voneinander abgrenzen kann (UNIX bietet beispielsweise ein hierarchisches Bibliotheks-/Dateisystem mit der Vergabe von Zugriffsrechten etc.). Werden von einem Programm/Modul mehrere Versionen erstellt, sind zusätzlich Funktionen zur *Versionskontrolle* notwendig. Das *Konfigurationsmanagement* ist hilfreich, wenn mehrere Versionen eines Systems aus verschiedenen Versionen der einzelnen Module zusammengesetzt sind.[58]

Als Beispiel für Code-Kontroll-Systeme sind die beiden UNIX-Werkzeuge SCCS (**S**ource **C**ode **C**ontrol **S**ystem) und MAKE (bzw. make) zu nennen. Mit ihnen lassen sich Veränderungen des Codes kontrollieren und dokumentieren. SCCS verfolgt die System-Modifikationen (z.B. verschiedene Quellcode-Versionen) und wird durch MAKE - welches die Konsistenz zwischen Quell- und Objektcode sicherstellt - ergänzt.[59] "SCCS besteht aus Sammlung von Kom-

---

57) Ein gutes Beispiel aus der Software-Wartung findet man bei Spitta: "*Ein Dienstmodul wurde geändert, der statisch gelinkt ist.* Die Ermittlung, welche Programme neu compiliert werden müssen, dauert als Abfrage an ein konsequent benutztes DATA DICTIONARY Sekunden mit Vollständigkeitsgarantie. Ohne eine Abfragemöglichkeit dauert sie Stunden, ohne die Gewähr, daß alle betroffenen Moduln gefunden werden." (1989, S. 85)

58) vgl. Ghezzi/Jazayeri (1989), S. 352ff. Typische Fragestellungen der Konfigurationsverwaltung sind: In welchem Hauptprogramm kommt dieses Unterprogramm vor? Welche Kundenversionen müssen neu generiert werden?

59) vgl. Sommerville (1988), S. 140ff, Heintke (1985), S. 87ff, 108ff

mandos, die die verschiedenen Versionen oder Varianten eines Quellprogramms oder eines Dokumentes zugänglich machen, ohne daß jede Version oder Variante als eigene Datei gespeichert werden muß. Dies geschieht dadurch, daß von Version zu Version nur die Änderungen gespeichert werden (Delta-Verfahren). ... make ist ein Werkzeug zum automatisierten Zusammenbau von Programmen aus Moduln. Aufgrund einer vom Softwareersteller vorbereiteten Verarbeitungsvorschrift (makefile) und interner Kenntnisse über Softwarezusammenhänge führt make genau die Maßnahmen durch, die notwendig sind, eine aktuelle Version des Programms oder Programmsystems zu erstellen. Wurde beispielsweise die Source eines Moduls geändert, so wird alleine durch den Aufruf von make der Modul übersetzt und alle Programme neu gebunden, die diesen Modul enthielten."[60]

5.2.3 Dokumentation

Werkzeuge für die Dokumentation sind in erster Linie Textverarbeitungsprogramme (evt. mit Grafikunterstützung). *Software Tools* für die automatische Dokumentation sind ausgesprochen selten zu finden. Dies ist nicht weiter überraschend, da die Automatisierungspotentiale nur sehr gering sind. Eine interessante Möglichkeit sind Struktogrammgeneratoren, die - von manchen Software-Entwicklern auch für die Nachdokumentation eingesetzt - von fertigen Programmen in einer bestimmten Quellsprache (z.B. Pascal) ein Struktogramm erzeugen. Dagegen befinden sich automatische Dokumentations-Tools - die ähnlich den statischen Analysatoren den Quelltext untersuchen und dann Kommentare einfügen - noch im Forschungsstadium.[61]

5.2.4 Simulation/Emulation

Werkzeuge für die Simulation/Emulation sind dann notwendig, wenn man vor der Aufgabe steht, bereits bestehende oder noch zu entwickelnde Programme von einem Rechnersystem auf ein anderes zu übertragen. Eine, schon bei den Transformatoren angesprochene

---

60) Volck (1988), S. 39
61) vgl. Rechenberg (1984), S. 521, Lucas (1987)

Möglichkeit, ist die Verwendung von *Konvertierungswerkzeugen*;
durch sie werden *Programme* an ein gegebenes Zielrechnersystem
angepaßt. Dagegen sind *Simulation* und *Emulation* Methoden, ein
gegebenes *Rechnersystem* an die zu übertragenden Programme anzu-
passen. *Emulation* bezeichnet die (exakte) Nachbildung von Hard-
ware-Eigenschaften eines Rechners auf einem anderen (z.B. durch
zusätzliche Hardwareeinrichtungen, Mikroprogrammierung). Bei der
Simulation werden die Eigenschaften des Zielrechners nur simuliert. "Durch softwaremäßige Nachbildung der Software/Hardware-
Schnittstelle (Virtuelle Maschine) ist es möglich, ein bzw.
mehrere Betriebssysteme unter einem anderen Betriebssystem
ablaufen zu lassen. Diese Methode ist besonders interessant als
vorübergehende Maßnahme während der Programmerstellung und im
Hinblick auf die Erstellung von Programmen zur Datenkonvertie-
rung, da praktisch die Ein-Ausgabemöglichkeiten beider Systeme
gleichzeitig zur Verfügung stehen. Sie ist allerdings immer mit
einem Effizienzverlust und meist mit einem Mehrbedarf an Hardware verbunden."[62]

5.2.5 Software-Monitore

In der letzten Kategorie findet man die *Software-Monitore*. Auch
sie dienen nicht der unmittelbaren Programmcode-Erstellung,
sondern werden für Performance-Messungen - hauptsächlich im
Rechenzentrum-Betrieb - eingesetzt. Mit ihnen kann das System-
und Benutzerverhalten analysiert werden, so daß bei zusätzlicher
Berücksichtigung der eingesetzten Software Ansatzpunkte für
Tuning-Maßnahmen geschaffen werden. Dies gilt aber nicht ohne
Einschränkungen, wie Muchsel betont: "Software-Monitore stellen
zwar ein wertvolles Hilfsmittel dar, Daten über die Systemper-
formance zu sammeln. Für eine differenzierte Aussage über anzu-
strebende Tuningmaßnahmen würde man sich ein Expertensystem wün-
schen, das einem bei der oft mühseligen Interpretation der Daten
unterstützt."[63]

---

62) Gewald u.a. (1982), S. 227f., vgl. auch S. 221-232
63) Muchsel (1989), S. 43. Er beschreibt in diesem Artikel exem-
    plarisch den Einsatz eines SW-Monitors.

5.3 Fourth Generation Languages (4GL)

Wie schon in früheren Kapiteln erwähnt, sind 4GLs nicht eindeutig abzugrenzen.[64] Die Probleme bei der Einordnung von 4GLs fangen schon beim Namen an, denn wenn es wirklich nur *Sprachen* sind, fallen sie nicht unter den hier zugrundegelegten Software Tool-Begriff. So einfach ist die Lösung jedoch nicht: "There is no generally agreed definition on what constitutes a fourth generation system. It is often argued that development work should be carried out by people who are not programmers, and this, perhaps, lies at the heart of the tools which are usually together known as fourth generation systems. But they can be as useful to professional computer people developing information systems."[65] Daraus folgt, daß der Begriff *Fourth Generation Language* nicht eindeutig von einer bestimmten Programmiersprachenart - wie noch bei den ersten drei Generationen möglich - belegt werden kann, sondern mehrere Zielsetzungen umfaßt:

• Programmsysteme, die die Produktivität der Anwendungsentwicklung erhöhen sollen (professional fourth generation systems),

• Programmsysteme, die es dem Endbenutzer in der Fachabteilung ermöglichen, selbständig - d.h. ohne zentrale EDV - eine (einfache) Anwendung zu erstellen (end user fourth generation systems).[66]

Im folgenden wird deshalb einerseits untersucht, inwieweit 4GLs als Programmier*sprache* anzusehen sind, und andererseits, welche Merkmale von Software Tools sie aufweisen.

---

64) Barth (1987, S. 12) zeigt dazu einige Auswüchse auf: "Leider gibt es, im Gegensatz zur 3. und 5. Softwaregeneration, keine Merkmale, welche ein Produkt eindeutig als einen Vertreter der 4. Generation prägen könnten. Allzuhäufig erfolgt deshalb eine entsprechende Zuordnung ausschließlich nach Marketing-Gesichtspunkten!"

65) Avison (1988), S. 140

66) vgl. Bolkart (1987), S. 117, Preßmar (1988), S. 13, Hansen (1986), S. 331. Er verwendet für diese Anwenderaktivitäten den Begriff "Individuelle Datenverarbeitung" (IDV), in der angelsächsischen Literatur spricht man vom "end user computing".

5.3.1 4GL - Programmiersprache ...

Generell kann man sagen, daß eine 4GL eher dann den Charakter einer Programmiersprache aufweist, wenn sie von professionellen Software-Entwicklern zur Anwendungsentwicklung - wie auch eine 3. Generations-Sprache - eingesetzt wird, mit dem Ziel, die Produktivität durch leistungsfähigere Sprachelemente zu steigern. Diese auch als Hochsprachen (VHLL = very high level language) bezeichneten Produkte weisen oft *nicht-prozedurale* Eigenschaften (s. Abb. 5-2) auf, so daß dem Rechner nicht mehr mitgeteilt werden muß, WIE ein Problem zu lösen ist, sondern nur noch WAS geschehen soll.[67]

Prozedurale und nicht-prozedurale Lösung der Suche von Datensätzen einer Informationsmenge (Datei), die einem Kriterium genügen:

prozedural	nicht-prozedural

Eröffne Datei
Lies ersten Satz
 	
Während nicht Dateiende
wiederhole
  Überprüfe Satz gemäß Kriterium
  Wenn Prüfung positiv, dann
  gib Satz aus
  Lies nächsten Satz
	Selektiere alle Sätze
	der Informationsmenge
	gemäß Kriterium

<u>Abb. 5-2</u> Beispiel einer prozeduralen und einer nicht-prozeduralen Formulierung[68]

Erreicht wird dies durch eine große Zahl vorbereiteter Befehle, beispielsweise zur Datenmanipulation (Lesen, Auswerten, Formatieren), Maskensteuerung und für Datenbankabfragen (Query

---

67) vgl. Hansen (1986), S. 332

68) vgl. Bolkart (1987), S. 9. Martin spricht statt dessen von verfahrensorientierten und nicht-verfahrensorientierten Sprachen. Während man bei verfahrensorientierten Sprachen beispielsweise einem Taxifahrer die genaue Wegstrecke Straße für Straße usw. mitteilen muß, langt bei einer nicht-verfahrensorientierten Sprache die Angabe: "Fahren Sie mich zu dem und dem Ort". (1985a, S. 57f)

Languages). Diese Befehle werden dann entweder in eine konventionelle Programmiersprache übersetzt, oder von einem Steuerprogramm aus (als Unterprogramm) aufgerufen und ausgeführt. Neben dem Vorteil des Produktivitätszuwachses bei der Implementierung wird auch der Codeumfang geringer, so daß diese Programme kürzer, leichter lesbar und damit auch besser wartbar werden. Der Preis dafür ist allerdings eine - gegenüber konventionell erstellten Anwendungen - um ca. 50 bis 150 Prozent höhere Inanspruchnahme der Hardware.[69]

5.3.2 ... oder Software Tool?

Die Eigenschaften von Software Tools - nämlich die Unterstützung der Software-Entwicklung - kommen bei 4GLs dann zum Vorschein, wenn man ihren Einsatz in einer integrierten, interaktiven Entwicklungsumgebung betrachtet. Durch ihre mächtigen Befehle (Maskenentwurf, Listengenerierung usw.) für eine schnelle Implementierung einerseits und der meist möglichen Verwendung eines relationalen Datenbanksystems mit seiner leistungsfähigen Schnittstelle (SQL) andererseits ergeben sich neue Ansatzpunkte für die Vorgehensweise innerhalb eines Phasenmodells. Das betrifft insbesondere die Integration des Prototypings bei der DV-technischen Realisierung (s. Abb. 5-3).

---

69) vgl. Hansen (1986), S. 332

| Phase | Sprachen der | |
	3. Gen.	4. Gen.
Grobentwurf	Entwurf der DV-technischen Realisierung:	
	Modulstruktur Datenschnittstellen zwischen den Moduln	Datenanalyse und Normalisierung Zugriffsfunktionen auf Daten
Feinentwurf	Spezifizierung der Moduln	Prototyping:
Codierung und Modultests	Übertrag der Feinentwürfe in die Programmiersprache Test der Moduln	Schnelles Realisieren des Datenmodells und der Zugriffsfunktionen Schnelles Realisieren von Menüs und Masken
Integration und Abnahmetest	Zusammenfügen der Programmteile zum endgültigen Programmsystem Abnahmetest mit dem Auftraggeber	Leichtes Testen, Integrieren und Erweitern

<u>Abb. 5-3</u> Änderung der Vorgehensweise durch 4GL-Einsatz[70]

Außer als Software Tool für den Anwendungsentwickler findet man 4GLs auch im Einsatz als sogenannte *Endbenutzer-Werkzeuge* (End User Tools). Durch diese Programmsysteme - Hansen spricht von der "individuellen Datenverarbeitung" (IDV)[71] - soll der Endbenutzer in der Fachabteilung in die Lage versetzt werden, kleinere Aufgaben selbst zu lösen. "Derartige Produkte bestehen im Regelfall mindestens aus einem relational aufgebauten *Datenbankteil* mit entsprechender Datenbankabfragesprache, aus einem

---

70) vgl. Bolkart (1987), S. 121. Einen umfassenden Überblick über den Funktionsumfang von Sprachen der 4. Generation findet man bei Friedrichs. (1986, S. 69ff)

71) vgl. Hansen (1986), S. 331f

Tabellenkalkulationsteil sowie Funktionen zur Erstellung von Präsentationsgraphiken. Darüber hinaus werden häufig auch Funktionen zur *Projektplanung und -verfolgung*, *Terminplanung* sowie *Methodenbanken* mit wichtigen Algorithmen aus Operations Research und Statistik angeboten. Sehr wichtig ist die *Zugriffsmöglichkeit auf die Grunddaten aus den operativen Betriebsbereichen* und das Vorhandensein von entsprechenden *Verdichtungsfunktionen*. Voraussetzung dafür ist eine Verbindung mit den bereits existierenden kommerziellen Großanwendungen auf den zentralen EDVA."[72]

Der Haupteinsatzbereich der 4GLs bei der End-User-Programmierung ist aber nach wie vor die Erstellung von *Reports* und *Auswertungen* durch (datenorientierte) *Abfragesprachen*. Erst in zweiter Linie kommen *Datenmanipulationsfunktionen* und Systeme zur *Entscheidungsunterstützung* (What-if-Fragen) zum Einsatz.[73] Da diese Werkzeuge aber maßgeblich für den Endbenutzer konzipiert sind, handelt es sich nicht um Software Tools im engeren Sinne nach der hier zugrunde gelegten Software Tool-Definition. Somit kann die Frage "4GL - Programmiersprache oder Software Tool?" nicht eindeutig beantwortet werden. Wie die Analyse gezeigt hat, ist eine Einordnung sowohl abhängig von der betrachteten Sprache, als auch von ihrem - durch den Funktionsumfang bestimmten - Einsatz als *höhere Programmiersprache*, als *Software Tool* oder als *Endbenutzer-Werkzeug*.

---

72) Hansen (1986), S. 332f. Bauer schränkt diese Art der Informationsverarbeitung auf dispositive Aufgaben ein: "Dispositive Aufgaben benötigen Auswertungen und Verdichtungen gespeicherter Daten der Unternehmung. Sie sind weitgehend individuell und können deshalb auch von den Endbenutzern selbst formuliert werden, wenn geeignete Werkzeuge vorhanden sind. Operative Aufgaben sind verarbeitungsorientiert und müssen regelmäßig und einheitlich abgewickelt werden. Hierfür ist es nicht möglich, daß jeder Benutzer den Verarbeitungsprozeß selbst formuliert. Statt dessen muß die Entwicklung der DV-Anwendung systematisch und zentral erfolgen." (1985, S. 29)

73) vgl. Barth (1987), S. 13, Bolkart (1987), S. 117ff

6. Offene Automatisierungspotentiale und Lösungsansätze

In den vorhergehenden Kapiteln wurden sowohl bestehende Automatisierungsmöglichkeiten im Software Engineering aufgezeigt, als auch Konzepte vorgestellt, die die Zuordnung von Software Tools zu den entsprechenden Aufgaben unterstützen. Die eingehende Analyse bestätigte die Hypothese, daß bisherige Ansätze für die Einordnung und Auswahl von Software Tools bestimmte Schwächen aufweisen. Insbesondere die Berücksichtigung von 4GLs fand nicht in dem ihr gebührenden Umfang statt. Gelöst wurde dieses Problem durch die Präsentation eines neuen, integrierten Ansatzes für die Einordnung und Auswahl von Software-Entwicklungswerkzeugen.

In diesem Kapitel wird - auf der Basis der bisher geleisteten Arbeit - über die oben genannten Punkte hinausgegangen. Im Mittelpunkt steht jetzt die Frage: Gibt es noch automatisierbare Tätigkeiten, die bisher nicht ausreichend für Software Tools erschlossen wurden? Es werden also die aufgezeigten Möglichkeiten (Kap. 2) und die entwickelte Klassifikation (Kap. 5) einander gegenübergestellt. Ziel ist es, Tool-Defizite auszuweisen, die durch zukünftige Forschungs- und Entwicklungsaktivitäten geschlossen werden können. Ganz wesentlich ist in diesem Kontext die Differenzierung zwischen *lösbaren* und (noch) *nicht lösbaren* Automatisierungen. An Automatisierungsgrenzen stößt man vor allem bei kognitiven/kreativen Aufgaben, die sich nicht für eine Abbildung in Computerprogrammen eignen. In dieser Arbeit werden jedoch nicht die Grenzen der Formalisierbarkeit untersucht[1], sondern die Analyse findet innerhalb des bereits skizzierten Rahmens - auf der Grundlage der existierenden Software-Technologie - statt.

Im folgenden werden zuerst die bereits vorhandenen Rationalisierungen durch Software-Entwicklungswerkzeuge - gegliedert nach den Phasen des Software Life Cycle - kurz zusammengefaßt. Anschließend wird untersucht, welche Programmerstellungs-Aktivitäten im Software Engineering Automatisierungsmöglichkeiten bie-

---

1) vgl. dazu Frank (1988)

ten, die noch nicht hinreichend durch Tools abgedeckt sind. Für diese Tool-Defizite - bei der *Implementierung*, beim *Test* und bei der *Wartung/Weiterentwicklung* von Software-Systemen - werden vorstellbare Lösungen aufgezeigt.[2]

Die bisherige Analyse der bestehenden Unterstützungen durch Software Tools hat ergeben, daß für die meisten *automatisierbaren Tätigkeiten* adäquate Werkzeuge zur Verfügung stehen; die zu betrachtenden *Phasen* des Software Life Cycle weisen dabei unterschiedlich starke Ausprägungen bezüglich des realisierbaren Umfangs auf. Für den *Entwurf* werden automatisierte Verfahren angeboten, mit denen man beispielsweise Entscheidungstabellen erstellen und prüfen kann, die Masken und Menüs generieren oder den Umgang mit grafischen Hilfen (z.B. Struktogrammen) erleichtern. *Kreative* Arbeit auf einem höheren Abstraktionsniveau, z.B. beim Grobentwurf (Systemarchitektur), kann (noch) nicht auf den Rechner übertragen werden.

Wesentlich umfangreicher ist die Werkzeug-Unterstützung bei der *Implementierung*. Bei fast allen mit der Programmierung zusammenhängenden Aktivitäten - Editieren, Übersetzen, Binden, Codegenerieren - kann man auf Tools zurückgreifen. Lediglich die Dokumentation (Data Dictionary) und die Mehrfachverwendung von Software bieten noch Ansatzpunkte für weitergehende Rationalisierungen. Auch die nächste Phase, der *Test*, ist wieder reichlich mit Tools versorgt - damit bestätigt sich, daß man die meisten Werkzeuge dort findet, wo gut formalisierbare und häufig wiederkehrende Aufgaben ihren Einsatz geradezu gebieten. So gibt es bei-

---

2) Ein weiteres Problem besteht darin, daß es kaum *hardwareunabhängige* Tools (bzw. unabhängig vom Betriebssystem) gibt, so daß viele Anwender gar nicht auf die zwar existierenden, jedoch nicht portablen Werkzeuge zugreifen können. *Abel* ermittelt in einer Untersuchung für die Bundesrepublik Deutschland: "Die Abhängigkeit der auf dem Markt angebotenen Werkzeuge von der Hardware und Systemumgebung ist sehr hoch. Zwar ist ein Großteil des Angebots von Software-Häusern sowohl auf IBM- als auch auf Siemens-Betriebssysteme anpaßbar. Benutzer von Rechnern, deren Architektur nicht mit der der IBM/370 kompatibel ist, sehen sich jedoch vom größten Teil des Marktes für Software-Werkzeuge ausgeschlossen .." (1980, S. 109). *Houghton* beobachtet ähnliches für den nordamerikanischen Markt (1982, S. 18).

spielsweise Werkzeuge zum Erzeugen, Wiederholen (Regressionstest) und Vergleichen von Testfällen, für die statische und
dynamische Programmanalyse, den symbolischen Test und die Programmverifikation. Grenzen des Tool-Einsatzes zeigen sich bei
der Test-Auswertung, der automatischen Fehlerkorrektur und natürlich der intuitiven Testfallgestaltung.

Für die Phase *Einführung und Betrieb* konnten nur relativ wenige
Werkzeuge ermittelt werden. Haupteinsatzbereiche sind hier die
Daten- und Programmübernahme (Konvertierung) mit den entsprechenden Anpassungsaufgaben, die Programm-/Modul-/Versionen-Verwal-
tung und die Leistungsmessung (Software-Monitore). Spezielle
Software Tools für die *Wartung und Weiterentwicklung* sind momentan, abgesehen vom Konfigurations-Management, noch die Ausnahme.[3] Dies ist um so bedauerlicher, da in diesem Bereich ein
großer Teil des Personals gebunden ist, hier also auch kleine
Fortschritte durchaus beträchtliche Rationalisierungseffekte
zeitigen könnten. Erste Ansätze auf dem Gebiet konkretisieren
sich in den sogenannten Restrukturierern; dennoch sind die Automatisierungspotentiale noch nicht ausgeschöpft.

---

3) s. auch Curth/Giebel (1989), S. 27

6.1 Implementierung

Für die Implementierung von Computerprogrammen gibt es mittlerweile ein umfangreiches Angebot an automatisierten Verfahren. Zwei Gebiete - die *Dokumentation* und die *Mehrfachverwendung* von Software - weisen jedoch noch gewisse Defizite auf. So beschränken sich rechnergestützte Dokumentationshilfen im wesentlichen auf Data Dictionaries und Text-/Grafikverarbeitungs-Systeme. Zur Entlastung der Entwickler könnten *automatische* Dokumentations-Werkzeuge einen wichtigen Beitrag leisten[4] - nicht zuletzt deswegen, weil die Dokumentation von Programmen keine sehr beliebte (eher als unproduktiv empfundene) Arbeit ist. Die Aufgabe von Software Tools für die automatische Dokumentation von Programmen wäre beispielsweise die (parametergesteuerte) Erzeugung von Kommentaren im Programmtext - z.B. Hinweise auf globale Variablen (Seiteneffekte), Schnittstellenbeschreibungen u.a. - wobei die Vorgehensweise durchaus an die statische Programmanalyse angelehnt sein kann, zusätzlich aber in Data Dictionaries vorhandenes Meta-Wissen (Daten über Daten/Programme) integriert werden sollte. Weiterhin könnten, neben der Inline-Dokumentation in Form von Kommentaren, auch vom Programmtext losgelöste Unterlagen erstellt werden.

Das zweite Gebiet, auf dem Tool-Defizite ausgemacht werden können, ist die *Mehrfach-* bzw. *Wiederverwendung* von Software. Bevor wir auf die eigentliche Problematik zu sprechen kommen, muß zuerst einmal geklärt werden, was unter diesen synonym benutzten Begriffen zu verstehen ist: Wiederverwendung liegt dann vor, wenn vorhandene Software in neu zu entwickelnden Programmen verwendet werden kann. Dabei ist in erster Linie an eine Wiederverwendung von (maschinenlesbarem) Code zu denken, aber auch an Spezifikationen, Datenbeschreibungen, Masken und Algorithmen.[5]

---

4) Abel ermittelte einen Bedarf an rechnergestützten Dokumentationshilfen, falls solche verfügbar wären. (1980, S. 112)

5) vgl. Endres (1988), S. 86f

Ziel der Wiederverwendung von Software ist die Steigerung der Produktivität (Zeit- und Kosten-Ersparnis) und der Qualität - vor allem vor dem Hintergrund der beschränkten und nur langsam ausbaubaren Kapazitäten der EDV-Abteilungen. Aus mehreren Gründen ist die Mehrfachverwendung jedoch noch nicht so recht erfolgreich. So ist meist nicht bekannt, *welche* Produkte schon *wo* vorhanden sind, d.h. die (vielleicht erfolgreiche) Suche danach ist sehr zeitaufwendig. Weiterhin ist die Einarbeitung in für die Wiederverwendung geeignete Programme wegen oftmals unterschiedlicher Dokumentations- und Programmierstandards (Namens- und Schnittstellenkonventionen etc.) so aufwendig bzw. unkalkulierbar, daß lieber eine Neuentwicklung in Kauf genommen wird. Die Folgen sind bekannt: Fast jedes Software-Projekt beginnt "ganz von vorne" und längst bekannte Funktionen werden zum x-ten Mal "neu" entwickelt. Eine Lösungsmöglichkeit für diese Probleme sind methodisch/organisatorische Maßnahmen, wie zum Beispiel die systematische Archivierung der Produkte, ein komfortables Zugriffssystem auf das abgelegte Material, übergreifende (allgemeine) Standards usw.[6]

Allerdings fehlt bei den obigen Vorschlägen noch die Unterstützung durch *Software Tools*. Eine über die vorgeschlagenen Maßnahmen hinausgehende Lösung sollte daher auch softwaretechnische Hilfen berücksichtigen. Dabei ist an eine *neue* Generation von *Transformatoren* (Makro- bzw. Preprozessoren) zu denken, die auf - beispielsweise in abstrakten Datentypen realisierten - *allgemeine Bausteine* zurückgreifen können. Vorstellbar ist zusätzlich die Integration eines *Expertensystems*, das die Auswahl von Bausteinen unterstützt.[7]

---

6) vgl. Balzert (1985a), S. 7

7) vgl. Endres (1988), S. 92. Er präsentiert in seinem Artikel u.a. die Ergebnisse eines Studienprojekts des IBM Labors Böblingen, wobei zu den wichtigsten Erfahrungen gehört, daß die Entwicklung wiederverwendbarer Bausteine zwar eine hohe Qualifikation verlangt und etwa doppelt so teuer ist wie die konventionelle Vorgehensweise, dafür aber fast fehlerfreier Code bereitgestellt wird, dessen Wiederverwendungshäufigkeit zwischen 2 und 7 liegt.

Neben diesem Ansatz gibt es noch andere, sich stark voneinander unterscheidende Konzepte bezüglich der Werkzeugunterstützung: "Sehr uneinheitlich ist zur Zeit noch die Diskussion darüber, welche Werkzeuge benötigt werden, um den Prozeß der Software-Wiederverwendung zu unterstützen. Einige Autoren ... glauben, daß der wichtigste Schritt eine übersichtliche Klassifikation (Taxonomie) von Bausteinen ist. Für das Suchen würde dann ein möglichst leicht zugänglicher Katalog ausreichen. Von anderen Autoren werden aber auch bereits anspruchsvolle Dokument-Suchsysteme eingesetzt und sogar Expertensysteme ... Welcher Aufwand hier nötig ist, hängt auch damit zusammen, wieviel verschiedene Bausteine man für eine gewisse Breite der Akzeptanz benötigt. Erfahrungen in dieser Hinsicht sind jedoch noch kaum vorhanden."[8]

Wie diese Ausführungen deutlich machen, sind in der Phase Implementierung noch unausgeschöpfte Automatisierungspotentiale vorhanden. Sie sind im Bereich der Programm-Dokumentation nicht allzu stark ausgeprägt, wobei allerdings die hier aufgezeigte Erweiterung/Integration bestehender Werkzeuge noch Spielräume enthält. Bei der Software-Mehrfachverwendung dagegen findet man ein relativ großes Defizit. Die verschiedenen Ansätze, in die auch Software Tools integriert sind, befinden sich jedoch weitgehend im Forschungsstadium, so daß erst die Zukunft zeigen wird, welche Konzepte akzeptable Ergebnisse beinhalten.

---

8) Endres (1988), S. 93

6.2 Test

Die vorhandenen Automatisierungspotentiale der Test-Phase sind zwar schon weitgehend ausgeschöpft, für einige spezielle Funktionen ist die Tool-Unterstützung jedoch eher gering. Ein Beispiel für Defizite führt Abel an, die in ihrer "Untersuchung über Maßnahmen zur Verbesserung der Software-Produktion" auf den von Anwendern genannten Bedarf an Werkzeugen zur Prüfung von Programmen auf die *Einhaltung von Konventionen* hinweist.[9] Bei diesen Konventionen kann es sich um allgemeine oder anwenderspezifische Normen handeln, die beispielsweise die Namensvergabe der Funktionen (Paragraphen), Variablen und Konstanten oder die maximale Verschachtelungstiefe und Größe der Prozeduren verbindlich vorschreiben.

Ein anderer Bereich, in dem noch Tool-Defizite zu finden sind, ist die Unterstützung des Tests durch verschiedene grafische Maßnahmen, vor allem bei der Programmausführung (dynamische Analyse). Da ist einmal die *Programm-Animation* zu nennen, die momentan noch in den Anfängen steckt (s. 5.1.4.2). Neben dieser Sichtbarmachung des Programmablaufs wäre auch die *Markierung von geändertem Code* - z.B. durch inverse, fette oder kursive Darstellung - sowohl in den Programm-Listings, als auch bei der Verfolgung des Programmablaufs am Bildschirm (Debug) sehr nützlich, da erfahrungsgemäß die Konzentration der Fehlersuche auf diese Problemzonen von Vorteil ist. "Fehler in weiterentwickelten Moduln konzentrieren sich im geänderten Code. Standardwerkzeuge, mit denen man die geänderten und neuen Codestücke markieren kann, um so Ausgangsdokumente für einen effizienten Codereview zu erhalten, gibt es nicht."[10]

In die gleiche Richtung gehen auch Bestrebungen, Software Tools zu entwickeln, die z.B. bestimmte Teile des Codings (Schlüsselwörter, Variablen) hervorheben bzw. formatieren, oder noch nicht getesteten (geänderten) Code (Regressionstest) anzeigen und da-

---

9) vgl. Abel u.a. (1980), S. 113
10) Möller (1985), S. 9.2-6

mit gezielte Prüfungen erleichtern. Hierbei ist zu unterscheiden, ob bestimmte Variablen (Typ, Gültigkeitsbereich usw.), Anweisungen (z.B. Dateizugriffe, Funktionsaufrufe) oder aber die
Programmsteuerung (Kontrollfluß auf höchster Ebene) untersucht
werden soll.[11]

Schließlich sei noch auf die Bedeutung der *Programm-Verifikation*
hingewiesen, wobei die Forschung in Richtung automatischer Verifikationssysteme geht, um bestehende Defizite auf diesem Gebiet
zu schließen. Diese Systeme können die Korrektheit des Programms
beweisen bzw. - falls dies nicht gelingt - in Frage stellen. Dagegen gibt es bis jetzt noch keine Werkzeuge für die automatische *Fehlerkorrektur*.[12] Ansatzpunkte dafür kann man sich
etwa in der Form eines Expertensystems vorstellen, das - vergleichbar mit der Rechtschreibhilfe eines Textverarbeitungspro-
gramms - dem Software-Entwickler Korrekturvorschläge präsentiert.

---

11) vgl. Zemanek (1983), S. 126f
12) vgl. Sommerville (1988), S. 220ff

6.3 Wartung und Weiterentwicklung

Die Software-Wartung (und Weiterentwicklung) ist bis jetzt das
Stiefkind des Software Engineering. "Die Software-Wartung - u.a.
der Unterhalt, die Verbesserung und Adaption bestehender Software - ist bisher in Theorie und Praxis grob unterschätzt worden. Obwohl die ersten mahnenden Stimmen bis ins Jahr 1972 zu-
rückgehen ..., ist die immense ökonomische und softwaretechnische Bedeutung der Wartung eigentlich erst in den letzten
Jahren langsam ins Bewusstsein der Software-Verantwortlichen ge-
drungen. ... Unserer Meinung nach haben die Methoden und Werkzeuge für die Neuentwicklung von Software einen Vorsprung von
ca. 15 Jahren."[13)]

Die angesprochenen Forschungsdefizite und das damit verbundene
Fehlen von Werkzeugen und Methoden lassen zum heutigen Zeitpunkt
erst zwei Ansätze - für die *Anpassung* und die *Sanierung* - erkennen, bei denen offene Automatisierungspotentiale durch entsprechende Software Tools ausgefüllt werden können. Für die
Anpassung der Software an neue Hardware/Betriebssysteme bzw. ein
neues Release der verwendeten Programmiersprache (z.B. COBOL 85)
bietet sich der Einsatz spezieller Übernahmeprogramme (Konver-
tierungshilfen) an (s. 5.1.2). Diese automatisierten Umstel-
lungsverfahren sind jedoch schon so verbreitet, daß man in diesem Zusammenhang kaum noch von *großen* Tool-Defiziten sprechen
kann.

Anders sieht es dagegen bei den Werkzeugen für die *Restrukturierung* (Software-Sanierung) von Computerprogrammen aus. Die Aufgabe dieser sogenannten *Restrukturierer* ist die Unterstützung
der Aufarbeitung von nicht (mehr) strukturierten Programmen, um

---

13) Eisner (1988), S. 174. Als Belege, daß die Methodik sowie
   die Werkzeugunterstützung der Wartung gegenüber der Neuentwicklung stark zurückgeblieben sind, führt er an: "Anzahl
   Publikationen im jeweiligen Fachgebiet, Anzahl anerkannter
   Methoden und Werkzeuge sowie deren Verbreitung in der Praxis
   usw. Als weiterer Hinweis kann man werten, dass die erste
   umfassende Konferenz über Software-Wartung erst 1983 stattgefunden hat." (1988, S. 174)

eine weitere Nutzung unter Berücksichtigung der software-
technischen, fachlichen und ökonomischen Anforderungen zu
ermöglichen. Dazu soll der vorhandene Code so aufbereitet werden, daß er

- leichter zu lesen und zu verstehen ist,
- im Fehlerfall schneller korrigiert werden kann,
- eine einfachere Weiterentwicklung ermöglicht
- und eventuell eine bessere Performance besitzt.

Zwar gibt es in diesem Bereich schon die ersten Ansätze für eine
Werkzeug-Unterstützung (s. 5.1.2.2), dennoch ist - wie schon das
oben angeführte Zitat von Eisner verdeutlicht - immer noch ein
beträchtlicher Nachholbedarf an wissenschaftlicher Forschung und
den damit verbundenen theoretischen und praktischen Konzepten
vorhanden. Eine bisher noch nicht diskutierte Möglichkeit ist
die Kombination der Restrukturierung mit der Wiederverwendung
von Software, das *Code-Recycling*. Hierbei könnte man aus erprob-
tem und restrukturiertem Code Bausteine für die allgemeine
Mehrfachverwendung generieren, d.h. die Vorteile beider Konzepte
ließen sich verbinden. Damit käme man bei der dringend notwen-
digen Beseitigung eines großen - allein schon wegen der enormen
wirtschaftlichen Bedeutung der bereits installierten und somit
auch zu wartenden Software - Tool-Defizits einen Schritt weiter.
Zusätzlich würde noch ein Beitrag zur Beseitigung des Anwen-
dungsstaus bei der Neuentwicklung von Informationssystemen geleistet werden.

7. Zusammenfassung und Ausblick

7.1 Ergebnis

Bei der Erläuterung der Problemstellung im ersten Kapitel wurde
darauf hingewiesen, daß der Bereich *Software Tools* bisher in der
Literatur nicht ausreichend thematisiert worden ist. Es bestehen
Defizite in Theorie und Praxis, die sowohl die *vorhandenen* Automatisierungen durch Werkzeuge betreffen, als auch die noch zu
schließenden Automatisierungslücken. Daher ist das Ziel dieser
Arbeit die Schaffung eines Ansatzes, der einerseits die Einordnung und Auswahl von existierenden Software Tools unterstützt,
und andererseits zur Aufdeckung und Beseitigung der Tool-Defizite beiträgt.

Um dieses Ziel zu erreichen, wurden zuerst die Automatisierungspotentiale der Software-Entwicklung anhand des Phasenmodells
(Software Life Cycle) analysiert. Im nächsten Schritt erfolgte
die Diskussion bestehender Einordnungs- und Auswahlkonzepte für
Software Tools. Die dabei vorgefundenen Ansätze lassen sich im
wesentlichen als *funktions-* bzw. *phasenbezogen* hinsichtlich der
Klassifizierung der Tools und *theorie-* bzw. *praxisorientiert*
bezüglich der Intention der Verfasser charakterisieren. Insge-
samt gesehen zeigten sich, gemessen an den hierzu formulierten
Anforderungen, bestimmte Schwächen was die Eindeutigkeit und
Vollständigkeit - insbesondere bei der Berücksichtigung von
Fourth Generation Languages (4GL) - betrifft.

Zur Überwindung dieser Probleme wurde ein neuer Klassifizierungsansatz vorgestellt, der die beiden wichtigsten Aspekte -
Funktion und *Einsatzbereich* der Werkzeuge - integriert und zwischen Tools im *engeren* und *weiteren* Sinne, abhängig von der
Direktheit des Einflusses auf die zu bearbeitende Software,
differenziert. Der Untersuchung der Einordnungsproblematik bei
den 4GLs - handelt es sich dabei um Programmiersprachen oder um
Software Tools? - wurde ein eigener Abschnitt gewidmet. Hierbei
trat ein weiterer Gesichtspunkt - der des Endbenutzer-Werkzeugs
- hervor, so daß im Endeffekt eine Einordnung der 4GLs (als Pro-

grammiersprache, Entwickler-Werkzeug oder End-User Tool) vom konkreten Funktionsumfang der betrachteten Sprache bestimmt wird.

Der neue Ansatz ist aber nicht nur für die Einordnung und Auswahl von Software Tools von Nutzen, sondern auch für die Aufdeckung von offenen Automatisierungspotentialen. Diese wurden in den Phasen *Implementierung*, *Test* und *Wartung/Weiterentwicklung* festgestellt. *Tool-Defizite* existieren beispielsweise bei der Dokumentation und Mehrfachverwendung von Programmen, bei der Testabwicklung und bei der Sanierung der Software (Restrukturierung). Für die Beseitigung der ermittelten Automatisierungslücken wurden mögliche *Lösungen* vorgeschlagen, z.B. ein Expertensystem für die Unterstützung der Fehlerkorrektur.

Das Ergebnis dieser Arbeit läßt sich im wesentlichen in zwei Punkten zusammenfassen: <u>Erstens</u> wird eine neue, vollständige und eindeutige Klassifikation für Software Tools - unter besonderer Berücksichtigung von 4GLs - aufgebaut, die die Einordnung und (praxisgerechte) Auswahl von Werkzeugen unterstützt. <u>Zweitens</u> wird, durch den Vergleich der vorhandenen Tools - auf der Basis des neuen theoretischen Konzepts - mit den aufgezeigten Automatisierungspotentialen des Software Engineerings, auf bestehende Tool-Defizite aufmerksam gemacht. Hierfür werden Lösungsmöglichkeiten - auch für weitergehende (Forschungs-)Arbeiten - skizziert.

7.2 Ausblick

Mit welchen zukünftigen Entwicklungen ist bei den Software Tools
zu rechnen? Neben der Schließung vorhandener Automatisierungslücken dürfte vor allem der *qualitativen* Komponente im gesamten
Software Engineering eine steigende Bedeutung zukommen. Verbesserungen der Programmierwerkzeuge sind besonders im Bereich der
Schnittstellen zu erwarten. Das betrifft sowohl die Kommunikation der Tools untereinander, als auch die nicht-technische
Seite (Software-Ergonomie), d.h. die Gestaltung des Benutzer-
Interfaces.[1] Allein die Schaffung einer einheitlichen Ober-
fläche - Belegung der Funktionstasten, Kommandos usw. - für ganz
unterschiedliche, aber zusammen benutzte Tools, würde einen qualitativen Sprung bedeuten (was selbst große Anbieter leider noch
nicht realisiert haben). Aber nicht nur die Verbesserung der
Werkzeuge ist erforderlich, sondern auch eine entsprechende
Höherqualifizierung der Entwickler, um den steigenden Anforderungen - bei den eingesetzten Werkzeugen <u>und</u> der immer komplexer
werdenden zu entwickelnden Software - gerecht zu werden.

Wirft man einen Blick auf die allgemeinen Tendenzen im Software
Engineering, so kann man davon ausgehen, daß die Konzepte der
Tool-Integration (Software-Produktions-Umgebungen) eine zunehmende Verbreitung finden werden. Ähnliches gilt auch für die
Programmiersprachen der 4. Generation, wobei jedoch auch diese
Ansätze noch weiter zu entwickeln (Performance, Standardisierung
usw.) sind. An Bedeutung gewinnen wird weiterhin - nicht zuletzt
wegen der Möglichkeiten zur Software-Wiederverwendung - die
heute in der Praxis noch kaum gebräuchliche *objektorientierte
Programmierung*. Für das *gesamte* Software Engineering läßt sich
feststellen: Es existieren genügend Bereiche, die eine ganze
Menge Forschungstätigkeit vertragen.

---

1) Poston (1987, S. 65) formuliert die Anwenderprobleme, die aus
   der Anpassung an die Tools resultieren, so: "I believe a tool
   should do work the way you want it to. You should not have to
   change the way you do things to use the tool. Who's the
   master, anyway?"

Literaturverzeichnis

Verzeichnis der Abkürzungen

ACM   Association of Computing Machinery

GI   Gesellschaft für Informatik

GMD   Gesellschaft für Mathematik und Datenverarbeitung

HMD   Handbuch der modernen Datenverarbeitung

IEEE   Institute of Electrical and Electronics Engineers

it   Informationstechnik

PIK   Praxis der Informationsverarbeitung und Kommunikation

WiSt   Wirtschaftswissenschaftliches Studium

Abel, E., Harraß, E., Schoenen, H.J., Schwald, A. (1980): Untersuchung über Maßnahmen zur Verbesserung der Software-Produktion. Teil 2: Einsatz von Methoden der Software-Produktion in der Bundesrepublik Deutschland, GMD-Bericht 131, München

AMK Berlin (Hrsg.) (1984): Compass '84, Proceedings einer Konferenz über Computer-Anwendungen, Software und Systeme in Berlin Okt. 1984, Berlin

Ammann, U. (Hrsg.) (1984): Programmiersprachen und Programmentwicklung, 8. Fachtagung Zürich 1984, Berlin

Ammon, R.v., Fröhlich, M. (1987): C-Tools. Werkzeuge für die Programmierung in C, München

Andriole, S.J. (Hrsg.) (1986): Software Development Tools, Princeton, New Jersey

Arnold, R.S. (1986): Tutorial on Software Restructuring, IEEE Computer Society, Washington

Avison, D.E., Fitzgerald, G. (1988): Information Systems Development: Methodologies, Techniques and Tools, Oxford

Baber, R.L. (1986): Softwarereflexionen. Ideen und Konzepte für die Praxis, Berlin

Baber, R.L. (1987): Software + Wartung = Widerspruch oder beliebte, bequeme Mythen entblößt. In: Wix/Balzert, S. 105-122

Bach, F., Domann, P., Remmele, W. (Hrsg.) (1985): UNIX transparent, Berlin

Backus, J. (1978): Can Programming Be Liberated from the von Neumann Style? A Functional Style and Its Algebra of Programs. In: Communications of the ACM, 8/78, S. 613-641

Baetge, J., Neipp, G. (Hrsg.) (1985): Wirtschaftliche und soziale Auswirkungen neuer Entwicklungen in der Computertechnologie, Berlin

Baggenstos, T. (1986): UNIX als Basis für Softwareentwicklung, Berlin

Balzer, R., Cheatham, T.E., Green, C. (1983): Software Technology in the 1990's: Using a New Paradigm. In: IEEE Computer, Vol. 16, No. 11, S. 39-45

Balzert, H. (1981a): Systematischer Vergleich von Methoden, Sprachen und Werkzeugen zur Definition und Analyse von Anforderungen an Software-Produkte. In: Floyd/Kopetz, S. 265-267

Balzert, H. (1981b): Das Software-Entwicklungssystem PLASMA. In: Angewandte Informatik, 5/81, S. 204-216

Balzert, H. (1981c): Methoden, Sprachen und Werkzeuge zur Definition, Dokumentation und Analyse von Anforderungen an Software-Produkte. In: Informatik-Spektrum, Teil 1, S. 145-163, Teil 2, S. 246-260

Balzert, H. (1982): Die Entwicklung von Software-Systemen, Mannheim

Balzert, H. (Hrsg.) (1983): Software-Ergonomie, Stuttgart

Balzert, H. (Hrsg.) (1985a): Moderne Software-Entwicklungssysteme und -werkzeuge, Mannheim

Balzert, H. (1985b): Allgemeine Prinzipien des Software Engineering. In: Angewandte Informatik, 1/85, S. 1-8

Balzert, H. (1985c): Systematischer Modultest im Software-Engineering-Environment-System PLASMA. In: Elektronische Rechenanlagen, 27. Jg., 2/85, S. 75-89

Balzert, H. (1985d): Vom singulären Werkzeug zur integrierten Entwicklungsumgebung. In: Scheibl, H.-J., S. 1.2-1 bis 1.2-14

Balzert, H. (1987): Vom singulären Werkzeug zur integrierten Software-Entwicklungsumgebung. In: Angewandte Informatik 5/87, S. 175-184

Balzert, H. (Hrsg.) (1989): CASE: Systeme und Werkzeuge, Mannheim

Barkow, G. (1987): Prototyping-Konzept einer partizipativen Benutzerbeteiligung bei der Softwareentwicklung. In: Scheibl, H.-J., S. 6.1-1 bis 6.1-13

Barkow, G. (1989): Prototyping. Aufbauspritze für notleidende Projekte. In: Computerwoche EXTRA Nr.1, 10.2.89, S. 34-50

Baron, W. (1968): Methodologische Probleme der Begriffe Klassifikation und Systematik sowie Entwicklung und Entstehung in der Biologie. In: Diemer, A., S. 15-31

Barth, G. (1987): Zielsetzung, Definition und Klassifikation der 3. bis 5. Softwaregeneration. In: HMD 137, S. 3-14

Barth, G., Welsch, C. (1988): Objektorientierte Programmierung. In: it, 6/88, S. 404-421

Bauer, F.L. (1982): Informatik - eine einführende Übersicht, Teil 1, 3. Auflage, Berlin

Bauer, M. (1985): Entscheidung für eine Sprache aus der 4. Generation. In: ÖVD/Online, 7/85, S. 26-30

Bauer, M. (1987): Die Produktivität von Sprachen der 4. Generation im praktischen Einsatz. In: HMD 137, S. 41-50

Bauermann, R. (1988): Die Implementierung organisatorischer und softwaretechnologischer Methoden und Techniken: Probleme und Lösungsansätze, Frankfurt

Belli, F. (1985): Software-Qualitätssicherung: Probleme, Lösungen und Hilfsmittel. In: Scheibl, H.-J., S. 6.3-1 bis 6.3-10

Belzer, J., Holzman, A.G., Kent, A. (1979): Encyclopedia of Computer Science and Technology (Vol. 13), New York

Bender, H., Fuhrmann, R., Kittel, H.-U., Menze, B., Müller, J.-E., Nadolny, D. (1983): Software Engineering in der Praxis. Das Bertelsmann-Modell, München

Bibel, W., Siekmann, J.H. (Hrsg.) (1982): Künstliche Intelligenz. Frühjahrsschule Teisendorf, März 1982, Berlin

Birell, N.D., Ould, M.A. (1986): A Practical Handbook for Software Development, Cambridge

Birkenbihl, K. (1985): Werkzeuge für systemnahe Programmierung. In: ÖVD/Online, 3/85, S. 48-53.

Bischoff, R. (1982): Softwarequalität, Qualitätssicherung, Qualitätskontrolle. In: HMD 105, S. 3-16.

Blaschek, G. (1985): Statische Programmanalyse. In: Elektronische Rechenanlagen, 27. Jg., 2/85, S. 89-95.

Blum, B. (1982): The life cycle - A debate over alternate models. In: ACM Software Engineering Notes 7(4), S. 18-20

Böcker, H.-D. (1984): Softwareerstellung als wissensbasierter Kommunikations- und Designprozeß. Diss., Universität Stuttgart

Böcker, H.-D. (1985): Making the Invisible Visible: Tools for Exploratory Programming. In: Proceedings of the First Pan Pacific Computer Conference. The Australian Computer Society, Melbourne, Australia, September 1985, S. 563-579

Boehm, B.W. (1975): The high cost of software. In: Horowitz, E., S. 3-14

Boehm, B.W. (1981): Software Engineering Economics, Englewood Cliffs

Bolch, G., Zeis, G. (1987): Softwaretools zur Leistungsbewertung von Rechensystemen. In: Angewandte Informatik, 11/87, S. 470-480

Bolkart, W. (1987): Programmiersprachen der 4. und 5. Generation, Hamburg

Bolkart, W., Kamm, J. u.a. (1984): Sprachen der vierten Generation. In: Computer Magazin, 3/84, S. 48-59

Bourne, S.R. (1985): Das UNIX System, Bonn

Braun, D. (1986): PROMOD. In: Jähnichen/Röhrich, S. 28-42

Brereton, P. (Hrsg.) (1988): Software Engineering Environments, Chichester

Brooks, F.P. Jr. (1982): The Mythical Man-Month, Reading

Buchberger, B. (1982): Computer-unterstützter Algorithmenentwurf. In: Bibel/Siekmann, S. 141-201

Budde, M., Knabe, C., Simonsmeier, W. (1984): CIDRE. Eine interaktive Software-Entwurfs- und Entwicklungsmumgebung mit Zielsprache COBOL. In: Ammann, U., S. 171-183

Budde, R., Kuhlenkamp, K., Mathiassen, L. (Hrsg.) (1984): Approaches to Prototyping, Berlin

Budde, R., Kuhlenkamp, K., Sylla, K.-H., Züllighoven, H. (1986): Prototypenbau bei der Systemkonstruktion - Konzepte der Systementwicklung. In: Angewandte Informatik 5/86, S. 198-204

Budde, R., Schnupp, P., Schwald, A. (1980): Untersuchung über Maßnahmen zur Verbesserung der Software-Produktion. Teil 1: Theoretische Ansätze auf dem Gebiet der Software-Technologie, GMD-Bericht 130, München

Bues, M. (1987): Anforderungen an eine 4GL-Entwicklungsumgebung. In: HMD 137, S. 15-28

Bullinger, H.-J., Gunzenhäuser, R. u.a. (1986): Software-Ergonomie, Sindelfingen

Burke, J. (1978): Connections, London

Burkhart, H., Millen, R. (1988): Techniken und Werkzeuge der Programmbeobachtung am Beispiel eines Modula-2 Monitorsystems. In: Informatik Forschung und Entwicklung, 1/88, S. 6-21

Buxton, J.N., Randell, B. (Hrsg.) (1969): Software Engineering Techniques. Report on a Conference, Rome. Brüssel: NATO Scientific Affairs Division

Cakir, A. (1987): Kausalbeziehungen zwischen Software-Ergonomie und Benutzerakzeptanz beim Einsatz von Software-Werkzeugen. In: Scheibl, H.-J., S. 12.1-1 bis 12.1-10

Chandrasekaran, B., Ridicchi, S. (Hrsg.) (1981): Computer Program Testing, Amsterdam

Conradi, R. (1987): Experience with FORTRAN Verifier. In: Nichols/Simpson, S. 263-275

Conn, H.C. u.a. (1986): Software Tools and Techniques for Embedded Distributed Processing, Park Ridge, New Jersey

Cook, M.L. (1982): Software Metrics: An Introduction and annotated Bibliography. In: ACM Software Engineering Notes, Vol. 7, No. 2, S. 41-60

Correll, C.H., Debest, X. (1980): Untersuchung über Maßnahmen zur Verbesserung der Software-Produktion. Teil 3: Einsatz von Methoden des Software-Produktion, München/Wien

Curth, M.A., Wyss H.B. (1988): Information Engineering, München

Curth, M.A., Giebel, M.L. (1989): Management der Software-Wartung, Stuttgart

CW-CSE (Hrsg.) (1983): Effizientes Software Management. Proceedings zum Software Forum '83, München

Davis, W.S. (1983): Tools and Techniques for Structured Systems Analysis and Design, Reading, Mass.

Dearnley, P.A., Mayhew, P.J. (1984): On the Use of Software Development Tools in the Construction of Data Processing System Prototypes. In: Budde, R., u.a., S. 68-79

DeRemer, F., Kron, H. (1976): Programming-in-the-large versus Programming-in-the-small. In: IEEE Transactions on Software Engineering, Vol. SE-2, No. 2, June 1976, S. 80-86

Diebold Deutschland GmbH (1976): Einsatzmöglichkeiten software-technologischer Methoden mit Normungseffekt, Frankfurt

Diemer, A. (Hrsg.) (1968): System und Klassifikation in Wissenschaft und Dokumentation, Meisenheim am Glan

Disterer, G. (1987): Nichtprozedurale Programmierung. In: Angewandte Informatik, 7/87, S. 281-288

Dittrich, K.R., Hüber, R., Lockemann, P.C. (1979): Methodenbanksysteme: Ein Werkzeug zum Maßschneidern von Anwendersoftware. In: Informatik-Spektrum, 2/79, S. 194-203

Doberkat, E.-E. (1989): Zur Wiederaufbereitung von Software. In: Informatik Forschung und Entwicklung, 1/89, S. 14-24

Dworatschek, S., Höcker, H. (1985): Möglichkeiten einer Bewertung software-technologischer Methoden. In: Angewandte Informatik, 5/85, S. 183-190

Edmunds, R.A. (1987): The Prentice-Hall Encyclopedia of Information Technology, Englewood Cliffs

EDV Studio Ploenzke (1984): Tool-Studie. Eine detaillierte Untersuchung von Systemen für die rechnergestützte Software-Entwicklung. Band 1 und 2, Wiesbaden

Eisner, P. (1988): Strukturierte Software-Wartung, Diss., Zürich

End, W., Gotthardt, H., Winkelmann, R. (1986): Softwareentwicklung. Leitfaden für Planung, Realisierung und Einführung von DV-Verfahren, 5. Auflage, Berlin

Endres, A. (1988): Software-Wiederverwendung: Ziele, Wege und Erfahrungen. In: Informatik Spektrum, 2/88, S. 85-95

Engels, G. (1986): Graphen als zentrale Datenstrukturen in einer Software-Entwicklungsumgebung, Düsseldorf

ESPRIT (1987): ESPRIT '86. Results and Achievements, Amsterdam

ESPRIT (1988): ESPRIT '87. Annual Report, European Communities - Commission, Luxembourg

Estublier, J. (1988): Configuration Management: The Notion and the Tools. In: Winkler, J.F.H., S. 38-61

Fairley, R.E. (1980): Software Validation and Pre-implementation Issues. In: Riddle/Fairley, S. 213-233

Fairley, R.E. (1981): Software Testing Tools. In: Chandrasekaran/Ridicchi, S. 151-186

Fergen, H. (1985): PINDAR - Vom Datenbanksystem zum Anwendungsentwicklungssystem. In: Der GMD-Spiegel 3/4-85, S. 23-29

Floyd, C. (1984a): A Systematic Look at Prototyping. In: Budde, R., u.a., S. 1-18

Floyd, C. (1984b): Eine Untersuchung von Software-Entwicklungsmethoden. In: Morgenbrod/Sammer, S. 248-274

Floyd, C., Kopetz, H. (Hrsg.) (1981): Software Engineering - Entwurf und Spezifikation. Berichte des German Chapter of the ACM, Band 5, Stuttgart

Floyd, C., Mehl, W.-M., Reisin, F.-M., Schmidt, G., Wolf, G. (1987): SCANORAMA. Methoden, Konzepte, Realisierungsbedingungen und Ergebnisse von Initiativen alternativer Softwareentwicklung und -gestaltung in Skandinavien. Werkstattbericht Nr. 30, Ministerium für Arbeit, Gesundheit und Soziales des Landes Nordrhein-Westfalen, Düsseldorf

Foidl, H., Hillebrand, K., Tavolato, P. (1986): Prototyping, die Methode - das Werkzeug - die Erfahrungen. In: Angewandte Informatik, 3/86, S. 95-100

Ford, B., Rault, J.C., Thomasset, F. (Hrsg.) (1984): Tools, Methods and Languages for Scientific and Engineering Computation, Amsterdam

Forschungskommission Baden-Württemberg (Hrsg.) (1982): Abschlußbericht der Forschungskommission Baden-Württemberg, 2. Auflage, Stuttgart

Frank, U. (1988): Expertensysteme: Neue Automatisierungspotentiale im Büro- und Verwaltungsbereich?, Wiesbaden

Freeman, P. (1987): Software Perspectives. The System is the Message, Reading, Mass.

Friedrichs, K.J., Quiel, G., Werner, G. (1986): Sprachen der 4. Generation: für wen, für was?, Köln

Geissmann, L. (1985): Der Lilith-Debugger. Ein modernes Werkzeug zur Fehlersuche in Modula-2 Programmen. In: Elektronische Rechenanlagen, 2/85, S. 95-106

General Electric Company (Hrsg.) (1986): Software Engineering Handbook, New York

Gewald, K., Hertel, D., Witt, J. (1977): COLUMBUS - Strukturierte Programmierung in der Praxis. In: Elektronische Rechenanlagen, 1/77, S. 30-34

Gewald, K., Haake, G., Pfadler, W. (1982): Software Engineering, 3. Auflage, München

Ghezzi, C., Jazayeri, M. (1989): Konzepte der Programmiersprachen, München

Gilb, T. (1987): Evolutionäres Entwickeln - Eine alternative Methode des Software-Engineering. In: Computer Magazin, 1-2/87, S. 17-19

Giloi, W. (1984): Die Entwicklung der Rechnerarchitektur von der von-Neumann-Maschine bis zu den Rechnern der "fünften Generation". In: Elektronische Rechenanlagen, 2/84, S. 55-70

Giloi, W., Schulze-Vorberg, M. (Hrsg.) (1983): Intelligenztechnologie - Konzepte, Sprachen, Praktische Anwendungsmöglichkeiten. Fachseminar des German Chapter of the ACM, 3. - 4. Mai 1983 Berlin, Stuttgart

Goldberg, R. (1986): Software Engineering. An emerging discipline. In: IBM Systems Journal, 3-4/86, S. 334-353

Goos, G. (Hrsg.) (1981): Werkzeuge der Programmiertechnik, Informatik-Fachberichte 43, Berlin

Griese, J. (1988): 4.-Generation-Sprachen und Softwareentwicklungssysteme. In: Österle, H., S. 53-58

Gutzwiller, T., Österle, H. (Hrsg.) (1988): Anleitung zu einer praxisorientierten Software-Entwicklungsumgebung. Band 2: Entwicklungssysteme und 4.-Generation-Sprachen, Hallbergmoos

Habermann, A.N. (1980): Tools for Software System Construction. In: Riddle/Fairley, S. 10-21

Hague, S.J. (1984): The Role of Editors in the Programming Environment. In: Ford, B., u.a., S. 327-343

Hansen, H.R. (Hrsg.) (1979): Mensch und Computer. Zur Kontroverse über die ökonomischen und gesellschaftlichen Auswirkungen der EDV, München

Hansen, H.R. (Hrsg.) (1985): Fachgespräche zu den Themen Softwaretechnologie, Standardsoftware, Büroautomation, Bildschirmtext. GI-OCG-ÖGI-Jahrestagung 1985, Berlin

Hansen, H.R. (1986): Wirtschaftsinformatik I, 5. Auflage, Stuttgart

Harmon, P., King, D. (1989): Expertensysteme in der Praxis, 3. Auflage, München

Haß, P. (1984): Kriterien zur Auswahl von Werkzeugen zur Software-Erstellung. In: AMK Berlin, S. 305-320

Hausen, H.-L. (1983): Software-Produktionsumgebungen. In: Informatik-Spektrum, S. 39-40

Hausen, H.-L. (Hrsg.) (1984): Software Validation. Proceedings of the Symposium on Software Validation, Amsterdam

Hausen, H.-L., Müllerburg, M. (1981): Software-Produktions-Umgebungen: Entwicklungsstand und Trends. In: Goos, G., S. 1-27

Hausen, H.-L., Müllerburg, M., Sneed, H.M. (1985): Software-Produktionsumgebungen, Köln

Hecht, H. (1981): Final Report: A Survey to Software Tools Usage, NBS (National Bureau of Standards) Special Publication (500-82), U.S. Department of Commerce, Washington

Hecht, H. (1982): The Introduction of Software Tools, NBS (National Bureau of Standards) Special Publication (500-91), U.S. Department of Commerce, Washington

Heilmann, H. (Hrsg.) (1979): 8. Jahrbuch der EDV: Computerunterstützte Systementwicklung und -dokumentation, Wiesbaden

Heilmann, H. (1984): Das Management von Softwareprojekten. In: HMD 116, S. 3-22

Heinrich, L.J. (1985): Wirtschaftsinformatik als Wissenschaft; Entwicklung, Stand und Perspektiven. In: Heinrich/Lüder, S. 35-59

Heinrich, L.J., Lüder, K. (Hrsg.) (1985): Angewandte Betriebswirtschaftslehre und Unternehmensführung, Herne

Heinrich, L.J., Roithmayr, F. (1986): Wirtschaftsinformatik-Lexikon, München

Heintke, H. (1985): UNIX in der Software-Entwicklung. In: Bach, F., u.a., S. 75-117

Hering, E. (1984): Software-Engineering, Braunschweig

Hesse, W. (1981a): Methoden und Werkzeuge zur Software-Entwicklung: Einordnung und Überblick. In: Goos, G., S. 113-153

Hesse, W. (1981b): Methoden und Werkzeuge zur Software-Entwicklung - Ein Marsch durch die Technologie-Landschaft. In: Informatik-Spektrum, S. 229-245

Hesse, W., Keutgen, H., Luft, A.L., Rombach, H.D. (1984): Ein Begriffssystem für die Softwaretechnik. In: Informatik-Spektrum, S. 200-213

Hildebrand, K. (1988a): Software Tools - Werkzeuge für jedes Problem? In: PIK, 4/88, S. 258-262

Hildebrand, K. (1988b): Systementwicklung. Software Tools in der Programmentwicklung. In: WiSt, 10/88, S. 525-526

Hildebrand, K. (1989a): Software-Tools: Einsatz im Software-Life-Cycle. In: Computer Magazin, 8/89, S. 47-48

Hildebrand, K. (1989b): Systementwicklung. Prototyping: Ein Überblick von der evolutionären Systementwicklung bis zum individuellen Prototyping. In: WiSt, 12/89, S. 627-628

Hoffnagle, G.F., Beregi, W.E. (1985): Automating the software development process. In: IBM Systems Journal, 2/85, S. 102-120

Hommel, G., Schindler, S. (Hrsg.) (1986): GI - 16. Jahrestagung, Band 1, Berlin

Horowitz, E. (Hrsg.) (1975): Practical Strategies for Developing Large Software Systems, Reading

Houghton, R.C. (1981): Features of Software Development Tools, NBS (National Bureau of Standards) Special Publication (500-74), U.S. Department of Commerce, Washington

Houghton, R.C. (1982): Software Development Tools, NBS (National Bureau of Standards) Special Publication (500-88), U.S. Department of Commerce, Washington

Houghton, R.C. **(1983):** Software Development Tools: A Profile. In: IEEE Computer, 5/83, S. 63-70

Houghton, R.C., Oakley, K.A. (Hrsg.) (1980): NBS Software Tools Database, NBS (National Bureau of Standards) (NBSIR 80-2159), U.S. Department of Commerce, Washington

Hoyer, W., Raffler, H., Stadel, M., Wehrum, R.P. (1984a): Programmiersprachen. In: Sammer/Remmele, S. 99-129

Hoyer, W., Raffler, H., Stadel, M., Wehrum, R.P. (1984b): Inkrementelle Compiler und Programmierumgebungen zur interaktiven Programmentwicklung. In: Sammer/Remmele, S. 167-185

Hruschka, P. (1985): Integrierte Systemproduktionsumgebungen. In: Elektronische Rechenanlagen, 2/85, S. 60-68

Ivie, E.L. (1977): The Programmers Workbench - A Machine for Software Development. In: Communications of the ACM, 10/77, S. 746-753

Jackson, M.A. (1979): Grundsätze des Programmentwurfs, Darmstadt

Jackson, M.A. (1988): Für komplexe Projekte sind flexible Tools notwendig. In: Computerwoche, 8.1.88, S. 26-27

Jähnichen, S., Röhrich, J. (Hrsg.) (1986): Seminar Programmierumgebungen, GMD-Studie 112, St. Augustin

Jamin, K.W. (1988): Das Software-Lexikon, Sindelfingen

Jones, C. (1987): Effektive Programmentwicklung - Grundlagen der Produktivitätsanalyse, Hamburg

Kargl, H. (1989): Fachentwurf für DV-Anwendungssysteme, München

Kaucky, G., Niedereichholz, J. (1988): Evaluation von 4.-Generation-Sprachen. In: Österle, H., S. 59-69

Keil-Slawik, R. (1988): Die Gestaltung des Unsichtbaren. In: Computer Magazin, 7-8/88, S. 39-41

Kernighan, B.W., Plauger, P.L. (1980): Programmierwerkzeuge, Berlin

Kernighan, B.W., Plauger, P.L. (1981): Software Tools in Pascal, Reading, Mass.

Kieser, A., Hildebrand, K. (1990): Management des Wandels in den Anwendungsbereichen. In: Kurbel/Strunz, S. 703-719

Kimm, R., Koch, W. Simonsmeier, W., Tontsch, F. (1979): Einführung in Software Engineering, Berlin

Krebs, H. (1985): Software-Werkzeuge bei Entwurf und Prüfung sicherheitsrelevanter Programme. In: Scheibl, H.-J., S. 11.4-1 bis 11.4-8

Krebs, H. (1988): Entwurf und quantitative Beschreibung diversitärer Software, Köln

Kreplin, K.-D. (1987): Prototyping mit Werkzeugen der vierten Generation. In: HMD 137, S. 29-40

Kunze, T. (1984): Sprachen der 4. Generation - Einsatzgebiete und Auswirkungen. In: AMK Berlin, S. 151-159

Kupka, I. (1983): Paradigmen des Programmierens. In: Schauer/Tauber, S. 11-34

Kurbel, K. **(1985):** Programmierstil in PASCAL, COBOL, FORTRAN, BASIC, PL/1, Berlin

Kurbel, K. **(1987):** Wirtschaftsinformatik = Betriebswirtschaftslehre und/oder Informatik? Arbeitsbericht Nr. 6 des Lehrstuhls für Betriebsinformatik der Universität Dortmund

Kurbel, K., Eicker, S. **(1987):** Ein Streifzug durch die Welt der Programmiersprachen. Arbeitsbericht Nr. 10 des Lehrstuhls für Betriebsinformatik der Universität Dortmund

Kurbel, K., Strunz, H., (Hrsg.) **(1990):** Handbuch Wirtschaftsinformatik, Stuttgart

Lamb, D.A. **(1988):** Software Engineering: Planning for Change, Englewood Cliffs

Laubsch, J.H. **(1983):** Interaktive Programmentwicklungsumgebungen für Lisp und Smalltalk. In: Giloi, W., S. 70-85

Leppert, M., Stork, B. **(1984):** Entwicklungsumgebungen - Status quo und Perspektiven. In: Sammer/Remmele, S. 205-236

Leppert, M., Zeidler, A. **(1986):** MFH - Ein Werkzeug zur Menü- und Formulargestaltung bei einem Software-Arbeitsplatz. In: Informatik Forschung und Entwicklung, S. 170-180

Levy, L.S. **(1987):** Taming the Tiger. Software Engineering and Software Economics, Berlin

Lomax, J.D. **(1977):** Data Dictionary Systems, Rochelle Park, New Jersey

Lucas, J., Schmitt, A. **(1987):** Ein Werkzeug für die Wartung und automatische Dokumentation modularer PASCAL-Porgramme. In: Scheibl, H.-J., S. 7.2-1 bis 7.2-6

Ludewig, J. **(1985):** Sprachen für die Programmierung, Mannheim

Luft, A.L. **(1988):** Informatik als Technikwissenschaft, Mannheim

Macro, A., Buxton, J. **(1987):** The Craft of Software Engineering, Reading, Mass.

Martin, J. **(1985a):** Manifest für die Informations-Technologie von morgen, Düsseldorf

Martin, J. **(1985b):** Fourth-Generation Languages, Vol. I, Principles, Englewood Cliffs

Martin, J. **(1986a):** Fourth-Generation Languages, Vol. II, Representative 4GLs, Englewood Cliffs

Martin, J. **(1986b):** Fourth-Generation Languages, Vol. III, 4GLs from IBM, Englewood Cliffs

Martin, J., McClure, C. **(1983):** Software Maintenance, Englewood Cliffs

Marty, R. **(1988):** Objektorientierte Software-Entwicklung. In: Österle, H., S. 147-163

Menth, E., Normann, G. **(1985):** Systematisches Testen mit Unterstützung durch Werkzeuge. In: Scheibl, H.-J., S. 11.3-1 bis 11.3-10

Mertens, P. (Hrsg.) **(1987):** Lexikon der Wirtschaftsinformatik, Berlin

Millen, R. (1986): Techniken und Werkzeuge zur Programmüberwachung in Ein- und Mehrprozessorsystemen, Diss., Zürich

Miller, E.F. (Hrsg.) (1979): Tutorial. Automated Tools for Software Engineering, IEEE Computer Society, New York

Mittelstraß, J. (Hrsg.) (1984): Enzyklopädie Philosophie und Wissenschaft, Bd. 2, Mannheim

Möller, K.-H. (1983): Entwicklung von Software als organisatorischer Prozeß - ein Vergleich verschiedener Phasenkonzepte. In: Angewandte Informatik, 7/83, S. 284-289

Möller, K.-H. (1985): Die Kenntnis der Fehlerverteilung im Code als Hilfsmittel zur Qualitätsverbesserung und zur Vorhersage der zu erwartenden Fehler. In: Scheibl, H.-J., S. 9.2-1 bis 9.2-17

Molzberger, P. (1981): Reflexionen zum Thema "Software-Tools". In: Molzberger/Schelle, S. 53-86

Molzberger, P. (1985): Kreative Software-Tools. In: Molzberger/Zemanek, S. 149-175

Molzberger, P., Schelle, H. (Hrsg.) (1981): Software. Moderne Methoden zur Planung, Realisierung und Kontrolle der Entwicklung, München

Molzberger, P., Schelle, H. (Hrsg.) (1983): Psychologische Aspekte der Software-Entwicklung, München

Molzberger, P., Zemanek, G.V. (Hrsg.) (1985): Software-Entwicklung: Kreativer Prozeß oder formales Problem, Stuttgart

Morgenbrod, H., Remmele, W. (Hrsg.) (1985): Entwurf großer Software-Systeme. Berichte der ACM Bd. 19, Stuttgart

Morgenbrod, H., Sammer, W. (Hrsg.) (1984): Programmierumgebungen und Compiler. Berichte der ACM Bd. 18, Stuttgart

Muchsel, R. (1989): Transparenz durch SW-Monitore. In: PIK, 1/89, S. 39-43

Müller, E. (1988): Software-Engineering als kreativer Prozess. Meta-Kriterien für die Entwicklung von Informatiklösungen, Bern

Müllerburg, M. (1988): Software-Entwicklung: Von Werkzeugen zu Produktionsumgebungen. In: Österle, H., S. 229-245

Myers, G.J. (1982): Methodisches Testen von Programmen, München

Nassi, I.R. (1980): A Critical Look at the Process of Tool Development: An Industrial Perspective. In: Riddle/Fairley, S. 40-51

Nastansky, L., Bernartz, W. (1983): Menügenerator: Ein Software-Entwicklungswerkzeug zur interaktiven Generierung von Menü-Rahmenprogrammen. In: Balzert, H., S. 171-182

National Bureau of Standards (1983): Guideline: A Framework for the Evaluation and Comparison of Software Development Tools. Federal Information Processing Standards Publication 99, U.S. Department of Commerce, Washington

Naur, P., Randell, B. (Hrsg.) (1969): Software Engineering. Report on a Conference. Garmisch, 1968, NATO Scientific Affairs Division, Brüssel

Neipp, G., (1985): Der Einfluß zukünftiger Rechnergenerationen auf die Unternehmensführung. In: Baetge/Neipp, S. 59-84

Nichols, H.K., Simpson, D. (Hrsg.) (1987): ESEC '87. 1st European Software Engineering Conference Strasbourg, France, Sept. 9-11, 1987, Proceedings, Berlin

Nolle, U., Gerber, S. (1985): CASE - Ein integrierender Software-Entwicklungsprozeß. In: Scheibl, H.-J., S. 10.2-1 bis 10.2-4

Österle, H. (1981): Entwurf betrieblicher Informationssysteme, München

Österle, H. (1983): Die Auswirkungen von Methoden und Werkzeugen auf die Software-Wirtschaftlichkeit. In: CW-CSE, S. 41-66

Österle, H. (Hrsg.) (1988a): Anleitung zu einer praxisorientierten Software-Entwicklungsumgebung. Band 1: Erfolgsfaktoren werkzeuggestützter Software-Entwicklung, Hallbergmoos

Österle, H. (1988b): Auf dem Weg zum Computer Integrated Software-Engineering. In: Österle, H., S. 9-28

Oestreich, H. (1984): Klassifizierung, Beurteilung und Auswahl von Werkzeugen. In: AMK Berlin, S. 289-304

Online Publications (Hrsg.) (1987): Software Tools: Improving applications. Proceedings of the conference held at Software Tools 87, London June 87, London

Osterweil, L.J. (1980): A Software Lifecycle Methodology and Tool Support. In: Riddle/Fairley, S. 82-92

o.V. (1985): Tools: Auswahl-Dilemma kontra Spezialbedürfnis. In: Computerwoche, 17.5.1985, S. 39-48 und 24.5.1985, S. 41-50

o.V. (1988): Tools: Wo Definitionen fehlen, gibt es auch keine Systematik. In: Computerwoche, 8.1.1988, S. 30-34

Panzl, D.J. (1978): Automatic software test drivers, In: IEEE Computer, 4/78, S. 44-50

Partridge, D. (1988): KI und das Software Engineering der Zukunft, Hamburg

Peschanel, F.D. (1985): Software-Entwicklung: Kreativer Prozeß oder formales Problem? In: Molzberger/Zemanek, S. 11-46

Platz, G. (1985): Methoden der Softwareentwicklung - Lehr- und Arbeitsbuch zur rationellen Programmentwicklung, 2. Auflage, München

Pomberger, G. (1982): Ein Werkzeug zur interaktiven Programmentwicklung und -dokumentation. In: Elektronische Rechenanlagen, 5/82, S. 218-224

Pomberger, G. (1984): Softwaretechnik und Modula-2, München

Pomberger, G. (1985): Lilith und Modula-2. Werkzeuge der Softwaretechnik, München

Pomberger, G. (1988): Integration von Prototyping in Software-Entwicklungsumgebungen. In: Österle, H., S. 101-116

Pomberger, G., Remmele, W. (1987a): Prototyping-orientierte Software-Entwicklung. In: Information Management, 2/87, S. 28-35

Pomberger, G., Remmele, W. (1987b): Werkzeuge und Hilfsmittel für Rapid Prototyping. In: Information Management, 4/87, S. 20-25

Poston, R.M. (1987): Getting the most out of new tools. In: IEEE Software, 1/87, S. 65-66

Pressman, R.S. (1982): Software Engineering. A Practitioners's Approach, New York

Preßmar, D.B. (1988): Strategien für den Einsatz von Methoden und Werkzeugen in der Softwaretechnologie. In: Gutzwiller/ Österle, S. 9-24

Proebster, W.E., Remshardt, R., Schmid, H.A. (Hrsg.) (1985): Methoden und Werkzeuge zur Entwicklung von Programmsystemen, München

Ramamoorthy, C.V., Ho, S.F. (1977): Testing Large Software with automated Software Evaluation Systems. In: Yeh, R.T., S. 112-150

Ramamoorthy, C.V., Dong, S.T., Ganesh, S.L., Jen, C-H, Tsai, W-T (1982): Techniques in Software Quality Assurance. In: Sneed/Wiehle, S. 11-34

Rechenberg, P. (1984): Werkzeuge zur statischen Programmanalyse. In: AMK Berlin, S. 519-534

Rechenberg, P. (1985a): Editorial zu "Werkzeuge der Software-technik". In: Elektronische Rechenanlagen, 2/85, S. 59-60

Rechenberg, P. (1985b): Werkzeuge der Softwaretechnik. In: Elektronische Rechenanlagen, 2/85, S. 106-110

Rechenberg, P., Schauer, H., Schoitsch, E. (1983): Software-Engineering, Wien

Reifer, D.J., Montgomery, H.A. (1979): Software Tool Taxonomy. Annotated Bibliography, for: National Bureau of Standards, Institute for Computer Science and Technology, by: Software Management Consultants, Torrance, California

Reifer, D.J., Montgomery, H.A. (1980): Final Report. Software Tool Taxonomy, Software Management Consultants Report No. SMC-TR-004, National Bureau of Standards, Washington

Reifer, D.J., Trattner, S. (1977): A Glossary of Software Tools and Techniques. In: IEEE Computer, 7/77, S. 52-60

Riddle, W.E., Fairley, R.E. (Hrsg.) (1980): Software Development Tools, Berlin

Riemann, W. (1988): Betriebsinformatik, München

Rothhardt, G. (1987): Praxis der Softwareentwicklung, Heidelberg

Ruf, W. (1988): Ein Software-Entwicklungs-System auf der Basis des Schnittstellen-Management-Ansatzes. Für Klein- und Mittelbetriebe, Berlin

Sammer, W., Remmele, W. (Hrsg.) (1984): Programmierumgebungen: Entwicklungswerkzeuge und Programmiersprachen, Berlin

Schauer, H., Tauber, M.J. (Hrsg.) (1983): Psychologie des Programmierens, Wien

Schauer, H., Tauber, M.J. (Hrsg.) (1984): Psychologie der Computerbenutzung, Wien

Scheibl, H.-J. (Hrsg.) (1985a): Software-Entwicklungs-Systeme und -Werkzeuge. Kolloquium September 1985, Esslingen

Scheibl, H.-J. (1985b): Einführung. In: Scheibl, H.-J., S. 1.1-1 bis 1.1-4

Scheibl, H.-J. (Hrsg.) (1987): Software-Entwicklungs-Systeme und -Werkzeuge. 2. Kolloquium September 1987, Esslingen

Scheibl, H.-J. (Hrsg.) (1989): Kommerzielle Software-Entwicklung, Sindelfingen

Schink, J. (1985): Verifikation und Validation von Software-Systemen - Ein Erfahrungsbericht über SW-Qualitätssicherungsmaßnahmen bei mittleren und großen Projekten. In: Scheibl, H.-J., S. 6.1-1 bis 6.1-23

Schmid, W. (1987): Data Dictionaries. In: Computer Magazin, 6/87, S. 42-45

Schmitz, P. (1982): Methoden, Verfahren und Werkzeuge zur Gestaltung Rechnergestützter betrieblicher Informationssysteme (RBIS). In: Angewandte Informatik, 2/82, S. 72-79

Schneider, H.-J., Wasserman A.I. (Hrsg.) (1982): Automated Tools for Information Systems Design, Amsterdam

Schneider, M. (1986): Programmierwerkzeuge - ihre Integration in eine objektorientierte Programmierumgebung. In: Hommel/ Schindler, S. 195-211

Schnupp, P. (1983): Softwaretechnologie für den kommerziellen Anwender - Bringen die 80er Jahre einen Paradigmenwechsel? In: Molzberger/Schelle, S. 156-171

Schnupp, P. (1986): Expertensysteme - nicht nur für Informatiker, Berlin

Schütte, A., Feldmann, D. (1988): OCCAM2 Softwaretools, Hamburg

Schulz, A. (1982a): Methoden des Software-Entwurfs und Strukturierte Programmierung, 2. Auflage, Berlin

Schulz, A. (1982b): Vom CAD zum CAS. In: Angewandte Informatik, 12/82, S. 607-614

Schulz, A. (1984): CAS, ein System für den interaktiven Programmentwurf. In: Schauer/Tauber, S. 149-163

Schulz, A. (1986): Ein Klassifizierungs- und Bewertungsschema für Software-Engineering-Werkzeuge, insbesondere CAS-Systeme. In: Angewandte Informatik, 5/86, S. 191-197

Schulz, A. (1988a): Software-Entwurf. Methoden und Werkzeuge, München

Schulz, A. (1988b): CAS(E)-Systeme, ein Statusbericht. In: Angewandte Informatik, 12/88, S. 524-532

Schulz, A. (1989): Software-Lifecycle- und Vorgehensmodelle. In: Angewandte Informatik, 4/89, S. 137-142

Schumann, J., Gerisch, M. (1986): Softwarentwurf, Köln

Schwarze, J. (1989): Einführung in die Wirtschaftsinformatik, Herne

Seibt, D., Wirtz, K.W. (1981): Stand und Entwicklungstendenzen des Einsatzes von Programmiersprachen, Programmiermethoden und Systemen in der Wirtschafts- und Verwaltungspraxis - Ergebnisse einer Frageboden-Erhebung. Arbeitsbericht des Fachbereichs Betriebsinformatik, Universität Essen - Gesamthochschule 81/2, Essen

Seibt, D. (1987): Phasenkonzept. In: Mertens, P., S. 253-255

Sell, R. (1988): Angewandtes Problemlösungsverhalten. Denken und Handeln in komplexen Zusammenhängen, Berlin

Shooman, M.L. (1983): Software Engineering, New York

Shore, J. (1987): Der Sachertorte-Algorithmus, Berlin

Siebel, W. (1968): System, Klassifizierung und Messung. In: Diemer, A., S. 120-131

Siemens AG (Hrsg.) (1985): Modern Werkzeuge zur Softwareerstellung. Toolmanager TOM. Verfahrensbeschreibung, München

Siemens AG (Hrsg.) (1986): Strukturierte Programmierung mit COLUMBUS. Entscheidungstabellen und Generatortechnik. Verfahrensbeschreibung, München

Simonsmeier, W. (1988): Der CASE-Markt im Aufbruch. In: Computer Magazin, 7-8/88, S. 41-44

Sneed, H.M. (1979): Das Software Testlabor. In: Heilmann, H., S. 31-68

Sneed, H.M. (1982): Computergestützte Software-Qualitätssicherung. In: HMD 105, S. 53-65

Sneed, H.M. (1983): Software-Qualitätssicherung für kommerzielle Anwendungssysteme, Köln

Sneed, H.M. (1986): Software-Entwicklungsmethodik, 5. Auflage, Köln

Sneed, H.M. (1987a): Software-Management, Köln

Sneed, H.M. (1987b): Software-Sanierung. In: Wix/Balzert, S. 123-144

Sneed, H.M. (1988a): Software Qualitätssicherung, Köln

Sneed, H.M. (1988b): Software-Testen. Stand der Technik. In: Informatik Spektrum, 6/88, S. 303-311

Sneed, H.M. (1989): Software Engineering - Überblick. In: PIK, 1/89, S. 11-18

Sneed, H.M., Wiehle, H.R. (Hrsg.) (1982): Software-Qualitätssicherung, Stuttgart

Sobell, M.G. (1988): Programmiersprachen der vierten Generation, München

Sodeur, W. (1974): Empirische Verfahren zur Klassifikation, Stuttgart

Sommer, M. **(1984):** Programmierumgebungen. In: Sammer/Remmele, S. 61-98

Sommer, M. **(1987):** Informatik - eine PC-orientierte Einführung, Hamburg

Sommerville, I. **(Hrsg.)** **(1986):** Software Engineering Environments, London

Sommerville, I. **(1988):** Software Engineering, Bonn

Spitta, T. **(1989):** Software Engineering und Prototyping, Berlin

Stahlknecht, P. **(1987):** Einführung in die Wirtschaftsinformatik, 3. Auflage, Berlin

Stahlknecht, P., Warner, A. **(1986):** Stand der Entwicklung und des Einsatzes von Softwareentwicklungswerkzeugen - Ergebnisse einer empirischen Untersuchung. Universität Osnabrück

Stetter, F. **(1983):** Softwaretechnologie, 2. Auflage, Mannheim

Stetter, F., Xinbo, L. **(1988):** Programmanimation und visuelle Programmierung. In: PIK, 3/88, S. 175-177

Stobbe, C. **(1984):** Softwarentwicklungsumgebungen. In: Sammer/Remmele, S. 31-59

Stucki, L.G. **(1977):** New directions in automated tools for improving software quality. In: Yeh, R.T., S. 80-111

Stucki, L.G. **(1984):** What about CAD/CAM for Software? The ARGUS Concept. In: Hausen, H.-L., S. 311-320

Tavolato, P., Vincena, K. **(1984):** A Prototyping Methodology and its Tools. In: Budde, R., u.a., S. 434-445

Terplan, K. **(1984):** Werkzeugorientierte Leistungsoptimierung von Computersystemen und Rechnernetzen in der Praxis. In: HMD 119, S. 21-34

Thurner, R. **(1984):** Trends in der Integration von Software-Werkzeugen. In: AMK Berlin, S. 73-86

Thurner, R. **(1987):** Technologie der Software-Wartung. In: Wix/Balzert, S. 145-172

Tichy, W.F. **(1988):** Tools for Software Configuration Management. In: Winkler, J.F.H., S. 1-20

Tobiasch, R. **(1984):** Anforderungen an Software-Entwicklungsumgebungen und Programmiersprachen. In: Sammer/Remmele, S. 1-29

Volck, R. **(1988):** Software Engineering mit UNIX-Workstations, München

Vorndran, E. **(1983):** Entwicklungsgeschichte des Computers, Berlin

Wallmüller, Ernest **(1985):** Eine Methode und ein Werkzeug für den Softwarentwurf. In: Angewandte Informatik, 10/85, S. 424-430

Walraet, B. **(1989):** Programming, the Impossible Challenge, Amsterdam

Wasserman, A.I. (1980): Software Tools and the User Software Engineering Project. In: Riddle/Fairley, S. 93-113

Wasserman, A.I. (Hrsg.) (1981a): Tutorial: Software Development Environments, New York

Wasserman, A.I. (1981b): Toward Integrated Software Development Environments. In: Wasserman, A.I., S. 15-35

Wasserman, A.I. (1981c): The Ecology of Software Development Environments. In: Wasserman, A.I., S. 47-52

Weinberg, G.M. (1971): The Psychology of Computer Programming, New York

Winkler, J.F.H. (Hrsg.) (1988): Proceedings of the International Workshop on Software Version and Configuration Control, Stuttgart

Wirtz, K.W. (1987): Softwaretools. In: Mertens, P., S. 312

Wix, B., Balzert, H. (Hrsg.) (1987): Softwarewartung, Mannheim

Yeh, R.T. (Hrsg.) (1977): Current Trends in Programming Methodology, Vol. II, Programming Validation, Englewood Cliffs

Yourdon, E. (1975): Techniques of Program Structure and Design, Englewood Cliffs

Zehnder, C.A. (1986): Informatik-Projektentwicklung, Stuttgart

Zelewski, St.v. (1986): Das Leistungspotential der künstlichen Intelligenz. Eine informationstechnisch-betriebswirtschaftliche Analyse, Band 1-3, Bonn

Zemanek, G. (1983): Psychologische Ursachen von Programmierfehlern. In: Schauer/Tauber, S. 111-129

Zilahi-Szabó, M.G. (1988): Informatik, München

Zimmerl, O. (1987): Wartung und Pflege mit Data Dictionaries - ein Leistungsvergleich. In: HMD 135, S. 19-29

Stichwortverzeichnis

Betriebs- und Wirtschaftsinformatik

Herausgeber: H. R. Hansen, H. Krallmann,
P. Mertens, A.-W. Scheer, D. Seibt, P. Stahlknecht,
H. Strunz, R. Thome

Band 6: **W. Sinzig**, Walldorf

Datenbankorientiertes Rechnungswesen

Grundzüge einer EDV-gestützten Realisierung der Einzelkosten- und Deckungsbeitragsrechnung
3. Aufl. 1990. DM 78,- ISBN 3-540-51786-3

Band 8: **T. Noth, M. Kretzschmar**

Aufwandschätzung von DV-Projekten

Darstellung und Praxisvergleich der wichtigsten Verfahren
2. Auflage. 1985. DM 42,- ISBN 3-540-16069-8

Band 10: **H. Krallmann** (Hrsg.)

Lokale und öffentliche Netze

Interdependenzen, Erfahrungsberichte, Wirtschaftlichkeit und Entwicklungstendenzen
1984. DM 39,- ISBN 3-540-13357-7

Band 11: **W. Mülder**

Organisatorische Implementierung von computergestützten Personalinformationssystemen

Einführungsprobleme und Lösungsansätze
1984. DM 60,- ISBN 3-540-13360-7

Band 14: **N. Wittemann**

Produktionsplanung mit verdichteten Daten

1985. DM 64,- ISBN 3-540-15665-8

Band 15: **G. Diruf** (Hrsg.)

Logistische Informatik für Güterverkehrsbetriebe und Verlader

1985. DM 48,- ISBN 3-540-15692-5

Band 17: **A. Schulz** (Hrsg.)

Die Zukunft der Informationssysteme Lehren der 80er Jahre

Dritte gemeinsame Fachtagung der Österreichischen Gesellschaft für Informatik (ÖGI) und der Gesellschaft für Informatik (GI). Johannes Kepler Universität Linz, 16.-18. September 1986
1986. DM 106,- ISBN 3-540-16802-8

Band 18: **H. R. Göpfrich**

Bildschirmtext in der Ausbildung

Dargestellt am Beispiel der Wirtschaftsuniversität Wien
1987. DM 74,- ISBN 3-540-17175-4

Band 19: **M. Schumann**

Eingangspostbearbeitung in Bürokommunikationssystemen

Expertensystemansatz und Standardisierung
1987. DM 54,- ISBN 3-540-17369-2

Band 20: **T. Noth**

Unterstützung des Managements von Software-Projekten durch eine Erfahrungsdatenbank

1987. DM 69,- ISBN 3-540-17842-2

Band 21: **H. Demmer**

Datentransportkostenoptimale Gestaltung von Rechnernetzen

1987. DM 69,- ISBN 3-540-17919-4

Band 22: **J. Becker**

Architektur eines EDV-Systems zur Materialflußsteuerung

1987. DM 65,-. ISBN 3-540-18349-3

Band 23: **P. Haun**

Entscheidungsorientiertes Rechnungswesen mit Daten- und Methodenbanken

1987. DM 55,- ISBN 3-540-18418-X

Band 24: **E. Plattfaut**

DV-Unterstützung strategischer Unternehmensplanung

1988. DM 45,- ISBN 3-540-18631-X

Band 25: **R. Brombacher**

Entscheidungsunterstützungssysteme für das Marketing-Management

Gestaltungs- und Implementierungsansatz für die Konsumgüterindustrie
1988. DM 69,- ISBN 3-540-18667-0

Band 26: **F. Schober**

Modellgestützte strategische Planung für multinationale Unternehmungen

Konzeption, Potential und Implementierung
1988. DM 78,- ISBN 3-540-18767-7

Band 27: **J. Hofmann**

Aktionsorientierte Datenverarbeitung im Fertigungsbereich
1988. DM 49,- ISBN 3-540-18798-7

Band 28: **W. Brenner**

Entwurf betrieblicher Datenelemente

Ein Weg zur Integration von Informationssystemen
1988. DM 55,- ISBN 3-540-18951-3

Band 29: **R. Oetinger**

Benutzergerechte Software-Entwicklung
1988. DM 78,- ISBN 3-540-19135-6

Band 30: **G. Zimmermann**

Produktionsplanung variantenreicher Erzeugnisse mit EDV
1988. DM 120,- ISBN 3-540-19203-4

Band 31: **P. Mertens, V. Borkowski, W. Geis**

Betriebliche Expertensystem-Anwendungen

2., völlig neu bearb. und erw. Aufl. 1990. DM 78,-
ISBN 3-540-52599-8

Band 32: **R. Thome** (Hrsg.)

Systementwurf mit Simulationsmodellen

Anwendergespräch, Universität Würzburg,
10. 12. 1987 1988. DM 59,- ISBN 3-540-19454-1

Band 33: **W. Ruf**

Ein Software-Entwicklungs-System auf der Basis des Schnittstellen-Management Ansatzes für Klein- und Mittelbetriebe

1988. DM 78,- ISBN 3-540-50364-1

Band 34: **A. Back-Hock**

Lebenszyklusorientiertes Produktcontrolling

Ansätze zur computergestützten Realisierung mit einer Rechnungswesen-Daten- und Methodenbank
1988. DM 58,- ISBN 3-540-50413-3

Band 35: **J. Nonhoff**

Entwicklung eines Expertensystems für das DV-Controlling
1989. DM 55,- ISBN 3-540-50760-4

Band 36: **G. Schmidt**

CAM: Algorithmen und Decision Support für die Fertigungssteuerung
1989. DM 55,- ISBN 3-540-51088-5

Band 37: **U. Leismann**

Warenwirtschaftssysteme mit Bildschirmtext
1990. DM 90,- ISBN 3-540-51844-4

Band 38: **C. Petri**

Externe Integration der Datenverarbeitung
1989. DM 78,- ISBN 3-540-51849-5

Band 39: **U. Venitz**

CIM-Rahmenplanung
1990. DM 78,- ISBN 3-540-51849-5

Band 40: **M. Klotz, P. Strauch**

Strategieorientierte Planung betrieblicher Informations- und Kommunikationssysteme
1990. DM 58,- ISBN 3-540-52461-4

Band 41: **G. Steppan**, Nürnberg

Informationsverarbeitung im industriellen Vertriebsaußendienst
1990. DM 55,- ISBN 3-540-52558-0

Springer-Verlag
Berlin Heidelberg New York
London Paris Tokyo Hong Kong